多様化する
日本人の働き方

非正規・女性・高齢者の活躍の場を探る

阿部正浩・山本勲［編］

慶應義塾大学出版会

は　し　が　き

　少子高齢化に伴う人手不足が深刻化する中、かつてないほど女性と高齢者の労働力に注目が集まっている。人口減少が進んでも、従来は働いていなかった人が働くようになれば、必要な労働力を確保できる可能性がある。その意味で、男性壮年層よりも労働力率が低い女性や高齢層への期待は大きいだろう。また、現状では、女性や高齢層の労働力は正規雇用だけでなく、非正規雇用あるいはパートタイム雇用といったかたちで活用されることも多い。このため、正規雇用やフルタイム雇用として女性や高齢層が潜在的な能力をフルに発揮できる余地も残されている。

　しかし、日本的雇用慣行のある日本企業で働く場合、正社員やフルタイム雇用者には、長時間労働や画一的で柔軟性の低い勤務体制、転勤を伴う配置転換といった仕事最優先の働き方を余儀なくされることが多いため、女性や高齢層の希望する働き方とは一致しにくい。また、そもそも日本の企業では中途採用で正社員やフルタイム雇用者を募集することが必ずしも多くないため、育児や介護、定年などで一度仕事を離れた女性や高齢層には、雇用の門戸が狭くなっている。このように、日本的雇用慣行には、女性や高齢層の労働力の活用を阻害してしまう要素が多くあるため、人手不足に直面する企業は、働き方改革を推進し、女性や高齢層を含む多様な人材をフル活用できるようなダイバーシティ経営を実践することが重要といえる。

　そこで、本書では、ダイバーシティ経営は日本の労働市場で実践されているか、また、実践するためには何を改善するべきなのか、といった点を明らかにするため、非正規雇用者や女性、高齢者の働き方に焦点を当てる。こうした問題意識に対しては、日本の雇用慣行や正規雇用者の働き方自体を検証するアプローチも有用だが、敢えて日本的雇用慣行が適用されにくい非正規雇用者や女性、高齢層の働き方に注目するアプローチも同様に重要である。非正規雇用者や女性、高齢層といった日本的雇用慣行の外側に位置づけられ

る労働力の現状を捉え、変化の兆しを洗い出すことで、日本の労働市場の今後のあるべき方向性を探ることが、本書の大きな特色といえる。

　本書では、①非正規雇用・貧困、②女性の就業・出産・育児、③定年・引退前後の高齢者の就業・健康、の三つの切り口から、多角的な分析を進める。その際、各分析には家計や企業を追跡調査したパネルデータを活用する。

　日本の労働市場では少子高齢化だけでなく、グローバル化や急激な技術革新など、さまざまな変化が生じている。そうした変化の影響を正しく捉え、そこから働き方の問題点・改善点や必要な政策対応を見出すには、一時点のクロスセクションデータでは不十分であり、個人や企業などの経済主体の行動や市場における賃金や雇用などの変化を観察できる、家計や企業のパネルデータが必要不可欠といえる。

　さらに、非正規雇用や女性、高齢層の働き方は正規雇用者と比べて多様性が高いため、サンプルサイズの大きい大規模パネルデータの活用が求められる。この点、本書の多くの章では、厚生労働省の『21世紀成年者縦断調査』や『中高年者縦断調査』といった1万サンプル規模の個票データを用いている。大規模パネルデータの活用によって、就業形態転換（正規化）や出産、離婚、転職をはじめ、通常では十分なサンプルの確保が難しい事象を分析対象にすることが可能になる。本書の各章の分析では、日本の労働市場で生じている多様な変化を定量的に捕捉し、望ましい積極的労働市場政策について議論することで、今後の政策に対する知見を導出することを企図している。

　本書を刊行するにあたっては、数多くの方々にお世話になった。まず、本書の多くの章は、厚生労働科学研究費補助金（政策科学総合研究事業（政策科学推進研究事業））「就業状態の変化と積極的労働市場政策に関する研究」（H26-政策-一般-003、研究代表：慶應義塾大学・山本勲）の助成プロジェクトでの研究をもとにしている。このほか、各章の冒頭に記しているように、文部科学省科学研究費補助金などの助成を受けるとともに、『21世紀成年者縦断調査』や『中高年者縦断調査』『日本家計パネル調査』などの個票データの提供も受けている。これらの研究助成や個票データの提供に対して、記して感謝したい。

　慶應義塾大学出版会の増山修氏と木内鉄也氏には、本書の企画段階から多数の有益なアドバイスを頂戴するとともに、懇切丁寧な編集・校正作業をしていただいた。心から御礼申し上げたい。

　本書の著者はいずれも、慶應義塾大学を定年退職される樋口美雄教授から、学部や大学院、パネルデータ設計解析センターなどにおいて、教えを受けた研究者である。樋口先生は本書の研究対象である女性や高齢者、非正規雇用者について、若い頃から労働経済学研究における重要な業績を多数輩出してこられた。さらに、樋口先生は、本書が活用している家計や企業のパネルデータについて、日本の第一人者としてその構築・普及に貢献し続けられた。

　労働経済学研究について、樋口先生は、日本的雇用慣行、女性雇用、転職、技能蓄積、教育訓練など幅広いテーマを、日本の労働市場に特有に観察される現象を、制度や文化の側面からのみで説明するのではなく、理論とデータに裏づけられた経済合理性の側面から説明する研究に、長きに亘って従事されてきた。観察される現象に対して、経済理論と計量経済分析に基づき、背後にある労働者や企業の主体行動の構造までを明らかにすることは、いまでは当たり前の研究アプローチとなっているが、そうなるまでの過程には、樋口先生ご自身による絶え間ない実践とともに、学生・大学院生・若手研究者に対する真摯で厳しい指導があったといえる。その意味でも、本書は樋口先生に直接的・間接的に多大な影響を受けているのは間違いない。

　また、パネルデータについては、いまでこそ日本で研究者が容易に利用できるようになっているが、1990年代前半までは、日本にこうしたパネルデータは存在していなかった。日本で最も早い時期にパネルデータの作成に挑んだのは（公財）家計経済研究所であり、同所の『消費生活に関するパネル調査』は1993年以来、現在まで25回にわたって調査が続けられている。この調査は、ミシガン大学で調査されていた Panel Study of Income Dynamics（PSID）のようなパネルデータの必要性を認識された樋口先生が、設計と開発を主導して調査の実現に漕ぎ着けたものである。

　実は、家計経済研究所の調査が開始される前に、慶応義塾大学産業研究所においてパイロット的に3年間の追跡調査を行っており、これも樋口先生の

発案だったと記憶する。いまから 30 年近くも前のことである。その後、慶應義塾大学パネルデータ設計解析センターによる「慶應義塾家計パネル調査」・「日本家計パネル調査」や、国民生活金融公庫総合研究所（現政策金融公庫総合研究所）による「新規開業パネル調査」を主導してきたのも樋口先生である。こうした樋口先生の貢献がなければ、本書で活用したパネルデータを日本で利用できるようになったのが、もっと後の時期になってからだったかもしれない。

　本書は、樋口先生が慶應義塾大学を定年退職される機会に、樋口先生の労働経済学研究の発展とパネルデータの構築・普及に関する長年の貢献に対して捧げるものである。樋口先生から薫陶を賜わった研究者が新たな研究書を刊行することで、日本の労働経済学研究や労働政策に貢献し、僅かでも樋口先生への恩返しになるのであれば、編著者として望外の喜びである。

　　2017 年 11 月

阿部正浩・山本勲

目　　次

第Ⅰ部　非正規雇用の労働力と貧困

第 II 部　女性労働力と出産・育児

第 III 部　高齢者の労働力と定年・引退

第 8 章　中高年の就業意欲と引退へのインセンティブ
戸田淳仁 …… 183

第 9 章　中高年期の就業における家族要因
—— 配偶者の就業と家族介護が及ぼす影響
酒井正・深堀遼太郎 …… 203

装　丁・渡辺 弘之

日本の労働市場はどう変わってきたか

阿部正浩

1 差し迫る日本社会の課題

　21 世紀のはじめの 20 年間の日本の労働市場を展望すると、それ以前（20世紀後半）と比べて、①働き方②女性労働③高齢者労働という三つの点が、特に大きく様変わりしたように思われる。本書はこの三点のそれぞれの現状を分析すると同時に、今後求められる政策について議論することを目的としている。本書でこれらの視点を取り上げるのは、単に過去から大きく変貌を遂げたというだけでなく、これからの日本社会が持続可能であるために必要な、解決しなければならない差し迫った課題でもあるからだ。

　よく知られているように、少子高齢化の影響で日本の働き手は減っていき、今後の日本経済の成長制約になると考えられている。生産年齢人口（15～64歳）は第二次世界大戦後から 1995 年まで増加したが、その後は減少しており、2015 年の『国勢調査』（総務省統計局）では 7728 万人となっている。今後も生産年齢人口は減少を続け、2029 年には 7000 万人を割り、2040 年と2056 年にはそれぞれ 6000 万人と 5000 万人を割ると予測されている（国立社会保障・人口問題研究所『日本の将来推計人口（平成 29 年推計）』出生中位推計の結果）。さらに、15 歳以上人口に占める労働力人口の割合である労働力率も長期的に低下傾向にあることから、労働力人口は今後も減少すると予測される。

　この一方で、高齢者の増加は医療や介護をはじめとする社会保障支出を増大させると考えられ、日本経済の持続可能性にも黄色信号が灯っている。現在のところ、65歳以上の人口を1とすると、15歳から64歳までの生産年齢人口は3である。3人の現役が1人の高齢者を支える「騎馬戦型」社会が今の日本の姿だ。ところが30年後にもなると、これが現役1人に対して高齢者も1人になる「おんぶ型」社会になる。少ない高齢者を多くの現役が支えてきたこれまで騎馬戦型に比べて、これからのおんぶ型社会では現役の人々にかかる負荷は相当大きくなるはずだ。

　少子化を食い止めることが一朝一夕にできるわけではなく、若年人口の回復が期待できない中で日本経済の成長制約と持続可能性という課題に対し、これまでと同様のやり方や考え方で対処することは難しいだろう。一例として、私たちの今後の生活水準について考えてみよう。生活水準に影響する最も大きな要因は、国民1人あたり国内総生産だ。これは、

$$国内総生産 \div 人口 = （国内総生産 \div 労働者数）\times （労働者数 \div 人口）$$

となる。つまり、国民1人あたり国内総生産は、「労働者1人あたり国内総生産（＝労働生産性）」と「人口に占める労働者割合」との積で表され、私たちの生活水準を維持するには、これら二つの要素が重要になる。

　戦後、特に高度成長期の日本は、人口も増え、労働者も増えていたから、労働生産性が伸びずとも、国民1人あたり国内総生産は増える環境にあった。しかしながら、今後の人口動態を考慮すれば労働者数が増えることは予測しづらく、むしろ人口に占める労働者割合は今よりも小さくなることのほうが、大いにあり得る。だとすれば、労働者割合の低下をカバーするだけの労働生産性の向上がなければ、国民1人あたり国内総生産は小さくなってしまい、私たちの生活水準は低下してしまう。発想の大きな転換が必要だ。

2　労働生産性を高めることによる影響

　では、国力維持に必要なキーワードである労働生産性を高めるためにはどうすればよいだろうか。そのためにはおおよそ四つのポイントがある。(1)

資本装備率を高める、(2) 労働者の質を高める、(3) イノベーションを興す、(4) 適材適所に人材を配置するなど工夫する、である。

　(1) の資本装備率を高めるとは、具体的には IT やロボットなどによる機械化である。従来は人手に頼っていた仕事を機械化によって省力化し、生産性を高めることができる。

　ただし、IT やロボットによる省力化が進めば、これら機械による労働者の代替が起こり得る。たとえば農業では、農業機械の発達と普及によって飛躍的に生産性は高まったが、農業従事者の人数は大きく減った。機械によって労働力が代替され、就業者数が減少したのだ。こうした現象は製造業などでもみられ、労働者 1 人あたり生産額や付加価値が増加した産業で就業者が減る傾向がみられている。

　経済学では、長期の生産関数を考える際には、代替効果と規模効果が生じると説明する。企業が設備投資を行う際に、資本価格と賃金の相対価格が一定だとしても、新しいテクノロジーによって生産構造が変化すれば、労働投入を減らして資本投入の割合を増やすことになる。もし資本価格よりも労働者の賃金が相対的に高ければ、企業は安価な資本を多く投入するから、資本と労働の代替はさらに進むことになる。

　このように、労働と資本の投入割合に変化が起こることが代替効果だ。今後の技術革新によって人工知能（AI）やロボットがより発達することになれば、機械による代替が不可能と考えられてきた仕事も代替可能になるかもしれない。たとえば自動車の運転は以前なら人にしかできないと考えられていたが、テクノロジーの発達によって自動運転技術の実用化はすぐそこまでやってきた[1]。自動運転技術の価格にもよるが、運転手という職業がこの世からなくなることは十分あり得る。

　ただし、技術革新による影響は代替効果だけでなく、規模効果も考えておく必要がある。新しい生産構造の下で費用構造が変わって価格が下がれば、

---

[1]　高速道路上などの一定条件下で人間が何ら関与することなくシステム側がすべての運転を行うレベルの自動運転技術は、間もなく実用可能だといわれている。ただし、現実には法制度の課題など解決すべき点は少なからずあり、いつ公道を走る自動運転の自動車が見られるかは、現時点では明らかではない。

財やサービスへの需要が以前よりも増えるかもしれないからだ。そうなれば、資本だけでなく労働投入も増える。たとえば農業では生産性が上がっても就業者が減少してきたが、それは代替効果が大きくて規模効果が小さかったためだ。今後の技術革新が代替効果よりも規模効果のほうが大きければ、就業者数への影響はあまり大きくならないかもしれない。

3 労働市場の二極化という課題をどうするか
—— 第 I 部「非正規雇用の労働力と貧困」

雇用の二極化と非正規労働

　総じて、労働力が減少するこれからの日本社会にとって、機械化を進めていくこと自体は悪いことではない。労働力不足を補って、1 人あたり国内総生産を高めてくれるからだ。ただし、こうした機械化は仕事内容に変化を生じさせ、一部の仕事では働き方や就業形態が変わるという、別の影響を労働市場に与える点は考えておく必要がある。

　生産現場での ME 化やオフィスでの IT 化は、仕事の一部をプログラミングすることで仕事内容を単純で簡単なものとし、熟練をあまり要しない仕事を増やしてきたのだ。こうした仕事では企業内訓練の重要性が低下し、企業は長期雇用を前提としない、いわゆる非正規雇用の活用を増加させている。この一方で、機械が代替できない仕事も増えており、たとえばシステムエンジニア（SE）などの専門的技術的な職業に対する需要が増加している。第 1 章では、日本でも技術革新が進んだことによって、業務の遂行に高い技能が必要な「抽象業務」と低い技能でも業務遂行が可能な「マニュアル業務」に就く労働者が増加していると同時に、両者の中間的な「ルーチン業務」に就く労働者が減少していることを明らかにしている。そして、「抽象業務」には正規雇用者が、「マニュアル業務」には非正規雇用者がそれぞれ就いており、雇用の二極化が進んでいることも指摘している。

　こうした雇用の二極化が進めば、非正規雇用者の雇用が不安定になったり、正規と非正規雇用者の間で処遇格差が拡大したりといった、さまざまな問題が生じる。実際に 2000 年代に入ってからは、若者たちが正規雇用の職に就

けずにフリーターやニートとなってしまう若年雇用の問題、2007 年のリーマン・ショックを機に起きた非正規雇用者の「雇止め」や「派遣切り」といった問題（第2章で言及）、あるいは非正規雇用者の貧困問題（第3章で言及）など、非正規雇用に関する問題は労働市場政策の中でもホットイシューとなった。

　これらの課題に対して、政府は何もせずにきたわけではない。さまざまな政策をとってきた。

　まず、若年雇用の問題については、2003 年の「若者自立挑戦プラン」や2012 年の若者雇用戦略、そして 2015 年の「青少年の雇用の促進等に関する法律」（若者雇用促進法）を施行し、非正規雇用者についての教育や職業訓練の拡充と正規雇用化の促進、求人企業と若年求職者のミスマッチの防止、あるいはいわゆるブラック企業対策など、対策を行っている。

　また、非正規雇用の安定については雇止めなどにあった場合の生活保障と雇用の安定を目的に、雇用保険制度の変更を行っている。まず 2009 年には特定理由離職者の拡充が行われ、2010 年には非正規雇用者への適用拡大が行われた。

　ただし、この変更については当初からいくつかの懸念材料があった。まず特定理由離職者の拡充に関しては、企業が安易に雇止めをするのではないかという懸念である。また非正規雇用者の雇用保険適用には、雇用保険受給が可能となれば安易に離職して基本手当（失業給付）を受給しようというモラルハザードが生じる可能性があるのではないかという懸念である。第2章では、これらの政策の中から雇用保険の適用拡大について政策評価の観点から分析を行い、以上のような懸念が現実に起きていたかを検証した。その結果、特定理由離職者の拡充で企業は非正規雇用者を雇止めにしやすくなっていたが、雇用保険の適用拡大によって離職する非正規雇用者が増えたわけではなかった。したがって、雇用保険制度の変更で企業のモラルハザードは起きていたが、労働者のモラルハザードは起きていなかったということになる。

教育や職業訓練の重要性

　非正規雇用者の処遇についての見直しも進んでいる。「働き方改革」の一

環として、正規雇用者と非正規雇用者の処遇均衡を目指す「同一労働同一賃金」の法案化がそれだ。2016年に示されたガイドライン案では、正規雇用者と非正規雇用者のそれぞれの賃金決定の基準やルールを明確にすることや、職務や能力などを明確にして待遇との関係を含む処遇体系について、非正規雇用者を含めた労使で話し合って共有すること、さらには福利厚生や能力開発などの均等・均衡により生産性の向上を図ることなどが示されている。

こうした取り組みによって正規雇用者と非正規雇用者との間で不公正な格差がなくなること自体はよいことだが、結果としての格差がなくなるわけではない。正規雇用者と非正規雇用者とで職務や能力に差があれば賃金に差が生じるからだ。上でみたように、非正規雇用者の仕事は比較的単純で簡単な仕事が多い一方、正規雇用者の仕事は複雑で難しい仕事が多い。同じ仕事をしている労働者同士で賃金水準が等しくとも、別の仕事をしていれば賃金には差がつく。

また、ある一時点を切り取れば同一労働同一賃金が成り立つとしても、年齢や勤続年数とともに格差は拡大する。たとえば学校卒業直後の賃金は両者でほぼ同じ水準だが、年齢や勤続年数とともに両者の水準には格差がついていく。仕事に就いた当初は簡単な仕事から始めても、正規雇用者は徐々に難しい仕事へとキャリアが伸びていく。そのための能力開発も正規雇用者には行われ、キャリアの伸びとともに賃金水準も高まっていく。これに対して、単純で簡単な仕事の多い非正規雇用者の能力開発は少なく、キャリアも伸びていかない。これまでの研究でも、正規雇用者に比べて非正規雇用者の能力開発機会は乏しいことが指摘されており、賃金格差が発生する理由として大きいとされている（原［2014］第4章）。

能力開発は、正規雇用者と非正規雇用者の処遇格差をなくすためにも重要だが、労働者全体の質を高めるうえでも重要だ。たとえば、非正規雇用者から正規雇用者および非正規雇用者から非正規雇用者への移行について研究した小杉（2010）は、企業の正社員登用制度の拡大に加えて非正規雇用者に対するキャリア相談・支援や能力開発が非正規雇用者の正規雇用者への移行を支援するうえで有効であると指摘している。また、自己啓発や企業での職業訓練が非正規雇用者の正規雇用への移行に対して効果があるかどうかを分析

した樋口・佐藤・石井（2011）でも、企業での職業訓練は転職による正規雇用化や同一企業での正社員登用にも効果があるとしている[2]。このように、非正規社員に対する能力開発は、非正規雇用者から正規雇用者への移行を促したり、仕事能力や生産性を向上させたりする効果があることが全般に認められている。

　機械化によって多様な働き方や就業形態が増加するが、そうしたときに働き方や就業形態にかかわらず一人ひとりの知識や技能をより高めていくことが全体の生産性を高めるために必要だ。これまで乏しかった非正規雇用者の能力開発機会を増やしていく必要があるだろう。AIやロボットの進展で労働者の知識や技能の陳腐化がより急速なものとなると予想される。そうだとすれば、職業訓練やリカレント教育の頻度も多くしていかなければならなくなるだろう。それには、個人の金銭的な制約を解決し、教育や訓練を受けられる時間的余裕もつくらなければならない。

　本書では触れられないが、労働者の質を高めることやイノベーションを興すこともこれからの重要な課題である。イノベーションを興すためには、資金調達や知的財産権に関する課題もあるが、イノベーションを興す人材を育成するのも課題である。そのためにも学校教育や職業教育が重要であることは改めていうまでもない。

生活水準維持のための制度

　ところで、一括りに非正規雇用者といってもその多くは主婦パートや高齢の再雇用者で、家計補助のために働く人たちが多い。しかし、なかには主たる生計維持者として働く非正規雇用者も少なくない。こうした人たちは、時間あたり賃金の低さから生活費を稼ぐために労働時間が長くなり、家庭生活を送るうえで必要な家事・育児時間が十分に取れなかったり、自身の知識や技能を高めるための能力開発に時間が割けなかったりしている。

　その結果、子育てなどに影響するだけでなく、正規雇用の仕事に移れないケースもある。第3章では、所得の貧困だけでなく、家庭生活を送るうえで

---

2)　原（2014）第6章でも同様の結果を得ている。

必要な家事・育児時間などが十分に確保されているかどうかについて着目し、所得と時間という二つの観点から貧困の問題を分析している。その結果、ひとり親世帯および未就学児を抱える共働き世帯において時間貧困に陥る確率が高く、特にひとり親世帯で所得貧困と時間貧困が同時に起きていたことがわかった。私たちの生活水準を考えるうえで、これまでは賃金や所得など金銭的な問題に焦点が当たっていたが、今後は時間の豊かさについても議論すべきだろう。

では、こうした所得や時間の貧困の問題をどのようにして解決していくべきだろうか。現在のところ、資産や能力などすべてを活用しても生活に困窮する人たちに対して、その程度に応じて保護を行う生活保護制度があるが、適切な生活補助基準や医療扶助のあり方、そして就労による自立への支援など現状には課題がある。このうち、就労による自立については、2014 年の生活保護法の改正や 15 年に施行された生活困窮者自立支援法によって生活保護受給者や生活困窮者などに対する就労支援策が充実してきたが、就労へのインセンティブが弱かったり、取り組みに地域差があったりして、生活保護対象から脱するケースがいまだ少ない。要支援者の問題も個別化、多様化しており、現在の生活保護制度では対応が困難になっている。

今後 AI やロボットなどが普及すれば、これまで以上に非正規雇用が増えるだけでなく、場合によっては請負契約で仕事をする独立自営業者（フリーランサー）が増えるかもしれない。IT の計算処理技術が高まれば、求人企業と求職者をマッチングする費用が低下し、必要な人材をそのつど調達するような労働市場ができるかもしれないからだ。現在でもクラウドソーシングなどを活用する企業が増えており、自営業者が全体的に減少する中で専門的・技術的職業の独立自営業者は増加する傾向にある。今の雇用政策で対応しきれない独立自営業者が増加すれば、セーフティ・ネットのあり方も含めて新たな政策対応が必要となるだろう[3]。

---

3) 検討してもよいと考えるのは、就労するかどうかにかかわらず、健康で文化的な最低限度の生活を営むことができる一定の水準を決め、その水準以上の所得稼得がある場合には課税し、水準以下の場合には所得との差額を給付するという「負の所得税」である。これを世帯単位で行えば、問題を抱える世帯でも最低限の生活を送れるようになるだろう。負の所得税のよい点は、生活保護制度とは異なって、個人によって異なる就業形態や家計や資産の状況など

4　女性の働き方の変貌——第Ⅱ部「女性労働力と出産・育児」

まだ不十分な女性労働力の活用

　ここまで労働者1人あたり国内総生産を高めることについてみてきたが、労働参加を高めていくことも日本社会の持続性のうえでは重要である。特に女性や高齢者の労働参加を高めていくことは、社会の持続性の観点からだけでなく、個人の能力発揮や生きがいなどの観点からも大事だからだ。

　近年、男女雇用機会均等法や育児・介護休業法、高年齢者雇用安定法などの改正によって、女性や高齢者の就業環境は以前に比べて整備されている。また、高学歴化の進展や医学の発展によって女性や高齢者の就業希望は以前よりも高まっている[4]。とはいえ、女性や高齢者の力を社会が十分に活用することができているかというと、必ずしもそうとはいえない。たとえば家事や育児を担うことの多い女性の場合、結婚や出産でそれまでしてきた仕事を辞めざるを得なくなったり、時間的な制約でパートタイム労働を選択せざるを得ずに補助的な仕事にしか就けなかったりすることもあるのが現状だ。

　第4章では女性の結婚や出産、就業行動が近年どう変化してきたかについて分析し、経済的あるいは時間的な制約がさまざまに影響していることを明らかにしている。以前から、女性の就業と配偶者所得や資産など非労働所得とは負の関係があり、本人の賃金率とは正の関係がある、というダグラス＝有沢の法則が働くということが知られている。近年の女性の就業にもこの法則が効いているのだが、家庭や職場の環境によってちがいがあるということを、この章では明らかにしている。特に女性の通勤時間は結婚や出産後の継続就業率に影響を与えているし、企業のワーク・ライフ・バランス施策の整備も継続就業率に影響している。企業のワーク・ライフ・バランス施策の一層の整備は今後とも課題である。

　と関係なく、一定水準に所得が達しなければ給付を受けることができる点にある。
4)　高齢者の就業意欲は国際的にみると、以前から高かった。

ワーク・ライフ・バランス施策の課題

　ところで、結婚や出産後の女性の継続就業率は高まっているのだが、育児休業の取得期間については議論がある。子育てのためには一定の休業期間が必要で、特に保育所の整備が不十分で待機児童が発生している地域などでは、育児休業期間中に保育資源が確保できないケースも多い。このため現在では、育児休業の期間は原則として子どもが1歳に達するまでだが、保育所への入所ができないなど、子どもの養育が困難になった場合は1歳6カ月まで延長することができる。さらに2017年からは、子供が1歳6カ月に達してもなお保育園などに入れない場合には、育児休業を2歳まで延長することができるようになった。

　他方で、育児休業期間が長くなると、休業から復帰後のキャリアに少なからず影響するため、長期の休業はあまり望ましいものではないというのである。では、実際に女性はどのように育児休業期間をとっているだろうか。

　この問題について検討するため、第5章では正規雇用の女性について育児休業期間の決定要因について分析している。その結果によれば、育児休業期間を1歳6カ月まで延長することが可能となった2005年の育児・介護休業法改正によって、子どもが早生まれの場合に女性が10カ月超の育児休業を取得する傾向が顕著になっている。それまでは届け出時期の兼ね合いで4月の保育所入所に早生まれの子が間に合わないと継続就業を断念する女性もいたが、法改正によってこうしたケースが救済されていることを、この結果は示唆している。さらに、事業所内託児施設が夫妻のどちらかの勤め先にあると女性は10カ月超の育児休業を取得しなくなることも見出しており、法改正でより長期の育児休業期間が取得できるようになっても、女性は自身のキャリアを睨みながら育児休業期間を決めていると考えられる。

　では、こうした育児休業制度など一連のワーク・ライフ・バランス施策の整備は女性の働き方にどのような影響を与えたのだろうか。阿部・児玉・齋藤（2017）は、育児休業制度など一連のワーク・ライフ・バランス施策の整備によって継続就業する女性が増加しているが、これが必ずしも女性の管理職登用や正社員に占める女性比率の向上などには影響していないと分析している。就業を継続する女性が増えて、知識や技能の高い女性が増えているに

もかかわらず、彼女たちの能力を活かせないのは宝の持ち腐れだ。

　そこで第6章では、どのような企業で女性活用が進んでいるのかを検証している。その結果、職場の労働時間の短い企業、雇用の流動性の高い企業、賃金カーブが緩く、賃金のばらつきの大きな企業、ワーク・ライフ・バランス施策が充実している企業で、正社員女性比率や管理職女性比率が高くなっていることがわかった。長時間労働、長期雇用、大きい労働の固定費用、画一的な職場環境といったものが、企業における女性活用の阻害要因になっていることを、これらの結果は示唆している。女性活用の進んでいる企業では利益率も高いことが確認され、女性の能力を最大限に活用するための環境を整備し、女性を正社員や管理職として雇うことは、女性労働者だけでなく企業にとってもメリットがある。

　企業のワーク・ライフ・バランス施策の一層の整備が進んでも、保育所などの保育資源の整備が進まなければバランスを欠く。2015年に閣議決定された3回目となる少子化社会対策大綱では、①結婚や子育てしやすい環境となるよう社会全体を見直し、これまで以上に対策を充実し、②個々人が結婚や子どもについての希望を実現できる社会をつくることを基本的な目標とする、③「結婚、妊娠・出産、子育ての各段階に応じた切れ目のない取り組み」と「地域・企業など社会全体の取り組み」を両輪としてきめ細かく対応すると同時に、④今後5年間を「集中取組期間」と位置づけ重点課題を設定し、政策を効果的かつ集中的に投入し、⑤長期展望に立って子どもへの資源配分を大胆に拡充し、継続的かつ総合的な対策を推進する、という五つの基本方針を示している。このうち、集中取組期間と位置づけられた2015年から2020年にかけては、ⓐ子育て支援施策の一層の充実、ⓑ若い年齢での結婚・出産の希望実現、ⓒ多子世帯への一層の配慮、ⓓ男女の働き方改革、ⓔ地域の実情に即した取り組み強化、が重点課題として挙げられている。

　第7章では、地域での取り組みが女性の就業や出産行動に与えた影響を検証しており、具体的には2004年から行われた「子育て支援総合推進モデル市町村事業」の効果について分析している。その結果、女性の就業に関しては事業の効果はみられないが、対象地域の女性の出産確率は有意に高まっていたことがわかった。特に30代あるいは中学・高校卒の女性の出産確率が

高まっていることから、同事業の効果はこれら女性の育児環境を整える役割
を果たした可能性が示唆される。

5 今後さらに深刻化する高齢化の問題
—— 第Ⅲ部「高齢者の労働力と定年・引退」

高齢者の就業と健康問題

他方、高齢者の活用についてはどうだろうか。現在、定年年齢を65歳未
満に定めている事業主は、雇用する高齢者の65歳までの安定した雇用を確
保するために、高年齢者雇用確保措置[5]を実施する必要がある。また、解雇
などで離職が予定される45歳以上65歳未満の労働者が希望すれば求人開拓
など再就職援助を実施するよう努めるよう事業主には求められている。2013
年には高年齢者雇用安定法の改正で、希望者全員が65歳までの継続雇用制
度の対象となり、制度的には高齢者の労働参加の促進が整備されている。

そもそも、日本の高齢者の就業意欲は国際的には以前から高いが、それが
実際の就業につながっているだろうか。第8章では高齢者の就業に対する意
欲が就業継続につながっているかどうかについて検証した。

分析の結果によると、専門的職業についている人の就業意欲が高い一方で、
同一企業で20年以上勤めている人や大企業で勤めている人の就業意欲は低
く、老後の生活費確保の容易さが就業意欲に影響していることがわかる。そ
して、就業意欲は実際の就業継続にも影響を与えており、「仕事をしたくない」
と考えている高齢者と「可能な限り仕事をしたい」と考えている高齢者とで
は就業継続率に2倍程度の差がある。さらに、就業意欲があるにもかかわら
ず離職してしまうのには、本人の健康悪化が大きく影響していた。この結果
は、年金などの所得に影響する制度を見直すことも高齢者の就業継続を促す
には重要だが、労働者自身が現役中に専門性を意識することも重要であるこ
とを意味する。

---

5) 「65歳までの定年の引き上げ」か「65歳までの継続雇用制度の導入」あるいは「定年の廃止」
のいずれか。

　高齢者の就業を促進させることは今後の日本社会と経済の持続性を考える
うえで重要だが、現役世代と異なり健康面での配慮は欠かせない。第10章
では高齢者の失業経験がメンタルヘルスに及ぼす影響を分析している。分析
の結果によれば、定年前の59歳以下の高齢者が失職を経験するとメンタル
ヘルスを悪化させるが、60歳以上では失職してもメンタルヘルスは悪化し
ていない。また、失職時に雇用保険を受給したとしてもメンタルヘルスは改
善していない。この結果から、失職後にメンタルヘルスが悪化する背景には、
所得低下による影響よりもほかのストレス等の要因が主な原因であると考え
られる。

　続く第11章では、退職経験が健康にどのような影響を及ぼすのかについ
て分析している。分析の結果、定年退職の経験はメンタルヘルスを改善させ
ており、特に男性のメンタルヘルスの改善傾向が大きかった。仕事に多くの
時間を費やす男性ほど、定年で仕事上のストレスなどから解放されるからだ
ろう。また、定年退職の経験は日常生活の活動において支障を被る確率を低
下させるが、その影響の持続性はなく、限定的である。定年退職の経験は心
臓病等の深刻な病気の発生には影響を及ぼしていない。

仕事と介護の両立

　高齢者の就業継続には家族の健康も影響している。『就業構造基本統計調
査』（2012年、総務省統計局）によると、家族の介護を行っている雇用者は
女性5.5%、男性3.3%だが、年齢が55~59歳になると女性13.1%、男性7.5%
になる。この年齢層の雇用者の10人に1人が介護をしているということに
なる。また、過去1年間（2011年10月～2012年9月）に介護・看護のため
に前職を離職した人は約10万人を数える。今後の高齢化の一段の進展は要
介護者の増加につながるし、共働き世帯の増加で働きながら介護を担う労働
者が男女ともに増加すると予想され、介護と仕事の両立は高齢者の就業を考
えるうえで重要な課題となっている。

　これまでも家族の介護によって就業中断あるいは断念を余儀なくされる可
能性については、各国において分析がなされている。比較的最近の研究によ
ると、家族の介護が就業に与える影響は必ずしも大きくはないとする研究も

あるが、研究によって結果が異なっている。

　そこで第9章では、メタ回帰分析という手法を用いて、介護が労働時間に与える影響について評価した。その結果、介護が労働時間を抑制する効果は実際には小さいことがわかる。しかしながら、山田・酒井（2016）では介護は就業するかしないかという決定においては大きな抑制要因として働いていることを見出しており、柔軟に労働時間を調整できないために、介護が発生すると仕事を中断あるいは断念する高齢者が多いと考えられる。

6　政策立案と評価に必要な統計データの整備

　日本社会と経済の持続性を維持していくためには、労働生産性を引き上げ、女性や高齢者の労働参加を促して活用していくことが必要で、そのために各種政策の実行が必要だ。しかし、財政が厳しい中では、あれもこれもと無駄な政策を行うことはできない。少ない投資で最大の効果を上げる政策の実行が政府には求められている。そうした効率的で効果的な政策を実行していくには、政府は科学的根拠に基づいた政策立案（Evidence-Based Policymaking）を行い、日頃から PDCA（Plan-Do-Check-Action）のサイクルを回して政策の評価と改善を行っていく必要がある。以前からも政策当局には自身による政策評価を行うことで施策効果の向上が求められていたが、最近では政策立案の際の EBPM によって何が有効かという視点が強く求められるようになっている。

　これまでのように経験や勘などではなく、科学的根拠に基づいて政策立案と評価を行うためには、現状把握と政策効果把握がどうしても必要である。それには、正確で詳細な統計データの収集と、収集したデータを因果関係やインパクトを明確にしながら分析する能力が必要となる。ところが現状では、財源の問題や人的資源の問題もあって、科学的根拠を導くための統計データの収集には課題がある。政府統計の多くが横断面データであり、本書での分析のように因果関係を明らかにした分析が難しいのである。

　本書各章の分析の多くは、厚生労働省の『21世紀成年者縦断調査』や『中高年者縦断調査』、あるいは「慶應義塾家計パネル調査」（KHPS）といった

パネルデータを用いている。パネルデータを用いることで、調査対象者の実態や意識の変化を捉えることができるだけでなく、時間的に前後関係にある原因と結果を検討することも可能である。たとえば、ある年に施行された政策の前後で政策のターゲットとした事象がどう変化したかをみれば、因果関係を明らかにしたうえで政策の評価ができる。こうしたパネルデータの整備はこれからも必要である。

【参考文献】

阿部正浩・児玉直美・齋藤隆志（2017）「なぜ就業継続率は上がったのか——ワーク・ライフ・バランス施策は少子化対策として有効か——」『経済研究』第68巻第4号、303-323ページ。

小杉礼子（2010）「非正規雇用からのキャリア形成—登用を含めた正社員への移行の規定要因分析から」『日本労働研究雑誌』No.602、50-59ページ。

原ひろみ（2014a）『職業能力開発の経済分析』第4章、勁草書房。

―――（2014b）『職業能力開発の経済分析』第6章、勁草書房。

樋口美雄・佐藤一磨・石井加代子（2011）『非正規雇用から正規雇用への転換に能力開発支援は有効か』、KEIO/KYOTO GLOBAL COE DISCUSSION PAPER SERIES DP2011-043.

山田篤裕・酒井正（2016）「要介護の親と中高齢者の労働供給制約・収入減少」『経済分析』191号、183-212ページ。

第 I 部

非正規雇用の労働力と貧困

第 1 章

非正規雇用から正規雇用への
転換と技術革新[*]

小林徹・山本勲・佐藤一磨

1　技術偏向型技術進歩と非正規雇用問題

　本章では、日本の労働市場における非正規雇用問題を技術進歩との関係から検討し、従事している業務によって非正規から正規への就業形態転換が生じやすいかを明らかにすることを主たる目的とする。

　コンピューターや情報技術、ロボット技術の発展といった近年の技術進歩は、企業内で労働者が従事する業務の内容や量などに大きな影響を与えている。たとえば、ビッグデータの分析業務やインターネット通販市場の企画設計業務などは、技術進歩が新たな業務を生み出した一例であり、新たな雇用創出につながっていることが考えられる。一方で、電子メールやオフィスソフトの進歩は、オフィスの単純業務を減らし、工場での技術進歩は人による認識や判断に関する業務を減らしているであろう。

　労働経済学における近年の理論・実証研究では、労働者の従事する業務（タスク）を大きく「抽象業務」[1]「ルーチン業務」[2]「マニュアル業務」[3]に分け、

---

* 本章は厚生労働科学研究費補助金（政策科学総合研究事業（政策科学推進研究事業））「就業状態の変化と積極的労働市場政策に関する研究」（H26- 政策 - 一般 -003、研究代表：慶應義塾大学・山本勲）の助成を受けている。また、本章で使用した「中高年者縦断調査」の調査票情報は統計法第 33 条の規定に基づき、厚生労働省より提供を受けた。
1) 分析や企画、交渉、部下のマネジメントなど、抽象的な思考による課題解決が求められる業務。
2) 製造作業など同じ結果を導く同じ業務の繰り返しが重要であり、結果に不揃いが発生することはむしろ避けられる業務。

近年の技術進歩が「ルーチン業務」を減らす一方で、「抽象業務」を増加させてきたことが指摘されている（Autor, Levy, and Murnane［2003］など）。具体的には、「ルーチン業務」の内容は定型的であることから技術が進歩するほど人力から技術に代替されやすくなり減少する。逆に、「抽象業務」は技術の活用によって高い成果が期待できるようになるため労働需要が高まり、結果的に「抽象業務」を担う高度人材の賃金が高くなる。

　また、「マニュアル業務」は定型的ではないために技術進歩の影響は受けにくいものの、高度な専門性が求められることもないため、「ルーチン業務」の減少によって追いやられた労働者の受け皿になりやすい。以上のことから、近年の技術革新は、高賃金を得る「抽象業務」を主に担う労働者と、労働集約的で低賃金傾向の「マニュアル業務」を主に担う労働者の「二極化（polarization）」を促したといわれている。

　実証研究では、抽象、ルーチン、マニュアルといった各種業務量の変化は直接的に観察しにくいため、代理指標として職種別の雇用者数の変化が見られることが多く、「抽象業務」を主とする専門・技術職の増加と「ルーチン業務」を多く含む製造職や事務職の減少が欧米で確認されている（Goos *et al.*［2010］, Autor and Dorn［2013］）。日本でも事務職については増加傾向という指摘があるが、専門・技術職の増加と製造職の減少が確認されている[4]（池永［2009］［2011］）。

　このように労働者が従事する業務に注目して技術進歩の影響を捉える試みは、日本で頻繁に議論されている非正規雇用問題を考えるうえでも重要と考えられる。たとえば、技術進歩によって定型的な「ルーチン業務」が減少し、「抽象業務」あるいは「マニュアル業務」が増えていく「定型化仮説（Routinization 仮説）」が、仮に日本においても成立しているとする。そう

---

3)　接客など相手や時と場合に応じて業務を変える必要があるが、重要な決済や判断を要する事態が発生した際には「抽象業務」担当者に引き継がれる。高度な抽象的思考は求められない業務。

4)　2005 年までの国勢調査による分析である池永（2009）では、一般事務の増加が指摘されており、一般事務が必ずしも定型的ではないことから増加していることを疑っている（池永［2009］、80 ページ）。その後の国勢調査では 2010 年には 15 歳以上就業者のうち事務職従事者は 18.4%となり、2005 年の 18.9%より減少しているものの、2000 年の 18.5%、1995 年の 18.3%とほぼ変わらない。

すると「ルーチン業務」が多い製造職などの職種に就いていた正規雇用者は、「マニュアル業務」がメインの職種へ追いやられる。しかし、サービス職など「マニュアル業務」が多い職種では労働集約的な特徴を持つため、非正規雇用になりやすい[5]と考えられる。

　一方で、高度な専門性を得ることができた者は「抽象業務」がメインの職種で正規雇用になりやすい[6]。その結果、「抽象業務」の正規雇用者や「マニュアル業務」の非正規雇用者が増加すると同時に、ブルーカラーのような正規であった中間層が縮小し、二極化が観察されると考えられる。

　しかし、技術偏向型技術進歩や定型化仮説という視点から、正規と非正規の問題を研究する取り組みは、筆者らの知る限り行われていない。仮に、このような状況が生じているのであれば、「抽象業務」で必要な能力を開発するプログラムなどによって、「マニュアル業務」を担う非正規から「抽象業務」を担う正規雇用への道筋を確保しておくことが重要な政策となろう。

　そこで本章では、「21世紀成年者縦断調査」（厚生労働省）の大規模ミクロパネルデータを用いて、以下の問いについて検証していく。第一に、非正規から正規への転換において、「抽象業務」が多い職種に就いていた雇用者ほど正規転換確率が高いのではないか。第二に、それと反対に「ルーチン業務」が多い職種に就いていた正社員は「マニュアル業務」が多い職種の非正規雇用に転換しているのではないか。これらの問いを検証することで、日本における「定型化仮説」の成立状況を確認するとともに、その非正規拡大への影響を検討する。さらに、非正規雇用から正規雇用への転換といった雇用安定化に資する政策含意を得る。

　本章の構成は以下のとおりである。2節では技術偏向型技術進歩と職種二極化など職種変化に関する文脈及び、非正規の正規転換に関して先行研究の知見を整理する。3節では本章における分析手続きについて述べる。4節で分析結果について確認し、5節で分析結果から政策含意を導く。

---

5)　「マニュアル業務」については多くの人材が担当でき、能力が問題になることは相対的に少ない。そのため人材確保に際して、正規雇用という高待遇を提示する必要がないと考えられる。
6)　「抽象業務」を担当できる人材は、自分の能力開発に投資をした者である。そのような人材を確保するためには、正規雇用や高賃金といった彼らの投資に見合うだけの条件が求められると考えられる。

2　技術偏向型技術進歩に関してどのようなことが明らかになっているのか

（1）　技術偏向型技術進歩を通じた職種変化

　近年のめざましい ICT 技術の進歩は、定型的な作業を多く含み技術で代替されやすい「ルーチン業務」の労働需要を減少させると考えられる。この「ルーチン業務」は、さまざまな職種によって含まれる程度が異なることから、技術偏向型技術進歩による職種の二極化現象がさまざまな国で報告されている。Goos *et al.*（2010）では欧州[7]について、管理職や専門・技術職、サービス職といった「ルーチン業務」をあまり含まない職種のシェアが伸びていることが報告されている。一方で、「ルーチン業務」を多く含む一般事務職や生産関連職のシェアが減少しているという（Goos *et al.*［2010］, Table1）。Autor and Dorn（2013）では、米国の 1980 年から 2005 年にかけての状況が示され、機械操作職や生産職、運輸・建設職、事務職といった「ルーチン業務」中心の職種が減少しつつ、「ルーチン業務」は少ないが「マニュアル業務」が多いサービス職が増加しているという（Autor and Dorn［2013］, Table1）。

　欧米以外の国でも同様である。日本でも、専門・技術職やサービス職といった「ルーチン業務」をあまり含まない職種が増加しており、「ルーチン業務」が多い生産職の減少が報告された（池永［2009］、図 5）[8]。しかし、日本においては欧米で減少が確認された事務職はむしろ増加傾向であるという。これについては、日本の事務職は「ルーチン業務」を多く含んでいるのではなく、技術で代替されない定型的ではない業務も多く含まれているからであろ

---

7)　European Union Labor Force Survey（ELFS）より、オーストリア、ベルギー、デンマーク、フィンランド、フランス、ギリシャ、アイルランド、イタリア、ルクセンブルク、オランダ、ノルウェー、ポルトガル、スペイン、スウェーデン、ドイツ、U.K の 16 カ国分のデータをもとに作成されている。
8)　このほか、三谷・小塩（2012）では、賃金の高い職業と賃金の低い職業で労働者数が 1990 年代前半から 2000 年代前半に増加した一方で中間の賃金の職業で減少したことを確認しており、賃金についてもアメリカと同様に二極化が生じた可能性を指摘している。

うと疑われている（池永 ［2009］、80 ページ）。

　また、インドにおいても、都市部では男女とも専門・技術職が増加し、「ルーチン業務」が多い農業関係の職種が減少しているという（Kizima ［2006］, Table1）。事務職については、インド都市部でも 1983〜99 年にかけて男性については減少がみられるが、女性では増加しているという。加えて、欧米や日本で増加が確認されるサービス職が男女とも減少しているという。大きな傾向は同様であっても、国によって特定の職種についてなど、若干のちがいはある[9]。

　製造職や事務職などで「ルーチン業務」が多いという前提に立つのではなく、各職種の「ルーチン業務」の程度をデータから指標化したうえでの分析も行われている。Autor and Dorn （2013）などの研究では、Dictionary of Occupational Titles （以下では DOT と記す）という職種ごとの「ルーチン業務」の程度のちがいが示された資料を用いて、職業小分類ごとにルーチン得点を算出している。ルーチン得点を用いた分析の結果、ルーチン得点そのものが雇用減少に大きく影響していることや、当該指標が高かった所得中間層の減少が二極化につながっていることが指摘されている（Goos *et al.* ［2014］, Adermon and Gustavsson ［2015］）。

　日本においても職業小分類情報まで捕捉された個票データを用いることで同様の分析が可能と考えられる。しかし、たとえば日本では事務職が欧米と異なりあまりルーチン化されていないなど、名目上同職種であっても業務の実態が異なっているおそれもあるため、分析がうまくいかなくなることも考えられる。また Michaels *et al.* （2014）によれば、技術との補完関係が考えられる高賃金の職種が ICT 投資によって増えていないのは、先進 11 カ国の中で日本においてのみみられるという。なんらかの欧米とは異なる雇用のされ方によって、DOT など海外でまとめられた職種ごとの特徴に関する指標を用いても、日本では欧米と同様の分析結果にならない可能性がある。

9）　特定職種の減少や増加については、技術進歩以外の要因によっても説明されている。Galbis and Sepraseuth （2014）はサービス職の増加は技術偏向型技術進歩の影響だけでなく、高齢化社会の影響が強いことを指摘している。インド都市部でサービス職が増加していないことについては、この説に整合的となっている。また、Goos *et al.* （2014）は、先進国では製造拠点を途上国に移転したことも製造職の減少につながったことを指摘している。

（2）　非正規雇用者の正規転換分析で確認できる技術進歩の要因

　非正規就業が家計補助的ではない主たる稼ぎ手にも広がり、雇用の不安定性や貧困にもつながっている（石井・佐藤・樋口［2010］、平成 24 年版「労働経済の分析」）。非正規から正規への転換は、このような問題の解決策として期待されているため、非正規雇用者の正規転換については多くの研究例がある。

　たとえば、玄田（2008）では、非正規雇用であっても同一企業での勤続年が長いと転職による正規転換にプラスに働くことが指摘されている。玄田（2009）では独自調査によって企業内登用では同一職種での正規転換が多いが、転職による正規転換では異なる職種へ転換されたケースが多くみられるという。加えて、正規転換後の職種構成は内部登用も転職も同じ職種構成となっており、専門・技術職や事務職として正規雇用になるものが多いことも指摘されている。

　労働政策研究・研修機構（2015）でも独自の調査により、専門職、事務職において同職種内の正規転換が多いことが示されているほか、大卒者や資格取得者ほど正規転換がされやすいという。やはり「抽象業務」が多いと考えられる専門・技術職で正規転換が果たされやすいと考えられる。また、池永（2009）では、日本では事務職は減少していないというが、正規転換者に事務職が多かった背景には事務職の「抽象業務」が多くなっている可能性も疑われる。

　職種以外の視点では、男女別に正規転換にちがいがあることや、契約社員ほど正規登用が多くなることなどが指摘されている。四方（2011）ではパネルデータを用いた分析によって、男性では企業内部登用による転換者が多いが、女性では内部登用転換者は男性の約 3 分の 1 程度であることが明らかにされている。また、男性において不本意で非正規雇用となっている場合に同一企業内の正規雇用へ移りやすいが、女性ではそのような影響は観察されなかったという。このような男女間のちがいについては、樋口・佐藤・石井（2011）、樋口・石井・佐藤（2011）も、女性では自己啓発をすることが正規転換につながっているが男性では安定的な影響がみられないことを指摘して

いる。

　また、久米・鶴（2013）では、正規転換がされやすい属性について分析がされ、前職が契約社員である場合や学卒直後には正社員であった場合、前職の労働時間が長い場合、前職の企業規模が小さい場合、転職の際に人的ネットワークやインターネットを活用する場合、などで正社員への転換が多くなっているという。さらに、山本（2011）では、非正規雇用者の正規転換確率は、不本意ながら非正規雇用に就いている「不本意型非正規雇用者」で高いことが示されている。小杉（2010）では、Off-JT を受けている非正規雇用者ほど正規転換することや、年齢が高くなると転換しにくくなることが指摘されている。

　これら先行研究では、内部登用ほど同職種で正規転換し専門・技術職や事務職が多いこと、契約社員から正規に移りやすいこと、正規転換後の職種も専門・技術職や事務職が多いこと、教育を受けている非正規雇用者ほど正規に転換されやすいことなどが共通して指摘される。同職種内の正規転換が多くなる中でも、専門・技術職で正規転換が多くなっていることについては、技術偏向型技術進歩からの需要増加の影響が考えられる。

　反対に、サービス職も技術進歩や高齢化から需要が増えると考えられるが、正規転換後の職種でサービス職が多いという状況は確認されていない。労働集約的な「マニュアル業務」を多く含むサービス職では需要が増加しても正規につながりにくいことが疑われる。平野（2009）は「人材ポートフォリオ・システム」から、「人的資本の特殊性」や「業務不確実性」が低い業務ほど、正規雇用から離れ非正規になりやすくなることを指摘する。このような性質が低くなる場合には、非正規の中でも正規に近い契約社員ではなく、パート・アルバイトが多くなる。サービス職は「業務不確実性」は低くなく ICT 技術で代替されにくくとも、「人的資本の特殊性」が低いために外部人材でも代替されやすく、非正規雇用になりやすいという解釈ができるかもしれない。

　さらに平野（2009）は、正規雇用と非正規雇用の中間である「ハイブリッド」の存在を指摘し、これを設ける企業側のメリットについて、労働者に当該企業でこそ有用な知識や技能を高めさせる企業特殊的人的資本の蓄積効果と、労働者の真の生産性を見極めるスクリーニング効果の二つを挙げている。

このような効果が期待されて「ハイブリッド」において非正規から正規への転換が発生しているのであれば、内部登用による正規転換者ほどそもそも正規登用が見込まれた非正規採用であるかもしれず、職種が変わりにくいという状況と整合的となる。

　非正規雇用の問題が重要になったことから正規転換に関する多くの知見が得られているが、以上の研究群は、非正規雇用の問題について技術偏向型技術進歩の視点から考察をされたものではない。そのためか、正規転換者に専門・技術職が多くなる点については確認されたが、正規から非正規といった逆の転換についての分析はあまりみられない。非正規転換者で「ルーチン業務」中心の職種から「マニュアル業務」中心の職種へ移った者が多いかどうかはわからない。そこで本章では、非正規転換者についても、製造職からサービス職に移るものが多いなど、技術偏向型技術進歩の影響をうかがわせる傾向を確認する。

3　就業形態を転換した労働者はどのような業務に従事しているのか

　本節では、正規雇用から非正規雇用に転換した者に「ルーチン業務」から「マニュアル業務」へ変化した者が多いのか、非正規雇用から正規雇用へ転換した者に「ルーチン業務」から「抽象業務」へ転換している者が多いかについて確認する。

　まずは、パネルデータより、同一労働者のある年の雇用形態とその次の年の雇用形態の情報から、「正規継続者」「非正規から正規に変化した者」「正規から非正規に変化した者」「非正規継続者」の4グループに分け、職種によって分類した主な担当業務の変化ついてクロス集計表を作成し表1-1に掲載した[10]。なおここでは、連続する2年のどちらかが無業である者を除いた継続就業者に限定している。

　表1-1を見ると、4グループとも連続する2年で業務に変化のないケース

---

10)　データや変数の作成、加工手続きに関する詳細は、補論に記載した。

表 1-1　正規・非正規変化別の業務分類変化に関するクロス集計表

	対象者数	次期の業務			
		抽象業務（専門・技術職、管理職、保安職）	マニュアル（サービス職、運輸通信職、農林漁業）	ルーチン（事務職、販売・営業職、生産工程・労務職）	その他職ダミー
正規継続者（次期無業者除く）	22374	38.3	14.7	44.2	2.8
今期の業務　抽象業務（専門・技術職、管理職、保安職）	8462	84.5	4.8	8.7	1.9
今期の業務　マニュアル（サービス職、運輸通信職、農林漁業）	3235	11.9	71.7	13.4	3.0
今期の業務　ルーチン（事務職、販売・営業職、生産工程・労務職）	10004	8.4	4.5	85.4	1.7
今期の業務　その他職ダミー	673	30.2	14.9	26.3	28.7

	対象者数	次期の業務			
		抽象業務（専門・技術職、管理職、保安職）	マニュアル（サービス職、運輸通信職、農林漁業）	ルーチン（事務職、販売・営業職、生産工程・労務職）	その他職ダミー
非正規から正規への転換者（次期無業者除く）	1264	28.2	22.7	43.8	5.4
今期の業務　抽象業務（専門・技術職、管理職、保安職）	314	72.6	7.6	15.6	4.1
今期の業務　マニュアル（サービス職、運輸通信職、農林漁業）	344	12.2	54.9	29.1	3.8
今期の業務　ルーチン（事務職、販売・営業職、生産工程・労務職）	527	13.7	10.4	73.2	2.7
今期の業務　その他職ダミー	79	17.7	24.1	22.8	35.4

	対象者数	次期の業務			
		抽象業務（専門・技術職、管理職、保安職）	マニュアル（サービス職、運輸通信職、農林漁業）	ルーチン（事務職、販売・営業職、生産工程・労務職）	その他職ダミー
正規から非正規への転換者（次期無業者除く）	1088	27.6	25.6	38.4	8.5
今期の業務　抽象業務（専門・技術職、管理職、保安職）	356	61.2	15.5	16.6	6.7
今期の業務　マニュアル（サービス職、運輸通信職、農林漁業）	228	12.3	61.4	19.7	6.6
今期の業務　ルーチン（事務職、販売・営業職、生産工程・労務職）	445	9.2	16.6	65.8	8.3
今期の業務　その他職ダミー	59	22.0	15.3	35.6	27.1

	対象者数	次期の業務			
		抽象業務（専門・技術職、管理職、保安職）	マニュアル（サービス職、運輸通信職、農林漁業）	ルーチン（事務職、販売・営業職、生産工程・労務職）	その他職ダミー
非正規継続者（次期無業者除く）	7303	16.4	27.1	50.9	5.7
今期の業務　抽象業務（専門・技術職、管理職、保安職）	1126	74.2	9.2	12.3	4.4
今期の業務　マニュアル（サービス職、運輸通信職、農林漁業）	1972	5.9	70.7	19.2	4.2
今期の業務　ルーチン（事務職、販売・営業職、生産工程・労務職）	3738	4.4	10.1	82.4	3.2
今期の業務　その他職ダミー	467	16.9	22.1	25.3	35.8

が最も多いが、「正規継続者」で最も変化が見られず、次いで「非正規継続者」「非正規から正規に変化した者」「正規から非正規に変化した者」と変化がみられなくなっている。やはり雇用形態に変化がある場合に業務にも変化がみられやすくなっている。

　業務に変化がみられたケースで、「ルーチン業務」のうち「抽象業務」へ移った者についてみると、「正規継続者」で8.4％、「非正規から正規に変化した者」で13.7％、「正規から非正規に変化した者」で9.2％、「非正規継続者」で4.4％となっている。非正規から正規に転換した者ほど「ルーチン業務」から「抽象業務」へ変化しており、技術偏向型技術進歩の影響をうかがわせる傾向がみられる。

　「ルーチン業務」のうち「マニュアル業務」へ移った者について見ると、「正規継続者」で4.5％、「非正規から正規に変化した者」で10.4％、「正規から非正規に変化した者」で16.6％、「非正規継続者」で10.1％となっている。「正規から非正規に変化した者」ほど「ルーチン業務」から「マニュアル業務」へ変化している。加えて正規から非正規に変化した者では、「ルーチン業務」から「マニュアル業務」への変化が「抽象業務」や「その他業務」への変化に比べ明らかに大きくなっている。日本における「ルーチン業務」から「マニュアル業務」への移り変わりは、雇用形態が非正規雇用に変化した場合に確認されやすくなることがわかる。

　この傾向は「非正規継続者」にも見られる。ここでも「ルーチン業務」から「マニュアル業務」への変化は、「抽象業務」や「その他業務」への変化より大きい。一方で、「正規継続者」や「非正規から正規に変化した者」では、「ルーチン業務」から「マニュアル業務」への変化よりも「抽象業務」への変化が大きい。技術偏向型技術進歩による「抽象業務」の拡大は正規雇用者の増加につながり、「マニュアル業務」の拡大は非正規雇用者の増加につながる可能性がうかがえる。技術偏向型技術進歩によって雇用形態の二極化が進んでしまうことが懸念される。

　しかしながら、業務に変化が見られたケースで、「ルーチン業務」以外から「ルーチン業務」へ変化した者も少なくない。「非正規から正規に変化した者」では、「抽象業務」であった者の15.6％が「ルーチン業務」に移って

おり、「マニュアル業務」であった者は29.1％も「ルーチン業務」に移っている。「正規から非正規に変化した者」でも、「抽象業務」であった者の16.6％が「ルーチン業務」に移っており、「マニュアル業務」であった者は19.7％が「ルーチン業務」に移っている。

　また、連続する2年とも「ルーチン業務」から「ルーチン業務」という変化がないケースは、「正規継続者」で85.4％、「非正規から正規へ変化した者」で73.2％、「正規から非正規へ変化した者」で65.8％、「非正規維持者」で82.4％となり、他業務で変化がないケースよりも大きい。「ルーチン業務」で需要が減少し、そこにとどまりにくいのであれば、「ルーチン業務」から「ルーチン業務」といった構成比は小さくなることが考えられる。表1-1からは、「ルーチン業務」だけが減少し、他業務が大きく増加するような傾向は見られない。

　技術偏向型技術進歩の議論では、賃金の程度から、「抽象業務」を担う者ほど高技能であり、「ルーチン業務」を担っていた者は中間層で、「マニュアル業務」を担う者ほど技能が低いことが指摘される。求められる技能や賃金の変化を考慮すれば、中間層である「ルーチン業務」への変化は、上位層の「抽象業務」から下位層である「マニュアル業務」への変化や下位層の「マニュアル業務」から上位層の「抽象業務」への変化よりも容易なのだろう。表1-1で業務変化のあるケースについて、「抽象業務」や「マニュアル業務」から「ルーチン業務」への変化も多くなっている背景には、「ルーチン業務」で求められる技能や賃金が、「抽象業務」や「マニュアル業務」に近いからとも考えられる。

　また、日本では「ルーチン業務」のうち事務職の需要減がないことで、他業務から「ルーチン業務」へ変化した者や、「ルーチン業務」のままで変化しない者が少なくないことも疑われる。そこで、事務職を「ルーチン業務」に分類せずに作成されたクロス表を表1-2として掲載した。表1-2を見ると、「事務職」に就いていた者ほど次の年も「事務職」で変化がないケースが多い傾向が見られる。表1-1では「ルーチン業務」について変化がないケースが多かったが、事務職に同様の傾向があるためと考えられる。しかしながら、「抽象業務」や「マニュアル業務」から事務職への変化は少ない。表1-1で「ルー

表 1-2　事務職を「ルーチン業務」に分類せず、表 1-1 と同様の作表を行ったクロス
集計表

		対象者数	次期の業務				
			抽象業務（専門・技術職、管理職、保安職）	マニュアル（サービス職、運輸通信職、農林漁業）	ルーチン（販売・営業職、生産工程・労務職）	事務職	その他職ダミー
正規継続者（次期無業者除く）		22374	38.3	14.7	24.8	19.4	2.8
今期の業務	抽象業務（専門・技術職、管理職、保安職）	8462	84.5	4.8	6.4	2.4	1.9
	マニュアル（サービス職、運輸通信職、農林漁業）	3235	11.9	71.7	8.7	4.7	3.0
	ルーチン（販売・営業職、生産工程・労務職）	5646	11.0	5.2	79.4	2.3	2.1
	事務職	4358	5.0	3.7	2.8	87.5	1.1
	その他職ダミー	673	30.2	14.9	18.1	8.2	28.7

		対象者数	次期の業務				
			抽象業務（専門・技術職、管理職、保安職）	マニュアル（サービス職、運輸通信職、農林漁業）	ルーチン（販売・営業職、生産工程・労務職）	事務職	その他職ダミー
非正規から正規への転換者（次期無業者除く）		1264	28.2	22.7	25.0	18.8	5.4
今期の業務	抽象業務（専門・技術職、管理職、保安職）	314	72.6	7.6	11.2	4.5	4.1
	マニュアル（サービス職、運輸通信職、農林漁業）	344	12.2	54.9	17.4	11.6	3.8
	ルーチン（販売・営業職、生産工程・労務職）	333	17.1	11.1	58.0	10.5	3.3
	事務職	194	7.7	9.3	6.7	74.7	1.6
	その他職ダミー	79	17.7	24.1	19.0	3.8	35.4

		対象者数	次期の業務				
			抽象業務（専門・技術職、管理職、保安職）	マニュアル（サービス職、運輸通信職、農林漁業）	ルーチン（販売・営業職、生産工程・労務職）	事務職	その他職ダミー
正規から非正規への転換者（次期無業者除く）		1088	27.6	25.6	23.2	15.3	8.5
今期の業務	抽象業務（専門・技術職、管理職、保安職）	356	61.2	15.5	12.4	4.2	6.7
	マニュアル（サービス職、運輸通信職、農林漁業）	228	12.3	61.4	13.2	6.6	6.6
	ルーチン（販売・営業職、生産工程・労務職）	272	11.4	18.8	54.8	5.9	9.2
	事務職	173	5.8	13.3	9.3	64.7	6.9
	その他職ダミー	59	22.0	15.3	22.0	13.6	27.1

		対象者数	次期の業務				
			抽象業務（専門・技術職、管理職、保安職）	マニュアル（サービス職、運輸通信職、農林漁業）	ルーチン（販売・営業職、生産工程・労務職）	事務職	その他職ダミー
非正規継続者（次期無業者除く）		7303	16.4	27.1	30.5	20.4	5.7
今期の業務	抽象業務（専門・技術職、管理職、保安職）	1126	74.2	9.2	6.0	6.3	4.4
	マニュアル（サービス職、運輸通信職、農林漁業）	1972	5.9	70.7	13.7	5.5	4.2
	ルーチン（販売・営業職、生産工程・労務職）	2286	4.0	12.1	76.3	3.8	3.9
	事務職	1452	5.0	6.8	4.3	81.8	2.1
	その他職ダミー	467	16.9	22.1	18.0	7.3	35.8

表 1-3　無業者から就業へと変化した者の業務分類に関するクロス集計表

	対象者数	次期の業務			
		抽象業務（専門・技術職、管理職、保安職）	マニュアル（サービス職、運輸通信職、農林漁業）	ルーチン（事務職、販売・営業職、生産工程・労務職）	その他職ダミー
今期無業から次期正規雇用への移行者	1313	36.8	18.1	41.2	3.9
今期無業から次期非正規雇用への移行者	610	18.0	29.7	43.6	8.7

チン業務」へと変化した者も少なくなかったが、これについては事務職以外の職種へと変化していることが疑われる。

　以上の傾向は、無業者から就業者へと変化した場合についても大きくは変わらない。扱うデータを連続する 2 年において、無業から就業に変化した者について同様のクロス表を作成し、表 1-3 に掲載した。表 1-3 を見ると、正規雇用者として就業した者についても、非正規雇用者として就業した者についても、中間層の「ルーチン業務」が多くなる。しかしながら、「抽象業務」への就業は正規雇用で多くなり、「マニュアル業務」への就業は非正規雇用で多くなっている。「抽象業務」を担う正規雇用者が増えつつ、「マニュアル業務」を担う非正規雇用者も増えることが示唆される。

　次に継続就業者のデータを用いて、性別や学歴などの個人属性のちがいをコントロールした場合にも同様の傾向がみられるかどうかを確認するため、多項プロビット分析を行った。

　コントロールされる説明変数は、今期が非正規であるかどうかを示すダミー変数、企業規模、勤続年といった今期の就業状況に加え、年齢や学歴や勤続年数、女性や有配偶かどうかを示すダミー変数、今期に入院や通院を経験したかどうかを示すダミー変数といった今期の個人属性を用いる。被説明変数は、次の調査年で正規の「抽象業務」であれば 1、正規の「マニュアル業務」であれば 2、正規の「ルーチン業務」であれば 3、正規の「その他業務」であれば 4、非正規の「抽象業務」であれば 5、非正規の「マニュアル業務」であれば 6、非正規の「ルーチン業務」であれば 7、非正規の「その他業務」であれば 8、と分けられた次期の雇用形態×業務分類に関する変数である。

　分析結果は表 1-4 に掲載した。この多項プロビット分析は今期が「ルーチ

表 1-4　次期の正規・非正規別×業務分類に関する多項プロビット分析結果

被説明変数	次期正規				次期非正規			
	次期抽象業務	次期マニュアル業務	次期ルーチン業務	次期その他職	次期抽象業務	次期マニュアル業務	次期ルーチン業務	次期その他職
サンプル	今期ルーチン業務従事者（次期無業者除く）							
モデル	多項プロビット							
説明変数	限界効果							
今期非正規ダミー	0.031 [0.005]***	0.016 [0.003]***	−0.355 [0.006]***	0.006 [0.002]***	0.008 [0.001]***	0.019 [0.002]***	0.269 [0.004]***	0.006 [0.001]***
イベント発生数	911	509	8931	180	205	450	3373	155
標本数	14,714							

被説明変数	次期正規				次期非正規			
	次期抽象業務	次期マニュアル業務	次期ルーチン業務	次期その他職	次期抽象業務	次期マニュアル業務	次期ルーチン業務	次期その他職
サンプル	今期抽象業務従事者（次期無業者除く）							
モデル	多項プロビット							
説明変数	限界効果							
今期非正規ダミー	−0.331 [0.011]***	0.016 [0.006]**	0.048 [0.008]***	0.011 [0.004]***	0.188 [0.005]***	0.024 [0.002]***	0.031 [0.003]***	0.012 [0.002]***
イベント発生数	7380	431	789	176	1053	158	198	73
標本数	10,258							

被説明変数	次期正規				次期非正規			
	次期抽象業務	次期マニュアル業務	次期ルーチン業務	次期その他職	次期抽象業務	次期マニュアル業務	次期ルーチン業務	次期その他職
サンプル	今期マニュアル業務従事者（次期無業者除く）							
モデル	多項プロビット							
説明変数	限界効果							
今期非正規ダミー	−0.028 [0.007]***	−0.341 [0.009]***	−0.005 [0.007]	−0.003 [0.003]	0.012 [0.003]***	0.309 [0.008]***	0.044 [0.006]***	0.011 [0.003]***
イベント発生数	427	2509	532	111	145	1534	423	98
標本数	5,779							

注1：[　]内の値は標準誤差を表す。
注2：*** は1％水準、** は5％水準、* は10％水準で有意であることを示す。
注3：説明変数には「今期非正規ダミー」のほかに、女性ダミー、有配偶ダミー、子供有ダミー、学歴ダミー、勤
　　続年、年齢、企業規模ダミー、入院有ダミー、通院有ダミーを含めコントロールしている。

ン業務」である者、今期が「抽象業務」である者、今期が「マニュアル業務」
である者別に行った。
　表 1-4 より、「ルーチン業務」従事者に関する分析結果を見ると、今期非
正規ダミーは、次期が正規の「ルーチン業務」以外では統計的に有意なプラ
スの結果となっている。また特に、次期非正規のルーチン業務で数値が大き

い。比較対象である正規の「ルーチン業務」は同じ状態にとどまりやすく、非正規で「ルーチン業務」に従事していた者も、同じ非正規であれば同業務にとどまりやすいためであろう。

　そこで他業務について見ると、次期正規の「抽象業務」の結果の値が最も大きく、次いで次期非正規の「マニュアル業務」の値が大きくなっている。非正規の「ルーチン業務」従事者は、同じ非正規の「ルーチン業務」にとどまる以外では、正規の「抽象業務」に転換することが多く、非正規であれば「マニュアル業務」へ転換しやすい。複数の個人属性をコントロールしても、「ルーチン業務」から正規の「抽象業務」や、非正規の「マニュアル業務」に就きやすい状況が確認される。

　さらに、今期が「抽象業務」であった者に関する分析結果を見ると、比較対象が正規の「抽象業務」従事者であるためか、次期正規の「抽象業務」以外では統計的に有意なプラスとなっている。また次期非正規の中でも同業務である「抽象業務」の値が最も大きい。そこで「抽象業務」以外の他業務について見ると、次期正規雇用でも次期非正規でも「ルーチン業務」の値が大きくなっている。

　非正規雇用者で「抽象業務」に就いていた者が別業務に変化する場合には、正規に変わった場合も非正規のままの場合も「ルーチン業務」が多くなる傾向が見られる。「抽象業務」から「マニュアル業務」へ移る場合よりも、賃金減少が少ないからではないだろうか。

　最後に今期が「マニュアル業務」であった者に関する分析結果を見ると、比較対象が正規の「マニュアル業務」従事者であるためか、次期正規の「マニュアル業務」が最も大きいマイナスとなっている。しかしここでは、次期正規の「抽象業務」も統計的に有意なマイナスとなっており、次期正規の「ルーチン業務」も統計的に有意ではなくなっている。「マニュアル業務」であった非正規雇用者は、どの業務でも正規になることが難しいのか、正規の「マニュアル業務」従事者は正規の他業務に積極的に業務転換しているということがうかがえる。ただし、非正規に比べて正規雇用者ほど「抽象業務」へと移っているのは、正規で「マニュアル業務」に就いていた者のほうが非正規で「マニュアル業務」に就いていた者よりも「抽象業務」に対応しやすい技

図 1-1　ルーチンに該当する各職の全職業に占める割合の推移

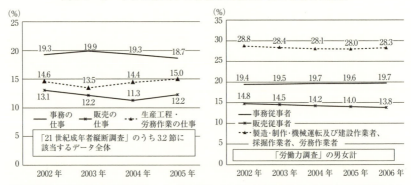

出所：総務省「労働力調査」長期時系列データ（基本集計）表6（2）、厚生労働省「21世紀成年者縦断調査」より
　　　筆者作成。

能を持っているためであろう[11]。

　これまでの分析結果を整理すると、非正規の「ルーチン業務」から正規雇用者として「抽象業務」へ移るケースが多くなっていた。また、正規の「ルーチン業務」から非正規の「マニュアル業務」に移るケースや、非正規のままで「マニュアル業務」に変化するケースもみられやすい。これより、日本でも欧米と同様に「定型化仮説」と整合的な変化がみられ、「抽象業務」は正規雇用で、「マニュアル業務」は非正規雇用で多くなることから、正規と非正規の二極化が進む背景に近年の技術進歩の影響もうかがうことができた。しかしながら「ルーチン業務」が明確に減少していると思われる傾向はみられなかった。

　実際に「ルーチン業務」が減少しているかどうかを確認するため、「ルーチン業務」として分類した職種のシェア推移を図 1-1 に示した。また図 1-1 では「労働力調査」による同様の図も掲載し、若年に偏っている「21世紀成年者縦断調査」の傾向と「労働力調査」の傾向とに特徴のちがいがないかを確認する。図 1-1 を見ると、どちらの調査データにおいても 4 年間という短い期間内では、大きな変化は見られない。

---

11)　たとえばサービス職であれば正規雇用者では店長など管理的な業務も実施することが多く、
　　　抽象的な側面も多くなっていると考えられる。

　しかしながら若干ではあるが、「労働力調査」では、事務職や生産工程労務職に変化がない中で販売職の微減が確認される。「21世紀成年者縦断調査」では、販売職が微減傾向であることは共通だが、生産工程労務職が若干増加しているように見える。若年に限定された「21世紀成年者縦断調査」では、生産工程労務職が増えているため「ルーチン業務」が減少していないように見えたと考えられる。

4　転職・内部登用別の正規転換と「抽象業務」

　労働政策研究・研修機構（2015）に掲載された集計表では、非正規の専門・技術職から正規の専門・技術職への転換が多いことが示されている。また前節では、正規転換者の業務変化を見れば、非正規「ルーチン業務」から正規「抽象業務」という経路が多いことが確認されたが、業務変化がない者も含めれば正規転換者は業務変化をしない者が大多数となっていた。つまり、すでに「抽象業務」に就いている非正規雇用者ほど同業務で正規転換しやすいと考えられる。

　そこで、年齢や勤続年といった複数の個人属性をコントロールしても、非正規雇用者の「抽象業務」従事者ほど正規転換しやすいかどうかを確認するために、四方(2011)に基づく多項ロジットモデルの推定を行った。四方(2011)では、正規転換の経路として転職か内部登用かが考慮された分析が行われているが、業務分類に関する説明変数は分析の対象外であった[12]。以下の分析では、非正規の「抽象業務」が転職と内部登用のどちらの経路で正規転換しているかについても確認する。

　分析に用いた説明変数は、業務分類と勤続年、年齢、企業規模、女性ダミー、有配偶ダミー、子供有ダミー、入院有ダミー、通院有ダミー、雇用形態である。被説明変数は、内部登用で同じ企業で正規転換した場合に1、転職によって別企業で正規転換をした場合に2、転職も正規転換もせず同企業で非正規のままである場合に3、転職により別企業に変化したが非正規のままである

---

12)　職種の変数は説明変数に含まれている。事務に比べサービス・販売職、専門・技術職が転職によって正規転換しやすいという分析結果が示されている（四方［2011］、表6）。

表 1-5　t 期非正規雇用者の $t+1$ 期の就業状態に関する多項ロジット分析結果
(同企業内非正規継続との比較)

分析対象	男女計の今期非正規雇用者			
次期の雇用形態と経路	同企業で正規	別企業で正規	別企業で非正規	無業化
説明変数				
雇用形態ダミー　　パート・アルバイト	↓***	↓**		↑**
(参照：契約社員)　派遣社員	↓***			
学歴ダミー　　　　大学、大学院卒ダミー		↑***		
(参照：高卒以下)　短大、専門、高専卒ダミー				↓***
女性ダミー	↓***	↓***		↓***
有配偶ダミー				↑***
子供有ダミー	↓***			↓
t 期に通院有ダミー			↑***	
t 期に入院有ダミー				
年齢階級　　　　　25 歳未満	↑***	↑***	↑***	↑**
(参照：30～34 歳)　25～29 歳		↑***		↑**
35～39 歳				↓
企業規模　　　　　企業規模 30 人未満ダミー	↑***		↑**	↑***
(参照：500 人以上)企業規模 31～499 人ダミー	↑***			
勤続年　　　　　　0 年	↑***	↑***	↑***	↑***
(参照：5 年超)　　1 年		↑*	↑***	↑***
2～3 年		↑**	↑***	↑**
4～5 年			↑*	
職種業務分類　　　抽象業務	↑***			
(参照：その他職業)マニュアル				
ルーチン				↓*
定数項	↓***	↓***	↓***	↓***
イベント発生数	811	400	1061	1658
標本数	9820			

注1：***、**、*はそれぞれ 1％、5％、10％水準で有意であることを示す。
注2：相対的リスク比、ロバスト・スタンダード・エラーから計算した P 値をもとに表を作成している。
注3：結果がプラスである場合には「↑」を、マイナスである場合には「↓」を、統計的に有意ではないとされた なら空欄が示されている。

場合に 4、無業化した場合に 5 とされた変数である。

　分析結果は表 1-5 に掲載した。表頭には、「同企業で正規」「別企業で正規」「別企業で非正規」「無業化」の 4 パターンが記載されているが、同企業で非正規のままである場合と比べて、どの変化パターンになりやすいかが分析結果として示される。たとえば、説明変数の「抽象業務」が「同企業で正規」

において統計的に有意にプラスの結果となっているならば、「抽象業務」の非正規雇用者は、同企業で非正規のままでいるよりも内部登用で正規へと転換しやすいと解釈される。

表 1-5 より業務分類を見ると、「抽象業務」では「同企業で正規」について統計的に有意なプラスとなっているが、それ以外では有意ではない。「抽象業務」は非正規にとどまるより内部登用による正規へと変化しやすいことがわかる。専門・技術職で同職種の正規転換が多くなるという労働政策研究・研修機構（2015）と整合的な結果である。「抽象業務」に就いていた非正規雇用者ほど正規転換しやすいが、それは転職ではなく内部登用によるものであることが着目される。

また、「勤続年 0 年」で「同企業正規」にプラスとなっていることが着目される。内部登用による正規転換は、たとえば紹介予定派遣のような、ある程度正規雇用を前提とした非正規採用であるからこそ 1 年未満で転換しやすいのではないか。平野（2009）が述べるように、内部登用による正規転換者の多くは、スクリーニングを目的としたハイブリッドとしてまずは非正規で採用され、内部登用で正規になっているのではないだろうか。「抽象業務」でも内部登用が多いこととあわせて考えると、「抽象業務」での正規転換者も、正規雇用を前提としてまずは非正規で採用されている可能性がある。そうであれば、非正規の「抽象業務」従事者になることは、正規就業と同じくらい難しいことなのではないだろうか。

また、「ルーチン業務」は 10％水準ではあるが、「無業化」に統計的有意なマイナスの結果が示され、無業化しにくい傾向が示されている。「ルーチン業務」の需要減が生じているのであれば、「ルーチン業務」の非正規雇用者ほど無業化しやすいと考えられるが、そうなっていない。本分析に用いたデータは若年層が中心であり、「ルーチン業務」の減少が確認できなかったためであろう。

大学、大学院卒者は、転職を通じた別企業で正規転換につながりやすい傾向が示されている。また、転職や内部登用にかかわらず、女性は男性に比べ正規転換しにくいことや、25 歳未満の若年者が正規転換しやすくなっている。企業規模については、小規模企業ほど内部登用による正規転換が生じや

すくなっている。これら分析結果の傾向は四方（2011）と整合的である。

　表1-5の分析結果を整理すると、非正規の「抽象業務」従事者や勤続0年の者は、内部登用で正規転換がしやすくなっている。内部登用による正規転換者は、正規雇用が見込まれている非正規として採用された可能性があり、「抽象業務」での非正規雇用者は名目上非正規であっても、他業務の非正規雇用者とは異なる扱いとなっていることが考えられる。

　非正規であっても「抽象業務」に就くことができれば正規雇用の可能性が高いのではないかと予想されたが、非正規の「抽象業務」がすなわち正規雇用を前提とした雇用であるならば、非正規の「抽象業務」に至るまでが簡単ではないと考えられる。

5　技術進歩による正規・非正規の二極化に対して求められる政策とは

　技術進歩によって定型的な「ルーチン業務」が減少し、高度な技能が求められる「抽象業務」が増えると同時に高い技能は求められない「マニュアル業務」が増えていく「定型化仮説」が欧米で確認されている。これが日本においても成立しているなら、近年の技術進歩は「抽象業務」の正規雇用者と「マニュアル業務」の非正規雇用者といった正規・非正規の二極化を促進するおそれがある。

　本章ではこの可能性を検討するため、「21世紀成年者縦断調査」（厚生労働省）の大規模ミクロパネルデータを用いて以下の二点について複数分析を行った。第一には、非正規から正規への転換において、「抽象業務」が多い職種に就いていた雇用者ほど正規転換確率が高いのではないかという問いである。これについては、非正規から正規に転換できた者ほど、「ルーチン業務」が多い職種から「抽象業務」が多い職種へと転換している者が多かった（表1-1）。また、「抽象業務」が多い職種に就いていた非正規雇用者ほど統計的有意に内部登用で正規転換が果たされやすくなっていた。加えて、勤続0年という非常に短期な勤続者ほど内部登用による正規転換が果たされやすくなっていた（表1-5）。

　第二に、「ルーチン業務」が多い職種に就いていた正社員は「マニュアル業務」が多い職種の非正規雇用に転換しているのではないかという問いである。これについては、正規から非正規雇用に変化してしまった者ほど、「ルーチン業務」が多い職種から「マニュアル業務」が多い職種へと変化している者が多かった（表1-1）。また、「ルーチン業務」が多い職種に就いていた非正規雇用者は、非正規のまま「マニュアル業務」が多い職種に移りやすいという傾向も見られた（表1-4）。

　これらの分析結果から、日本においてもおおむね「定型化仮説」が成立し、近年の技術進歩は正規の「抽象業務」と非正規の「マニュアル業務」という正規・非正規の二極化にも寄与していると考えられる。しかしながら技術偏向型技術進歩の議論で中間層と指摘される「ルーチン業務」が多い職種の減少は、本章で用いたデータからは確認されなかった。若年層に限定されたパネル調査であるためか、総務省「労働力調査」の同期間のデータと異なり、ブルーカラーが増えていたためであろう。

　それではこれらの分析結果から、どのような政策含意が導けるだろうか。

　まず、「抽象業務」を担う人材の育成が重要といえる。技術者育成も多く含むが、製造業関連の職業訓練が充実している中、ホワイトカラーの「抽象業務」の人材育成について現状は、企業内で独自に育てる傾向がある。大学、大学院においてマーケティングや経営戦略論など、「抽象業務」に関する教育を受けた者でも、企業に入ればそれまで学んだ知識を白紙に戻し、企業独自の知識を覚えていくという傾向が強いであろう。荒木・安田（2016）は大学での専門分野と関連した仕事を望んでいる学生ほど就職内定を得にくくなっているという分析結果が示され、特に文系学生でその傾向が強いことがわかる。

　また、企業内での人材育成は正規雇用者に限定される傾向があり（原［2009］）、非正規雇用者は企業で活用できる「抽象業務」に関する技能を蓄積できない。企業内ですぐに活用できるホワイトカラー「抽象業務」人材の育成が、企業外でも果たされることが望まれる。企業外教育で得た技能が、企業でより重視されるような、産学連携が求められるのではないだろうか。また、職業訓練においてホワイトカラー「抽象業務」の現場を再現して学ぶ

など、現場に密接に結びつけた訓練プログラムが求められよう。企業外から
の「抽象業務」人材の育成は、非正規の正規転換を促進させるだけでなく、
需要変化に沿った労働力の再配置にも貢献することが考えられる。

　さらに、山本（2017）でも指摘しているように、非正規就業を介して技術
偏向型技術進歩の影響が生じやすくなっていたことは、将来的にさらに技術
革新が進んだ際には、人工知能などをはじめとする新たな技術によって日本
では大量の非正規就業者の雇用が奪われるリスクが内在すると考えることも
できる。そうした事態に備えたセーフティ・ネットの拡充や技術革新に伴っ
て新たに創出されるであろう仕事への円滑な転換を促すような取り組みを政
策的に検討しておく必要があるともいえる。

　最後に今後の課題を挙げる。本章ではデータ構造上の制約もあるため、
Autor and Dorn（2013）の Tabele2 を参考に、職種大分類を「抽象業務」「マ
ニュアル業務」「ルーチン業務」に分類して分析を行うという大雑把な手続
きとなっている。職種小分類からそれぞれの「抽象業務」「ルーチン業務」「マ
ニュアル業務」の程度のちがいを捉えるという、Autor and Dorn（2013）
や Goos *et al.*（2014）、Adermon and Gustavsson（2015）といった分析の手
続きを日本でも行う必要があるだろう。またその場合には、名目上同じ職業
分類であっても業務特徴が欧米と日本では異なることが考えられ、職業小分
類ごとの業務特徴の得点テーブルについては日本独自のものが必要になるで
あろう。

　日本の労働者それぞれが就いている「抽象業務」「ルーチン業務」「マニュ
アル業務」の特徴を詳細に捉え、それぞれの業務特徴が当該業務シェアや労
働需要にどのような影響を与えているのか、また事務職が減少しない原因は
「ルーチン業務」が少ないからであるのか、生産工程労務職の長期的減少は
「ルーチン業務」が多いからなのか Offshoring（企業が業務の一部あるいは
全部を海外に移転させる経営手法）の影響が大きいのか、このような疑問に
明確に答えることが今後の課題になると考えられる。

補論　分析に用いたデータセットの加工手続き

　本章では厚生労働省「21世紀成年者縦断調査」の2002年～2006年調査を主に用いる。2007年以降の調査では前年と同企業に勤めている場合には、職種や雇用形態が聞かれていない。2007年以降のデータは、先行研究で一定程度のボリュームが確認されている企業内部での移り変わりについては考慮できない構造となっているため、2006年までの情報[13]を分析に用いた。

　「21世紀成年者縦断調査」では、雇用形態については、「会社などの役員・事業主、自家営業の手伝い、自宅で賃仕事、正規の職員・従業員、アルバイト、パート、労働者派遣事業所の派遣社員、契約社員・嘱託、その他」から回答者が選択している。本章では、上記の「正規の職員・従業員」を正規雇用と定義し、アルバイトから契約社員・嘱託までを非正規雇用と定義している。また、すべての分析に共通して会社などの役員・事業主、自家営業の手伝い、自宅で賃仕事、その他は除外した[14]。

　職種については、「専門的・技術的な仕事、管理的な仕事、事務の仕事、販売の仕事、サービスの仕事、保安の仕事、農林漁業の仕事、運輸・通信の仕事、生産工程・労務作業の仕事、その他の仕事」の区分で問われている。この選択回答から、本章ではAutor and Dorn（2013）のTable2を参考に、抽象業務、ルーチン業務、マニュアル業務の業務分類ダミーを作成した。具体的には、ある職種がAutor and Dorn（2013）のTable2において「抽象業務」で特に特徴的であることが示されているならば抽象業務ダミーを1（そうでなければ0）とし、「ルーチン業務」で特に特徴的であることが示されているならばルーチン業務ダミーを1、「マニュアル業務」で特に特徴的であることが示されているならばマニュアル業務ダミーが1となるように振り分けた[15]。

　結果として、「抽象業務（専門・技術職、管理職、保安職）、マニュアル（サー

---

13)　今期の就業状況別に次期の就業状況に関する分析を行っているため、2006年データについては、被説明変数としてのみ扱われる。

14)　加えて、分析対象については配偶者サンプルと学生を除外し、正規・非正規雇用者とは特徴の異なる自営業者や公務労働者、副業を持つ者も除外した。

表1-6　3節の分析に用いたデータの基本統計量

分析対象	全体（次期無業者除く）		今期ルーチン業務従事者		今期抽象業務従事者		今期マニュアル業務従事者		今期その他業務従事者	
変数名	平均	標準偏差	平均	標準偏差	平均	標準偏差	平均	標準偏差	平均	標準偏差
次期の状況（最大が8）	3.25	2.11	3.94	1.92	1.90	1.66	3.66	2.10	4.30	2.38
正規	0.73	0.44	0.71	0.45	0.86	0.35	0.60	0.49	0.57	0.49
非正規ダミー	0.27	0.44	0.29	0.45	0.14	0.35	0.40	0.49	0.43	0.49
大学、大学院卒ダミー	0.23	0.42	0.22	0.42	0.28	0.45	0.16	0.37	0.23	0.42
短大、専門、高専卒ダミー	0.28	0.45	0.25	0.43	0.34	0.47	0.26	0.44	0.20	0.40
女性ダミー	0.46	0.50	0.53	0.50	0.39	0.49	0.43	0.49	0.40	0.49
有配偶ダミー	0.30	0.46	0.28	0.45	0.33	0.47	0.31	0.46	0.29	0.46
子供有ダミー	0.22	0.41	0.20	0.40	0.22	0.42	0.24	0.43	0.23	0.42
t 期に通院有ダミー	0.08	0.27	0.08	0.27	0.09	0.28	0.07	0.26	0.06	0.24
t 期に入院有ダミー	0.03	0.16	0.03	0.16	0.03	0.17	0.03	0.16	0.02	0.15
年齢	28.82	4.23	28.78	4.19	28.99	4.23	28.57	4.33	28.95	4.27
企業規模30人未満ダミー	0.31	0.46	0.25	0.43	0.36	0.48	0.35	0.48	0.41	0.49
企業規模31〜499人ダミー	0.40	0.49	0.42	0.49	0.37	0.48	0.42	0.49	0.40	0.49
勤続年	4.95	4.47	5.06	4.58	5.44	4.46	3.96	4.09	4.08	4.23
標本数	32,029		14,714		10,258		5,779		1,278	

表1-7　4節の分析に用いたデータの基本統計量

分析対象	t 期非正規雇用者全体	
変数名	平均値	標準偏差
被説明変数	2.16	1.60
パート・アルバイト	0.68	0.47
派遣社員	0.12	0.33
契約社員	0.19	0.40
大学、大学院卒ダミー	0.15	0.36
短大、専門、高専卒ダミー	0.29	0.45
女性ダミー	0.72	0.45
有配偶ダミー	0.27	0.45
子供有ダミー	0.24	0.43
t 期に通院有ダミー	0.09	0.29
t 期に入院有ダミー	0.03	0.16
25 歳未満	0.24	0.42
25〜29 歳	0.35	0.48
30〜34 歳	0.33	0.47
35〜39 歳	0.08	0.27
企業規模30人未満ダミー	0.38	0.49
企業規模31〜499人ダミー	0.39	0.49
勤続0年	0.36	0.48
勤続1年	0.20	0.40
勤続2〜3年	0.23	0.42
勤続4〜5年	0.10	0.30
抽象業務（専門・技術職、管理職、保安職）	0.17	0.37
マニュアル（サービス職、運輸通信職、農林漁業）	0.27	0.45
ルーチン（事務職、販売・営業職、生産工程・労務職）	0.49	0.50
その他職業	0.07	0.25
標本数	9,820	

ビス職、運輸通信職、農林漁業）、ルーチン（事務職、販売・営業職、生産
工程・労務職）、その他」の四区分としている。なお、厚生労働省「21世紀
成年者縦断調査」の対象者は、平成14年時に34歳が最年長者であることか
ら、本章の分析では若年者に限られたデータが用いられていることには留意
を要する。

　上記で加工されたデータについて、3節では主に連続する2年について就
業をしている継続就業者を分析対象としている。4節ではそれぞれの調査年
で非正規雇用者と確認された者を分析対象とし、翌年の調査で正規雇用や無
業に変わったのか、非正規のままであるのかについてみている。

　データの基本統計量は表1-6と表1-7に掲載した。表1-6では、「マニュ
アル業務」や「その他業務」では非正規雇用者が多く、「マニュアル業務」
では大卒者が少なく、「抽象業務」では大卒者や正規が多くなっている。「抽
象業務」ほど高度な技能が求められ正規雇用で多くなり、「マニュアル業務」
ほど高い技能は求められず非正規として雇用されやすいという予想と整合的
な傾向が示されている。表1-7では、非正規の中でもパート・アルバイトが
約7割と多くなっている。学歴については大卒・大学院卒者は15％と少ない。

【参考文献】

Adrian, Adermon and Magnus Gustavsson (2015) "Job Polarization and Task-Biased Technological Change: Evidence from Sweden, 1975-2005," *Scandinavian Journal of Economics* 117(3), pp.878-917.

Autor, D. and David Dorn (2013) "The growth of low-skill service jobs and the polarization of the U.S. labor market," *American Economic Review* 103(5), pp.1553-1597.

―――, F. Levy, and R. Murnane (2003) "The Skill Content of Recent Technological Change: An Empirical Exploration," *Quarterly Journal of Economics* Vol.118, No.4, pp.1279-1333.

Eva, Moreno-Galbis and Thepthida Sopraseuth (2014) "Job polarization in aging economies," *Labour Economics* 27 (2014), pp.44-55.

---

15)　Autor and Dorn（2013）の Table2 においては、各職種について「抽象業務」「ルーチン業務」
　「マニュアル業務」のどれかひとつに網掛けの＋が表示され、最も重要な業務として示され
　ている。

Goos, M., A. Manning, and A. Salomons (2010) "Explaining Job Polarization in Europe: The Roles of Technology, Globalization and Institutions," *CEP Discussion Paper* No.1026.

―――, ―――, ――― (2014) "Explaining Job Polarization : Routine-Biased Technological Change and Offshoring," *American Economic Review* 104(8): pp.2509-2526.

Kijima, Yoko (2006) "Why did wage inequality increase? Evidence from urban India 1983-99," *Journal of Development Economics* 81, pp.97-117.

Michaels, Guy, Ashwini Natraj, and John Van Reenen (2014) "Has ICT Polarized Skill Demand? Evidence from Eleven Countries over 25 Years," *Review of Economics and Statistics* Vol.96, No.1, pp.60-77.

荒木宏子・安田宏樹 (2016)「大学 4 年制の正社員内定要因に関する実証分析」内閣府経済社会総合研究所『経済分析』190 号。

池永肇恵 (2009)「労働市場の二極化――IT の導入と業務内容の変化について」『日本労働研究雑誌』No.584、73-90 ページ。

――― (2011)「日本における労働市場の二極化と非定型・低スキル就業の需要について」『日本労働研究雑誌』No.608、71-87 ページ。

石井加代子・佐藤一磨・樋口美雄 (2010)「ワーキング・プアからの脱出に自己啓発支援は有効か」、樋口美雄・宮内環・C. R. McKenzie・慶應義塾大学パネルデータ設計・解析センター編『貧困のダイナミズム――日本の税社会保障・雇用政策と家計行動』慶應義塾大学出版会、第 5 章、103-131 ページ。

久米功一・鶴光太郎 (2013)「非正規労働者の雇用転換―正社員化と失業化」*RIETI Discussion Paper Series* 13-J-005。

玄田有史 (2009)「正社員になった非正規社員―内部化と転職の先に」『日本労働研究雑誌』、No.586、34-48 ページ。

――― (2008)「前職が非正社員だった離職者の正社員への移行について」『日本労働研究雑誌』、No.580、61-77 ページ。

小杉礼子 (2010)「非正規雇用からのキャリア形成―登用を含めた正社員への移行の規定要因分析から」『日本労働研究雑誌』No.602、50-59 ページ。

四方理人 (2011)「非正規雇用は「行き止まり」か？―労働市場の規制と正規雇用への移行」『日本労働研究雑誌』No.608、88-102 ページ。

原ひろみ (2009)「非正社員の能力開発」労働政策研究・研修機構『ビジネス・レーバー・トレンド』7 月号。

樋口美雄・石井加代子・佐藤一磨 (2011)「貧困と就業―ワーキングプア解消に向けた有効策の検討―」*RIETI Discussion Paper Series* 11-J-056。

―――・佐藤一磨・石井加代子 (2011)「非正規雇用から正規雇用への転換に能力開発支援は有効か」*KEIO/KYOTO GLOBAL COE DISCUSSION PAPER SERIES* DP2011-043。

三谷直紀・小塩隆士 (2012)「日本の雇用システムと賃金構造」『国民経済雑誌』206 (3)、1-22 ページ。

山本勲 (2011)「非正規雇用の希望と現実―不本意型非正規雇用の実態―」鶴光太郎・樋口美雄・水町勇一郎編『非正規雇用改革』日本評論社、第 4 章、93-120 ページ。

―――― (2017)『労働経済学で考える人工知能と雇用』三菱経済研究所。

労働政策研究・研修機構 (2015)『壮年非正規雇用労働者の仕事と生活に関する研究』労働政策研究報告書、No.180。

第 2 章

非正規雇用者への
セーフティ・ネットと流動性[*]

戸田淳仁

1　セーフティ・ネットとしての雇用保険の適用拡大

　わが国の雇用保険制度における失業給付はセーフティ・ネットの役割が高まっている一方で、増加しつつある非正規雇用者への適用拡大が課題とされてきた。また、失業給付期間の延長に伴い、就業意欲を喪失させるモラルハザードについての議論がなされてきた。

　非正規雇用者への適用拡大については、金井（2015）が背景をまとめている。金井によると、2000 年代以降、失業等給付の受給要件の厳格化や給付金額の引き下げが実施された一方で、失業者が増加したために、失業者の所得保障といったセーフティ・ネット機能が脆弱になっていると指摘している。また、雇用保険の財政を改善させるために就労インセンティブを促す制度設計が強調され、受給要件や給付内容を見直すことはないが、リーマン・ショック以降の雇止め[1]やいわゆる派遣切り[2]の発生などにより、非正規労働者におけるセーフティ・ネットが課題となり、非正規雇用者にも雇用保険の適用

＊　本章は厚生労働科学研究費補助金（政策科学総合研究事業［政策科学推進研究事業］）「就業状態の変化と積極的労働市場政策に関する研究」（H26- 政策 - 一般 -003、研究代表：慶應義塾大学・山本勲）の助成を受けている。また、本章で使用した「中高年者縦断調査」の調査票情報は統計法第 33 条の規定に基づき、厚生労働省より提供を受けた。宮崎毅氏、勇上和史氏ならびに川口大司氏、川田恵介氏、長谷部拓也氏をはじめ東京労働経済学研究会の参加者の方々から貴重なコメントをいただいたことを感謝いたします。なお、本章に示される主張は著者の所属組織による主張ではないことを明記したい。

拡大を進めてきたと解説している。

　失業給付期間の延長に伴う就業意欲を喪失させるモラルハザードについて
は諸々の研究がある（van Ours and Vodopivec［2008］, Caliendo *et al.*［2013］,
Farber *et al.*［2015］など）。たとえば、Schmieder *et al.*（2011）などは米
国において不況期に失業給付期間が延長したことにより、直面する労働市場
の状況が同じ失業者において失業給付期間のちがいによって失業期間がどう
異なるかを分析している。また Hagedorn *et al.*（2016）は、失業給付期間
延長に関する分析をレビューし、方法論的な議論を行っている。日本におい
ては、Machikita *et al.*（2013）においては、45 歳前後において失業給付期
間が異なるという制度上の特徴を利用して、失業給付期間のちがいが再就職
確率にどう影響を与えているかを分析した。失業給付が長いからといって失
業にとどまっている事態が起こっていないことを確認している。また、八代
（2001）は、高齢者の雇用保険が退職金のような役割を持つことを指摘して
いる。

　非正規労働者への雇用保険適用に関しては、雇用が不安定な労働者として
のセーフティ・ネットの役割を持つ半面、就業と失業を繰り返すモラルハザー
ドにつながりかねないといった懸念もある（濱口［2010］）。濱口によると、
1955 年の失業保険法改正においても過去の季節労働者に対する失業保険の
濫給が問題視され、そのうえで適用者を常用雇用とみなせるものに限定する
などの制度設計がなされている。一部の労働者に対して失業保険を濫給する
可能性がある中で、雇用保険の適用拡大を進めたのであれば、就業と失業を
繰り返すモラルハザードが起こっている可能性がある。こうしたモラルハ
ザードが実際に起こっているか、制度変更をうまく活用して識別することが
本章の目的である。

　制度変更については背景を含めて次節で説明するが、本章では二つの制度
変更に注目する。一つは、2009 年改正における、特定受給資格者区分の拡
充である。雇用保険の失業給付の給付日数は、年齢を指標とした再就職の難

---

1)　雇止め（やといどめ）とは、契約社員、パート、アルバイトなどの非正規労働者を、契約期
　限満了時に新たな更新を行わず、そのまま契約を終了させること。
2)　非正規労働者として人材派遣業者と契約し、企業などへ派遣されている人が、契約元の派遣
　業者から契約を打ち切られ（解雇され）、失職すること。

易度と保険料の支払い実績（被保険者期間）に応じて決められていたが、2009 年にはそれらに加えて、有期雇用者の離職理由についても追加され、倒産・解雇等により離職を余儀なくされた特定受給資格者は、より給付日数が長くなった。また、失業給付がもらえるまでの支払い実績も、より短くてもよいようになった。このことにより、後で詳細をみていくように、失業給付を受給できる条件も非特定受給資格者と比べて緩和される。そのため企業としても雇用保険を受給できるのであれば、雇止めをしてもその労働者の生活に大きな影響を与えないと判断し、雇止めをしやすくなるといった可能性も考えられる。

　もう一つは、2010 年改正による非正規雇用者に対する適用拡大である。リーマン・ショック以降の雇止め・派遣切りが社会問題化した中で、雇用見込みが短い者のセーフティ・ネットが必要という議論が起こり、就業中における雇用保険の適用者は 6 カ月以上雇用見込みから 31 日以上雇用見込みに緩和するという改正を行った。このことにより、多くの短期間労働者が雇用保険に加入するだけでなく、失業給付を受け取りながら失業し、給付期間が切れたら就業するが、受給できるようになったら失業するという、失業と就業の繰り返しがより起こりやすくなるかもしれない。こうしたことを実証的に検証することが本章の目的である。

　以上の制度変更を疑似的な自然実験とみなし、制度変更前後の時期において、制度変更の対象者とそれ以外のものを比較する差の差（Difference in Difference）の分析を行う。差の差の分析を行うことにより制度変更の効果を識別させるのが本章の実証戦略である。

　次節以降の構成は以下のとおりである。次節で雇用保険の制度改正の内容とその背景について説明する。3 節で使用するデータについて説明する。分析方法と分析結果について、4 節では 2009 年改正における特定理由離職者区分の拡充、5 節においては 2010 年改正における非正規雇用者の適用拡大について説明する。6 節で分析から得られるインプリケーションについて検討する。

2　雇用保険の制度改正[3]

雇用保険は下記の機能を併せ持つ制度であると厚生労働省は説明している。

① 労働者が失業してその所得の源泉を喪失した場合、労働者について雇用の継続が困難となる事由が生じた場合及び労働者が自ら職業に関する教育訓練を受けた場合に、生活及び雇用の安定並びに就職の促進のために失業等給付を支給する

② 失業の予防、雇用状態の是正及び雇用機会の増大、労働者の能力の開発及び向上その他労働者の福祉の増進を図るための二事業を行う

以下では、雇用保険制度の基本的な概要と、本章で注目する制度変更について解説する。

（1）　雇用保険制度の概要

雇用保険は、農林水産業の個人事業で常時 5 人以上を雇用する事業を除き、労働者が雇用される事業を強制適用事業とする制度である。雇用保険の適用事業において、被保険者となるのは下記のものを除くすべてである。

① 1 週間の所定労働時間が 20 時間未満である者

② 同一の事業主に継続して 31 日以上（2010 年 4 月までは 6 カ月）雇用されることが見込まれる者

③ 季節的に雇用される者であって、4 月以内の期間を定めて雇用される者又は一週間の所定労働時間が 20 時間以上 30 時間未満である者

④ 65 歳に達した以降に雇用される者

⑤ 日雇い労働者であって、一定の条件に当てはまらない者

⑥ 国、都道府県、市町村等に雇用される者

⑦ 昼間学生

一般被保険者[4]が離職した際に受給できるのが失業等給付であるが、基本手当を受給するためには離職理由により必要な被保険者の期間が異なる。倒

---

3)　この節における記述は、厚生労働省職業安定分科会雇用保険部会（第 115 回）資料 1「雇用保険制度の概要」を参考に記している。

図 2-1　求職者給付に至るまでの要件

基本手当【法 13】
　○一般被保険者が失業した際、(i)(ii)のいずれかに該当する場合に支給。
　　※ 4 週間に 1 回、公共職業安定所において、失業状態にあることの認定を行う。

　　(i) 一般被保険者が離職した場合

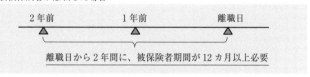

　　(ii) 倒産、解雇等による離職者または有期労働契約が更新されなかったこと等による
　　　　離職者で、(i)の条件で受給資格を得られない場合

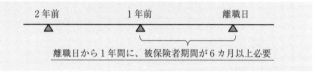

　　注：「この法律において「失業」とは、被保険者が離職し、労働の意思及び能力を有するにもかかわらず、
　　　　職業に就くことができない状態にあることをいう」(法 4 Ⅲ)
　　出所：厚生労働省職業安定分科会雇用保険部会（第 115 回）資料 1「雇用保険の概要」より抜粋。

産、解雇のように事業者側の都合であれば図 2-1 の(ii)のように、過去 1 年
以内に 6 カ月以上の雇用保険加入が必要であるが、それ以外の理由であれば
図 2-1 の(i)のように過去 2 年以内に 12 カ月以上の加入が必要となる。失業
した際の基本手当の支給日額及び日数は、それぞれ離職前賃金や年齢、離職
理由等によって変わる。倒産・解雇等以外の一般の離職者については、被保
険者であった期間に応じて 90 日〜150 日と幅がある。

（2）　近年の制度改正

　近年の制度改正については表 2-1 に内容をまとめている。その背景と本章
で注目する制度改正について触れておきたい。

　1990 年代以降の非正規雇用者の増加に対し、セーフティ・ネットの強化
の必要性が認識された。2000 年に雇用保険法が改正され、登録型派遣労働者、

---

4)　一般被保険者以外については、65 歳以上の雇用者に適用される高年齢継続被保険者、4 カ月
　　以内の期限を定めて雇用される等の条件のある短期雇用特例被保険者、日雇い労働者に適用
　　される日雇労働被保険がある。

表 2-1　雇用保険制度の改正の推移

2007 年改正	失業等給付に係る国庫負担の在り方の見直し ・本来の国庫負担率（1/4）の55％とする〈当分の間〉。高年齢継続給付に係る国庫負担については廃止。
	雇用福祉事業の廃止 ・雇用保険三事業のうち、雇用福祉事業を廃止。
	船員保険制度の統合等 ・船員保険制度のうち労災保険及び雇用保険に相当する部分をそれぞれの制度に統合し、それ以外を全国健康保険協会に移管。
	被保険者資格及び受給資格要件の一本化 ・短時間労働被保険者の被保険者区分をなくし、被保険者資格と受給資格要件を一般被保険者として一本化。
2009 年改正	特定理由離職者区分の創設（契約の更新がないことにより離職した者及び正当理由離職者） ・受給資格要件について解雇等の離職者と同様の扱いとする。 ・契約の更新がないことにより離職した者等の給付日数を解雇等による離職者並に暫定的に拡充〈2011年度まで〉
	個別延長給付の創設　特定受給資格者等に対して、年齢や地域を踏まえ、特に再就職が困難な場合に給付日数を 60 日分延長〈2011 年度末まで〉
	再就職手当の給付率引上げ等　支給残日数により給付率に差をつけた上で全体として給付率を引上げ〈2011 年度末まで〉
	常用就職支度手当の対象範囲拡大及び給付率引上げ〈2011 年度末まで〉
2010 年改正	非正規労働者に対する適用範囲の拡大 ・適用基準について「6 カ月以上雇用見込み」（要領に規定）から「31 日以上雇用見込み」（法に規定）に緩和
	雇用保険に未加入とされた者に対する遡及適用期間の改善
	雇用保険二事業に係る財政的措置 ・雇用保険二事業の財源不足を補うため、失業等給付の積立金から借り入れる仕組みを暫定的に措置〈平成 23 年度末まで〉 ・雇用保険二事業の保険料率に係る弾力条項の発動を停止
	失業等給付に係る雇用保険料率の見直し
2011 年改正	賃金日額の引上げ ・日額上限及び下限の算定基礎を賃金分布の「上位 12.5％」又は「下位 5％」を基に算出し、引上げ
	再就職手当の給付率引上げ ・2009 年改正よりさらに 10％ずつ給付率を引上げた上で恒久化（支給残日数:1/3 以上:50％、1/2 以上:60％）
	常用就職支度手当の給付率の暫定的引上げの恒久化 ・2009 年改正による給付率の暫定的な引上げ（30％から40％）を恒久化
	失業等給付に係る雇用保険料率の引下げ
	雇用保険の国庫負担については、引き続き検討を行い、できるだけ速やかに、安定した財源を確保した上で国庫負担に関する暫定措置を廃止
2014 年改正	教育訓練給付金の拡充（専門実践教育訓練給付金）
	教育訓練支援給付金の創設
	就業促進手当（再就職手当）の拡充 ・再就職手当を受給した者が、離職前賃金と比べて再就職後賃金が低下した場合には、低下した賃金の 6 カ月分を追加的に給付
	失業等給付の暫定措置の延長 ・2013 年度末までとされた失業等給付の暫定措置を 3 年間延長〈2016 年度末まで〉
2016 年改正	高年齢者に対する雇用保険の適用拡大 ・65 歳以降に新たに雇用される者を雇用保険の適用の対象とする。
	高年齢者に係る保険料免除措置の廃止 ・64 歳以上の高齢者に係る保険料免除措置を廃止し、2020 年 4 月から原則どおり保険料を徴収する。
	再就職手当の給付率を引上げ ・支給残日数が 1/3 以上あれば 60％、2/3 以上あれば 70％支給。
	求職活動支援費の創設
	失業等給付に係る雇用保険料率の引下げ

出所：厚生労働省　職業安定分科会雇用保険部会（第 115 回）参考資料 1 より抜粋。育児・介護給付などについては省略している。

パートタイム労働者の雇用保険への適用が拡大した。また、倒産・解雇等により離職を余儀なくされた場合など、離職理由によっても給付日数や給付金額が決定されるようになった。2007 年改正で、短時間労働被保険者制度を廃止して、一般被保険者と短時間労働被保険者の受給要件が一本化された。循環的な給付や安易な需給を未然に防ぐという理由から、倒産・解雇以外の理由で離職した者に対しては、離職の日前 2 年間に被保険者期間が 1 年以上必要とされた。

　2008 年のリーマン・ショック以降の急激な雇用情勢の冷え込みにより、非正規雇用者のセーフティ・ネット強化の要請が高まった。2009 年改正においては特定受給離職者区分が置かれ、契約の更新がないことにより離職した者も、受給資格要件について解雇等の離職者と同じように、離職までの 1 年間に 6 カ月の被保険者期間が必要（通常離職までの 2 年間に 1 年の被保険者期間が必要）と緩和された。また、給付日数も解雇等による離職者並に暫定的に拡充し、時限が決められていたが延長されている。さらに特定受給資格者等に対し、年齢や地域を踏まえ再就職が困難な場合には給付日数の延長などを行った。

　また、2010 年には非正規雇用者に対する適用拡大を行った。雇用保険は、みずからの労働により賃金を得て生計を立てている労働者が失業した場合の生活の安定等を図る制度であることから、雇用見込みが短いものは家計補助的な働き方とみなされ、雇用保険の適用対象とならなかった。雇用見込みも短い者のセーフティ・ネットが必要ということで、適用範囲が 6 カ月以上雇用見込みから 31 日以上雇用見込みに改正を行った。このことにより、多くの短期間労働者が雇用保険に加入するだけでなく、失業給付を受け取りながら失業し、給付期間が切れたら就業するが、受給できるようになったら失業するという、失業と就業の繰り返しがより起こりやすくなるかもしれない。こうしたことを実証的に検証することが本章の目的である。

3　使用するデータ

本章で使用するデータと基本統計量について以下で紹介する。

（1）「21世紀成年者縦断調査」について

本章で使用するのは厚生労働省「21世紀成年者縦断調査（平成14年）」である。この縦断調査は、2002年10月末日現在全国に住む20〜34歳の男女およびその配偶者を対象としており、2002年11月に実施された第1回では2万9052名から回答を得ている。この縦断調査は毎年11月に調査を実施している。

本章では、第6回（2007年）〜第10回（2011年）の女性票、男性票を対象として分析を行う。第6回以降とする理由は、2007年における雇用保険の改正において、短時間労働被保険者の被保険者区分をなくし、一般被保険者として一本化したため、短時間労働者について制度変更による影響があるかもしれないことがある[5]。なお、本章執筆時点で入手できたのが第11回（2012年）調査までであり、第11回データは後述するように、第10回調査時点より1年以内に入職した者がその後離職したか否かを判断するために用いる。

成年者縦断調査については、仕事に関する変数としては就業している人に対し、就業形態・雇用形態、雇用保険の加入状況、従業員規模、職業、現職の就職年月、労働時間、過去1年における仕事の履歴、前職（1年前に就いていた仕事）の離職理由について調査をしている。

本章では、問題意識として就業と失業を繰り返す可能性がある点に注目しているため、調査時点に入職したものでかつ非正規労働者に限定する。また、調査時点の翌年の調査情報を活用し、調査時点に入職した者が1年後までの間に離職をしているかといった情報を活用する。また離職した理由について

---

5)　そのほかの理由として、第6回調査より調査時点より1年前からの仕事に変更があったかをまず調査し、変更があったりその期間に新たに入職した回答者に対して、仕事内容を調査しているため、後で説明するような本章の分析手法によりフィットすることもある。

表 2-2　雇用保険の加入状況

	非正規雇用者				(参考) 正規雇用者			
	加入している	加入していない	わからない	サンプルサイズ	加入している	加入していない	わからない	サンプルサイズ
2007 年	41.2%	39.6%	19.2%	948	80.8%	7.3%	11.9%	588
2008 年	40.6%	42.3%	17.1%	889	81.7%	8.5%	9.9%	436
2009 年	43.5%	48.3%	8.3%	630	87.1%	7.7%	5.2%	325
2010 年	51.2%	40.3%	8.5%	576	86.6%	8.7%	4.8%	231
2011 年	51.4%	38.7%	9.9%	514	92.6%	5.4%	2.0%	203
年平均	44.6%	41.8%	13.7%	3557	84.2%	7.6%	8.1%	1783

	非正規雇用者 週労働時間 20 時間未満				非正規雇用者 週労働時間 20 時間以上			
	加入している	加入していない	わからない	サンプルサイズ	加入している	加入していない	わからない	サンプルサイズ
2007 年	11.7%	67.0%	21.3%	197	49.0%	32.4%	18.6%	751
2008 年	11.8%	68.2%	19.9%	211	49.6%	34.2%	16.2%	678
2009 年	13.4%	76.5%	10.1%	149	52.8%	39.5%	7.7%	481
2010 年	18.0%	71.9%	10.1%	139	61.8%	30.2%	8.0%	437
2011 年	16.7%	70.6%	12.7%	126	62.6%	28.4%	9.0%	388
年平均	13.9%	70.4%	15.7%	822	53.8%	33.2%	13.1%	2735

注：サンプルは調査年における調査時点より 1 年以内に入職した者。

も把握しているため、そこから主な離職理由が「倒産したから」「解雇されたから」「契約期間が満了したから」「初めから短期のつもりだったから」を非自発的理由によるとみなす[6]。

（2）　雇用保険の加入状況

　雇用保険の加入状況については、「加入している」「加入していない」「わからない」から選択する質問となっている。表 2-2 に加入状況の分布を示している。非正規雇用者全体では 4 割強が雇用保険に加入している。わからないと回答している人が 1 割を超えている年も見られる。参考のために正社員についても掲載しているが、8 割以上が雇用保険に加入している一方、わか

---

[6]　もちろん、「倒産したから」と「初めから短期のつもりだったから」については非自発的理由とみなすべきかについては議論の余地があるだろう。この点は今後の検討課題としたい。

らないという回答が1割程度見られる。

　2節でみたように雇用保険の加入要件として週労働時間20時間以上があるため、週労働時間が20時間以上と未満における加入状況を見てみよう。週労働時間20時間未満については、2007〜11年平均で加入している人が13.9%、加入していない人が70.4%と、多くの非正規雇用者が加入していない様子が見られる。週労働時間が20時間未満にもかかわらず雇用保険に加入している人が一定数いる背景としては、調査時点においては労働時間が20時間を下回っており調査には20時間を下回ると回答しているが、本来は20時間を超えているなどにより加入している可能性がある。

　また、週労働時間20時間以上については、加入している割合が2007〜11年平均で53.8%と20時間未満に比べて高いことがわかる。ただし、週労働時間20時間以上でも加入していない割合が年平均で33.2%にものぼり、事業所の理由で加入していない、本来の労働時間が20時間で調査回答時点のみ、たまたま20時間を超えたことによるなどの理由が考えられる。

　雇用保険の加入条件として週労働時間20時間以上となっているが、労働時間が時期によって変動し、時期によっては20時間を超える時もあれば超えない時もあると考え[7]、以下の分析では雇用保険の加入状況を回答者本人の回答情報を用いることにする。

（3）　各年における離職の状況

　表2-3は本章で分析対象とするサンプルのその後の継続就業の状況を見たものである。本章の分析においては、失業しても雇用保険を受給できるように必要な被保険者期間を超えた者がその後離職しやすくなるかという観点から分析を行う。そのため、被保険者期間として入職後6カ月（特定理由資格者に注目）または1年（特定理由資格者以外に注目）の継続就業（＝企業を離職しない）を前提として、その後の離職率を見ることで、求職者給付を得るために離職するといった可能性を把握できると考える。

　表2-3でまず、入職後6カ月または1年まで継続就業をしている者を示し

---

7)　成年者縦断調査においては、平均的な1週間の就業時間を聞いており、注釈として「ふだんの1週間の就業時間」を答えるように指示している。

表 2-3　非正規雇用者の離職に関する分布

	調査年	入職後6カ月は就業する人の割合	入職後1年は就業する人の割合	入職後6カ月～最大2年の間に離職する割合（分母は入職後6カ月間継続就業した者）	入職後6カ月～最大2年の間に非自発的理由で離職する割合（分母は入職後6カ月間継続就業した者）	入職後1年～最大2年の間に離職する割合（分母は入職後1年間継続就業した者）	入職後1年～最大2年の間に自発的理由で離職する割合（分母は入職後1年間継続就業した者）	サンプルサイズ
サンプル全体	2007	95.6%	87.7%	20.2%	2.6%	9.7%	4.6%	948
	2008	97.6%	89.3%	12.2%	5.9%	10.5%	5.4%	889
	2009	95.7%	87.3%	9.3%	2.1%	9.7%	5.8%	703
	2010	96.3%	87.8%	9.2%	3.3%	10.0%	6.4%	647
	2011	96.2%	86.2%	10.4%	2.8%	11.9%	6.7%	578
	年平均	96.3%	87.8%	12.9%	3.5%	10.3%	5.7%	3765
うち雇用保険に加入している者	2007	95.7%	87.0%	17.4%	2.4%	10.4%	5.1%	948
	2008	97.5%	88.1%	14.8%	8.2%	12.5%	4.5%	889
	2009	94.2%	84.7%	8.6%	2.2%	10.5%	5.4%	703
	2010	96.6%	84.7%	10.0%	3.2%	13.3%	7.0%	647
	2011	95.8%	83.7%	12.2%	5.0%	15.4%	6.7%	578
	年平均	96.0%	85.9%	13.1%	4.3%	12.3%	5.7%	1585
うち雇用保険に加入していない者	2007	94.9%	88.0%	22.7%	3.0%	8.4%	4.2%	948
	2008	97.6%	90.4%	10.6%	4.7%	8.7%	6.0%	889
	2009	96.1%	88.2%	10.8%	2.2%	9.2%	6.2%	703
	2010	96.1%	90.1%	9.1%	3.3%	7.6%	6.7%	647
	2011	97.0%	88.4%	9.7%	1.1%	9.3%	6.7%	578
	年平均	96.3%	89.0%	13.3%	3.1%	8.7%	5.8%	1486
うち雇用保険加入がわからない者	2007	97.9%	87.2%	22.0%	2.4%	12.0%	5.4%	94
	2008	97.1%	88.4%	8.2%	3.3%	10.4%	4.5%	69
	2009	100.0%	90.4%	8.5%	0.0%	13.5%	7.7%	52
	2010	95.9%	87.8%	0.0%	0.0%	8.5%	8.5%	49
	2011	94.1%	82.4%	4.8%	0.0%	12.5%	8.3%	51
	年平均	97.1%	87.3%	10.5%	1.5%	11.4%	6.5%	306

注：サンプルは調査年における調査時点より1年以内に入職した者。

ており、全体サンプルの数字をまずは見ていこう。入職後6カ月就業している者の割合は96.3%、1年は87.8%と比較的多くの人たちは最初の時期は継続就業しているといえる。その後の離職については、入職後6カ月～最大2年[8]の離職率は年平均で12.9%であり、2007年が景気後退の影響も受け、20.2%とほかの年よりも高い。入職後6カ月は継続就業した者のうち、非自

---

8)　「最大2年」としている理由は、分析するデータの構築方法として、連続する2年の情報を用いて、最初の年については調査時点より1年以内に入職し調査時点もその仕事を継続している者に限定し、属性など諸々の情報を用い、翌年については離職するか否かの情報を用いている。この2カ年のデータを2007年から2011年までに構築しているため、この方法で捉えられる離職者のうち勤続期間が最大となるのは2年（調査年の前年の12月に就業し、調査年の翌年の11月に離職）となるため、2年としている。

発的理由で離職する者は、年平均で3.5％にとどまり、20.2％からの差分である16.7％は自発的理由による離職であるといえる。

　また、同様の考察を入職後1年は継続就業した者についてもみており、入職後1年間は継続就業した者のうち、その後1年以内に離職した者の割合は年平均で10.3％、そのうち特定理由離職者以外に注目するため、自発的理由により離職した者は年平均で5.7％となっている。

　差の差の分析においては、トリートメントグループ（雇用保険に加入する者）とコントロールグループ（雇用保険に加入していない者）の従属変数（本章の場合は離職者の割合）について、制度変更前のトレンドにちがいがないという「parallel pretrend の仮定」が必要だとされる。そのため、雇用保険に加入している人と加入していない人の間で、制度変更前にあたる2007年、2008年の趨勢を見ていこう。入社後6カ月以降の離職においては、雇用保険の加入・非加入を問わず、2007年から2008年にかけて上昇しているが、非自発的理由に限ると2年間において低下している。また入職後1年以降の離職においては、雇用保険の加入・非加入を問わず、2007年から2008年にかけて上昇しているが、非自発的理由に限ると雇用保険加入者は低下（5.1％から4.5％に）しているが、雇用保険非加入者は上昇（4.2％から6.0％に）している。2年間の比較のため「parallel pretrend の仮定」を厳密には検証できないが、一部を除き、ほぼ満たしていると考えてもよいであろう。

　なお、章末の付表には分析する際にコントロール変数の基本統計量を掲載している。

4　特定理由離職者区分の拡充により離職は増えたか

　この節では、2009年4月改正による特定理由離職者区分の拡充による影響をみていく。この制度改正では、雇止めによっても解雇の離職者と同等の受給資格要件となり、離職日から1年間に被保険者期間が6カ月以上必要と緩和された。また、給付日数も自発的理由による離職者よりも延長されることにより、非自発的理由による離職の結果、求職者給付を受けられる可能性が高まっている。

　また、有期契約雇用において契約更新時に使用者側から更新拒絶があった
だけでなく、労働者本人から契約更新を受けなかった場合も、雇止めとみな
され解雇の離職者と同等の受給資格となることもある。企業としても失業給
付が受給できるのであれば、労働者の不利益が軽減されるために、雇止めを
行っても契約更新拒絶に対する紛争は起こらないと考えるかもしれない。

　そこで以下では、特定理由離職者区分の拡充により、6 カ月間の被保険者
期間が過ぎた後に非自発的理由による離職が増えているかを検証する。2009
年前後について差の差（Differences-in-Differences）の手法を用いて推定を
行う。

　表 2-4 が推定結果である。差の差の手法においては回帰分析において、制
度変更後のダミー変数とトリートメントグループ（雇用保険加入者）を表す
ダミー変数を説明変数に投入し、これらの交差項も同時に投入し、この交差
項の係数を見ることで政策の影響があったかを把握できる。また、分析にお
いては雇用保険の加入がわからない者の取り扱いによって結果に相違が出て
くる可能性を鑑み、雇用保険加入がわからない者を除いたケースと含めた
ケースの結果を示している[9]。

　表の(1)列と(2)列は入職から 6 カ月の間に離職するか否かを被説明変数と
した分析である。これらの推定式においては、本章で仮説として置いている
ような求職者給付を受給するために離職しやすくなる傾向がみられるのであ
れば、求職者給付を得られるために被保険者期間を担保するという傾向にな
り、6 カ月の間は離職しない傾向がみられるであろう。

　(1)列と(2)列の結果を見る限り、雇用保険加入ダミーと制度変更後ダミー
の交差項は有意ではないためそうした影響は見られない。

　(3)列と(4)列は、入社後 6 カ月以降の離職（理由を問わない）に注目した
結果である。雇用保険加入ダミーと制度変更後ダミーの交差項を見ると係数
は有意ではないため、制度変更後に離職しやすくなるといった効果が見られ
ない。

　最後に、入職後 6 カ月以降の離職について非自発的離職についての効果は

---

9)　雇用保険の加入がわからない者を含めた推定において、雇用保険の加入がわからない者の雇
　　用保険加入ダミーがとる値は 0 としている。

表 2-4　特定理由離職者区分拡充による離職効果分析（プロビット分析、値は限界効果）

被説明変数	入職から6カ月の間に離職しない=1、離職する=0		入職から6カ月～最大2年の間に離職する=1、離職しない=0		入職から6カ月～最大2年の間に非自発的理由で離職する=1、離職しない・自発的理由で離職=0	
雇用保険加入わからないサンプル	含める (1)	含めない (2)	含める (3)	含めない (4)	含める (5)	含めない (6)
雇用保険加入ダミー (D)	0.004 (0.009)	0.006 (0.009)	0.014 (0.015)	0.020 (0.016)	−0.005 (0.012)	−0.004 (0.012)
D×2009～2011年ダミー	−0.010 (0.013)	−0.012 (0.014)	0.022 (0.022)	0.021 (0.023)	0.034** (0.016)	0.032* (0.017)
女性ダミー	−0.002 (0.008)	−0.005 (0.008)	−0.013 (0.015)	−0.015 (0.016)	0.006 (0.010)	0.005 (0.011)
年齢	0.001 (0.001)	0.001 (0.001)	−0.001 (0.001)	−0.000 (0.001)	−0.000 (0.001)	−0.000 (0.001)
未就学児の子供ありダミー	0.012* (0.007)	0.013* (0.007)	0.003 (0.014)	0.011 (0.015)	0.014 (0.011)	0.021* (0.012)
配偶者ありダミー	−0.003 (0.007)	−0.002 (0.007)	−0.021 (0.013)	−0.028** (0.014)	−0.011 (0.010)	−0.017 (0.010)
通院経験ありダミー	−0.011 (0.010)	−0.012 (0.010)	0.023 (0.016)	0.020 (0.017)	0.018 (0.013)	0.017 (0.013)
専門的・技術的な仕事ダミー	0.020*** (0.007)	0.020*** (0.007)	−0.022 (0.014)	−0.031** (0.014)	−0.003 (0.012)	−0.002 (0.013)
販売の仕事ダミー	0.012 (0.008)	0.014 (0.008)	−0.033** (0.015)	−0.036** (0.016)	−0.003 (0.014)	0.002 (0.015)
サービスの仕事ダミー	0.018*** (0.007)	0.019*** (0.007)	−0.015 (0.014)	−0.008 (0.015)	0.019 (0.013)	0.027* (0.015)
運輸・通信の仕事ダミー	0.022** (0.010)	0.028*** (0.008)	−0.048** (0.021)	−0.049** (0.022)	0.014 (0.027)	0.027 (0.031)
生産工程・労務作業の仕事ダミー	−0.010 (0.011)	−0.005 (0.011)	−0.036** (0.015)	−0.037** (0.015)	−0.010 (0.013)	−0.004 (0.013)
その他の仕事ダミー	0.002 (0.011)	0.006 (0.010)	0.000 (0.020)	−0.002 (0.020)	0.008 (0.017)	0.007 (0.018)
従業員数100～499人ダミー	0.005 (0.007)	0.005 (0.007)	0.012 (0.013)	0.010 (0.014)	0.009 (0.011)	0.005 (0.011)
従業員数500人以上ダミー	0.002 (0.008)	0.003 (0.009)	−0.005 (0.015)	−0.007 (0.015)	0.012 (0.013)	0.010 (0.013)
官公庁ダミー	−0.005 (0.013)	−0.001 (0.013)	0.021 (0.023)	0.021 (0.024)	0.026 (0.020)	0.022 (0.019)
専門学校卒ダミー	−0.000 (0.009)	−0.001 (0.009)	−0.001 (0.014)	0.009 (0.016)	0.007 (0.012)	0.014 (0.013)
短大・高専卒ダミー	−0.010 (0.009)	−0.008 (0.009)	0.005 (0.015)	0.007 (0.015)	0.003 (0.011)	0.003 (0.012)
大卒・大学院卒ダミー	−0.010 (0.010)	−0.009 (0.010)	0.027* (0.016)	0.039** (0.017)	0.030** (0.013)	0.039*** (0.015)
2008年ダミー	0.018*** (0.007)	0.020*** (0.007)	0.012 (0.015)	0.016 (0.015)	0.009 (0.012)	0.011 (0.013)
2009年ダミー	0.003 (0.009)	0.003 (0.010)	−0.001 (0.018)	−0.002 (0.019)	0.013 (0.015)	0.011 (0.016)
2010年ダミー	0.008 (0.009)	0.010 (0.009)	0.001 (0.019)	0.005 (0.021)	0.022 (0.017)	0.019 (0.017)
2011年ダミー	0.008 (0.009)	0.012 (0.009)	0.016 (0.021)	0.017 (0.022)	0.022 (0.017)	0.020 (0.018)
観測数	3,713	3,403	3,604	3,283	3,604	3,283

注：（　）内は分散不均一性に頑健な標準誤差を表す。***、**、* はそれぞれ1%、5%、10%有意水準において有意であることを表す。

(5)列と(6)列に結果がある。雇用保険の加入がわからない者を含めた(5)列においても、除いた(6)列においても、雇用保険加入ダミーと制度変更後ダミーの交差項は正で有意である。そのため、2009年以降雇用保険加入者に対して企業が6カ月以上において雇止めをする、あるいは労働者が雇止めを受け入れる可能性が高まっていることを示している。

　以上の結果を踏まえると、有期雇用を中心とした非正規雇用者に対して離職理由によって求職者給付の給付要件を緩和することにより、非自発的離職が増えたことになる。一つは多くの非正規雇用者が自発的にではなく、契約更新を受け入れないなど雇止めの条件をつくり、非自発的な理由によって離職をしていること、または企業側にとっても雇止めによって寛大な求職者給付が得られるのであれば、採用コストのより低い非正規雇用者を雇止めをしてもよいと考える可能性がある。以上二点のうちどちらが影響して表2-4の結果になっているかは、今後の検証が待たれる。

5　非正規雇用者への適用拡大により離職は増えたか

　次に検討するのは、2010年改正（4月1日施行）による非正規雇用者に対する適用拡大により、非正規雇用者の離職は増えたかという点である。2010年の改正により、適用基準については「6カ月以上雇用見込み」（要領に規定）から「31日以上雇用見込み」（法に規定）に緩和された。このことにより、多くの非正規雇用者が雇用保険に加入することになる。

　その結果、求職者給付の受給を目的として、失業者給付が得られるように被保険者期間を満たし、その後に離職し、失業給付を受給することになる可能性がある。それも、求職者給付が得られれば、就業時よりは収入が減少するが、就業していないため仕事における苦労を回避することができる。これをねらいとして求職者給付を頼ってしまい、離職することにもなりかねない。

　こうした効果がはたして実際に起こっているだろうか。この点を仮説とした場合、前提として自発的離職に注目しているため、失業給付を受給するためには被保険者期間が1年間は必要になる。この仮説が正しいとすると入職後1年間は継続して就業するが、その後自発的に離職することになる。この

表 2-5　非正規雇用者適用拡大による離職分析（プロビット分析、値は限界効果）

被説明変数	入職から1年の間に離職しない=1、離職する=0		入職から1年～最大2年の間に離職する=1、離職しない=0		入職から1年～最大2年の間に自発的理由で離職する=1、離職しない・非自発的理由で離職=0	
雇用保険加入わからないサンプル	含める(1)	含めない(2)	含める(3)	含めない(4)	含める(5)	含めない(6)
雇用保険加入ダミー（D）	-0.013 (0.014)	0.007 (0.009)	-0.017 (0.014)	0.020 (0.015)	0.002 (0.007)	-0.004 (0.012)
D×2010、2011年ダミー	-0.027 (0.025)	-0.012 (0.013)	0.039 (0.030)	0.020 (0.021)	0.009 (0.015)	0.010 (0.016)
女性ダミー	0.007 (0.015)	-0.002 (0.008)	-0.006 (0.017)	-0.012 (0.014)	0.003 (0.008)	0.006 (0.010)
年齢	0.002 (0.001)	0.001 (0.001)	-0.005*** (0.001)	-0.001 (0.001)	-0.001** (0.001)	-0.000 (0.001)
未就学児の子供ありダミー	0.004 (0.014)	0.012* (0.007)	-0.022 (0.015)	0.004 (0.014)	-0.006 (0.007)	0.014 (0.011)
配偶者ありダミー	0.013 (0.014)	-0.002 (0.007)	-0.003 (0.015)	-0.021 (0.013)	-0.010 (0.007)	-0.011 (0.010)
通院経験ありダミー	-0.039** (0.017)	-0.011 (0.010)	0.006 (0.018)	0.023 (0.016)	0.001 (0.009)	0.018 (0.013)
専門的・技術的な仕事ダミー	0.029* (0.015)	0.020*** (0.007)	-0.059*** (0.014)	-0.021 (0.014)	-0.020*** (0.006)	-0.003 (0.012)
販売の仕事ダミー	0.040** (0.016)	0.012 (0.008)	-0.056*** (0.016)	-0.032** (0.015)	-0.023*** (0.005)	-0.001 (0.014)
サービスの仕事ダミー	0.032** (0.015)	0.019*** (0.007)	-0.044*** (0.015)	-0.014 (0.014)	-0.026*** (0.006)	0.021 (0.013)
運輸・通信の仕事ダミー	0.065*** (0.022)	0.022** (0.010)	0.004 (0.034)	-0.048** (0.021)	-0.002 (0.014)	0.015 (0.027)
生産工程・労務作業の仕事ダミー	0.023 (0.017)	-0.009 (0.011)	-0.013 (0.019)	-0.036** (0.015)	-0.009 (0.008)	-0.010 (0.013)
その他の仕事ダミー	-0.007 (0.021)	0.003 (0.011)	-0.055*** (0.017)	0.001 (0.020)	-0.025*** (0.005)	0.008 (0.017)
従業員数100～499人ダミー	-0.006 (0.014)	0.005 (0.007)	-0.008 (0.014)	0.012 (0.013)	-0.005 (0.007)	0.008 (0.010)
従業員数500人以上ダミー	0.003 (0.016)	0.002 (0.008)	-0.021 (0.016)	-0.005 (0.015)	-0.010 (0.007)	0.011 (0.012)
官公庁ダミー	-0.017 (0.024)	-0.005 (0.013)	-0.018 (0.023)	0.021 (0.023)	-0.005 (0.010)	0.024 (0.019)
専門学校卒ダミー	0.004 (0.015)	-0.000 (0.009)	0.015 (0.017)	-0.001 (0.014)	-0.004 (0.007)	0.007 (0.012)
短大・高専卒ダミー	-0.012 (0.016)	-0.010 (0.009)	-0.019 (0.016)	0.005 (0.015)	-0.005 (0.007)	0.003 (0.011)
大卒・大学院卒ダミー	-0.030* (0.017)	-0.010 (0.010)	-0.013 (0.016)	0.029* (0.016)	-0.010 (0.007)	0.030** (0.013)
2008年ダミー	0.013 (0.015)	0.018*** (0.007)	-0.054*** (0.013)	0.012 (0.015)	0.035*** (0.012)	0.009 (0.012)
2009年ダミー	-0.012 (0.017)	0.005 (0.010)	-0.074*** (0.013)	-0.002 (0.019)	-0.000 (0.010)	0.009 (0.015)
2010年ダミー	0.005 (0.020)	0.009 (0.009)	-0.082*** (0.014)	0.000 (0.020)	0.011 (0.013)	0.017 (0.017)
2011年ダミー	-0.007 (0.021)	0.010 (0.010)	-0.066*** (0.016)	0.014 (0.022)	0.007 (0.014)	0.017 (0.018)
観測数	3,741	3,305	3,276	3,204	3,258	3,204

注：（ ）内は分散不均一性に頑健な標準誤差を表す。***、**、*はそれぞれ1%、5%、10%有意水準において有意であることを表す。

点を検証したい。

　表 2-5 は推定結果を示したものである。4 節と同様に、入職後 1 年までの継続就業の有無、入職後 1 年以降の離職（理由を問わない）を被説明変数とした分析を掲載している。

　(1)、(2)列は入職後 1 年までの間に離職するかの分析であるが、雇用保険加入ダミーと制度変更後ダミーの交差項は有意ではないため、1 年後になって離職するために、それまでは就業を継続しようとする傾向は見られない。(3)列以降は入職してから 1 年後になって離職するかを見た分析である。雇用保険加入ダミーと制度変更後ダミーの交差項はどれも有意ではない。以上の分析の結果、非正規雇用者への雇用保険適用拡大により、自発的な理由による離職が増えたとはいえないのが結論であろう。

6　雇用保険制度において離職理由の把握が今後の課題

　本章では、2009 年の特定理由離職者区分の拡充や 2010 年の非正規雇用者への雇用保険の適用拡大により、就業から失業給付を受給できる要件が満たされたらすぐに離職してしまう可能性について実証的に検討した。その結果、特定理由離職者区分の拡充により、企業が雇止めを起こす可能性があることを指摘できたが、雇用保険の適用拡大により多くの非正規雇用者が離職をしやすくなるという傾向はみられなかった。

　濱口（2010）で詳細に説明しているが、雇用保険制度の設計は失業と就業を繰り返すモラルハザードを防止することが一つの大きな目的であり、その意味では、近年の非正規労働者への適用拡大は、制度設計を十分にしておりモラルハザードを防止しているといえる。しかし、企業にとってみれば、失業給付を得られるということに注目し、非正規雇用者を雇止めにしやすくなるという傾向がみられ、非正規雇用者の雇用安定という観点からは雇用保険が負の影響を及ぼしているといえる。もしくは、雇止めによってより寛大な求職者給付を得られることをねらいとして、契約更新時に労働者側のほうから更新に応じないといった可能性もある。

　もし企業の行動により上記の結果が起きているのであれば、雇用保険の保

付表　分析サンプルのコントロール変数の基本統計量

	サンプルサイズ	平均
女性ダミー	3765	0.80
年齢	3765	34.24
未就学児の子供ありダミー	3765	0.24
配偶者ありダミー	3765	0.56
通院経験ありダミー	3765	0.13
専門的・技術的な仕事ダミー	3741	0.17
販売の仕事ダミー	3741	0.12
サービスの仕事ダミー	3741	0.22
保安の仕事ダミー	3741	0.01
運輸・通信の仕事ダミー	3741	0.03
生産工程・労務作業の仕事ダミー	3741	0.14
その他の仕事ダミー	3741	0.09
従業員数 100〜499 人ダミー	3765	0.20
従業員数 500 人以上ダミー	3765	0.14
官公庁ダミー	3765	0.06
専門学校卒ダミー	3765	0.17
短大・高専卒ダミー	3765	0.19
大卒・大学院卒ダミー	3765	0.18

注：年齢の最小は 25 歳、最大は 44 歳。

険料を解雇・雇止めに応じて変動させることにより、雇用保険による雇止め促進効果を軽減することにつながるかもしれない。これはメリット制と呼ばれる制度であるが、わが国においても労災保険において、企業における労働災害の発生状況に応じて保険料率を増減させる制度が導入されている。雇用保険においても、保険を活用しがちな企業であるほど保険料を高くすることなど検討してもよいのではないかと考える。

　本章では限られた期間、限られたサンプルによる分析にすぎないため、雇用保険の業務データの活用などより丁寧な検証が必要である。また、自発的理由や非自発的理由は回答者本人の主観によるところがあるため、実態と異なっている可能性もあるし、求職者給付の支給を取り扱うハローワークにおける判断とも異なっている可能性がある。ハローワークにおいては離職者の理由を把握することとして、本人の状況把握や事業者側の情報をみて総合的に判断しているが、認識の曖昧性をなくすような工夫も今後は検討が求められる。

【参考文献】

Caliendo, Marco, Konstantinos Tatsiramos, and Arne Uhlendorff (2013) "Benefit Duration, Unemployment Duration and Job Match Quality: A Regression Discontinuity Approach," *Journal of Applied Econometrics* 28, pp.604-627.

Farber, Henry S. and Rrobert G. Valletta (2015) "Do extended unemployment benefits lengthen unemployment spells? Evidence from recent cycles in the U.S. labor market," *Journal of Human Resources* 50, pp.873-909.

Hagedorn, Marcus, Iourii Manovskii, and Kurt Mitman (2016) "Interpreting Recent Quasi-Experimental Evidence on the Effects of Unemployment Benefit Extentions," *NBER Working Paper* No.22280.

Machikita, Tomohiro, Miki Kohara, and Masaru Sasaki (2013) "The Effect of Extended Unemployment Benefit on the Job Finding Hazards: A Quasi-Experiment in Japan," *IZA Discussion Paper* No.7559.

Schmieder, Jahonnes F. *et al.* (2012) "The Effects of Extended Unemployment Insurance Over the Business Cycle: Evidence from Regression Discontinuity Estimates Over 20 Years," *Quarterly Journal of Economics* 127, pp.701-752.

van Ours, Jan C. and Milan Vodopivec (2008) "Does reducing unemployment insurance generosity reduce job match quality?" *Journal of Public Economics* 92, pp.684-695.

金井郁（2015）「雇用保険の適用拡大と求職者支援制度の創設」『日本労働研究雑誌』No.659、66-78 ページ。

濱口圭一郎（2010）「労働市場のセーフティネット」JILPT 労働政策レポート　Vol.7。

八代尚宏（2001）「雇用保険制度の再検討」猪木武徳・大竹文雄編『雇用政策の経済分析』所収、東京大学出版会。

第 3 章

所得と時間の貧困からみる
正規・非正規の格差[*]

石井加代子・浦川邦夫

1 「忙しさ」を考慮した貧困測定

　本章では、「所得」と「時間」の二つの次元をもとに、正規雇用と非正規雇用の労働者の間で生じている貧困の特徴やその差異について考察する。

　「時間の貧困」とは、おそらく多くの読者にとって聞き慣れない言葉だろう。一般的に、貧困は所得や資産など生きるために利用できる金銭の多寡によって定義されることが多い。そのうえ、そもそも時間とは、富める者も貧しき者も1日24時間平等に与えられているため、どうやって時間の多寡を判断するのか、また、貧困を定義するうえでどうして時間に着目するのか、あらかじめ説明しておく必要がある。

　この章で「時間の貧困」という言葉が示そうとしているのは、長時間の労働や通勤によって、家庭生活に最低限必要な家事・育児や余暇のための時間が不足する状態である。すなわち、仕事が忙しすぎてほかのことに割く時間が確保できないという状態を指す。労働時間が同じであっても、子どもや介護を必要とする家族がいるか、共働きであるかによって、当然ながら忙しさ

＊　本章は、厚生労働科学研究費補助金（政策科学総合研究事業［政策科学推進研究事業］）「就業状態の変化と積極的労働市場政策に関する研究」（H26-政策－一般・003、研究代表：慶應義塾大学・山本勲）の助成を受けている。また、本章で使用した「21世紀成年者縦断調査」の調査票情報は、統計法第33条の規定にもとづき、厚生労働省より提供を受けた。

の程度にちがいが生じる。

　貧困を定義するうえで時間不足に着目することには重要な意図がある。一般的に、貧困とは生活に必要なものが欠けていて、貧しくて困っている状態を指す。生活に必要なものとして最も重視される要素は所得・資産などの金銭であろう。お金を得るため、多くの場合、人は働かなくてはならない。しかし、お金だけが生活水準を決めるわけではない。

　わが国の生活保護制度の根拠である日本国憲法第 25 条の「健康で文化的な最低限度の生活」を実現するためには、健康を保つために十分な休息は必要であるし、自分のため、あるいは家族や社会とのつながりのために一定の余暇も必要である。また、生活を営むためには家事をする必要もあり、子どもがいれば世話や育児、教育をする必要もある。これらはすべて一定の時間を必要とする活動であり、時間はお金と同じく有限な資源である。労働に時間の多くを配分すると、その他の重要な活動ができないという状況が生じ得る。

　長らく日本においては、残業はよいこと、忙しいことはよいこと、余暇は怠惰というような風潮があった。しかし、そのことは長時間労働を助長し、男性の家事参加を阻み、結果として、女性のキャリア形成や家族のワーク・ライフ・バランスの実現を困難にし、少子化の一因にもなってきた。現在、国を挙げて取り組んでいる「働き方改革」では、長時間労働の是正を重要な課題の一つとして取り上げているが、このような一連の動きは、生活時間の不足を考慮した「時間の貧困」に着目することの意義を高めているといえる。

　それでは「時間の貧困」について、どのように分析するのか。この章では、貧困を所得と時間の二次元で捉えて貧困率を算出することに加えて、「どのような世帯で時間の貧困に陥る確率が高いのか」や、「貧乏暇なし」という言葉にあるように「所得の貧困と時間の貧困は同時に発生しやすいものなのか」について明らかにしていく。その際、所得の面で比較的安定的な正規雇用者と不安定な非正規雇用者において、生活時間に関してどのような差がみられるのかについて注目する。また、企業におけるワーク・ライフ・バランス施策が、労働者の時間の貧困にどのように寄与しているのかについても明らかにしていく。

　また、分析では、生活時間の不足を補うため、家事関連サービスを市場で購入し、「家事の外部化」を行うことで、新たにどの程度の世帯が所得の貧困に陥るかについても推計した。現在、宅配サービスや、スーパーマーケットにおける総菜販売、クリーニング店、家事代行サービスなど、さまざまな家事サービスが巷にあふれている。多くの世帯がこれらのサービスを購入し時間不足を補っていることをふまえると、これらの財・サービスの追加的な支出により、所得が貧困線を下回る世帯はどの程度いるか、この点を考慮することは重要である。

　厚生労働省が発表している「平成28年国民生活基礎調査」のデータに基づく平成27年の等価可処分所得による相対的貧困率は16％であり[1]、2010年代半ばの値として発表されている経済協力開発機構（OECD）加盟国の平均値（約11％）[2]よりも高い。しかし、この数値は生活時間の不足については考慮していない数値である。日本では子どものいる世帯でも長時間労働の割合が高く、育児の時間的負担を加味すると、時間的にも金銭的にも厳しい状況に直面している世帯が多く存在していると考えられる。子育て世代におけるワーク・ライフ・バランスの達成に向けて、どのような世帯を対象にいかなる政策が必要なのか、この研究を通して考察していく。

2　所得と時間を考慮した貧困に関する先行研究[3]

　従来の金銭的尺度による貧困の測定に時間の概念を加え、二次元から貧困を捉えた実証研究の先駆者はVickery（1977）である。Vickery（1977）は、Becker（1965）の家計内配分モデルに基づき、家計の資源は「資産」「時間」「世帯員の能力」からなると定義した。Becker（1965）のモデルは、各世帯が世帯員の能力に基づいて市場での労働と家事労働に時間を適切に配分する

---

1) 厚生労働省「平成28年国民生活基礎調査の概況」を参照。等価可処分所得とは世帯の可処分所得を世帯人員の平方根で割って調整した所得であり、ここでの相対的貧困線は、等価可処分所得の中央値の半分と定義されている。
2) 相対的貧困率のOECD加盟国の平均値は、OECD（2016）を参照。
3) この節は石井・浦川（2014）より文章を引用しつつ、一部、最新の先行研究の情報を取り入れている。

ことで、家事の最適な水準や所得・消費の最適な水準が決定されるとしている。

　ここでの理論を踏まえ、Vickery（1977）はアメリカのデータをもとに、所得と時間の二次元からなる貧困線を提示した。具体的には、世帯類型ごとに最低限必要所得（M_0）、最低限必要家事時間（T_1）、家事労働を外部化した場合（市場で購入した場合）の必要所得（M_1）を推定している。さらに、貧困から抜け出すための賃金率（critical wage rate）を世帯類型ごとに算出している。

　Vickery（1977）の二次元貧困線の概念を踏襲した研究はいくつか存在する。Douthitt（2000）や Kalenkoski *et al.*（2011）はアメリカの Time Use survey を用い、Vickery（1977）の分析のアップデートを試みている。また、Harvey and Mukhopadhyay（2007）は、1990 年代後半のカナダにおける二次元貧困率を計測し、そのうえで、時間不足の世帯における家事・育児などの外部化コストを考慮すると、所得貧困率が約 2％ポイント上昇することを推計している。

　日本において所得と時間の二次元の貧困を計測したのは、筆者らが慶應義塾大学「日本家計パネル調査」を使って行った石井・浦川（2014）がおそらく最初であろう。結果については、本章の分析結果とともに後述する。また、生活時間の配分に焦点を当てた先行研究がいくつかある。それらの研究は、主に子育て世帯のワーク・ライフ・バランスに焦点を当てており、特にひとり親世帯において仕事と育児による時間的負担を示唆するものが多い（田宮・四方［2007］、労働政策研究・研修機構［2012］）。時間という概念も加えて貧困を計測することで、所得だけでは測ることのできなかった、子育て世帯の生活の困窮状況をより的確に把握することができる。

3　所得と時間による二次元の貧困線[4]

　ここでは、Vickery（1977）および Harvey and Mukhopadhyay（2007）

4）　この項は、石井・浦川（2014）に主に依拠しているが、貧困線の設定のフレームワークは一部異なるところがある。

図 3-1　所得と時間による二次元貧困線

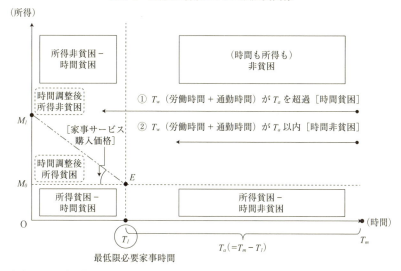

出所：Vickery（1977）および Harvey and Mukhopadhyay（2007）を参考に筆者らが作成。

を参考に、この研究の分析フレームワークである所得と時間による二次元の貧困線について説明する。なお、所得の貧困および時間の貧困の定義については次項で説明する。

　図 3-1 は、所得と時間による二次元の貧困線を表したものである。縦軸に所得、横軸に時間をとり、M_0 は最低限必要な所得を示す所得貧困線、T_l は最低限必要な家事時間を示す時間貧困線を表している。横軸の最大値である T_m は可処分時間であり、具体的には 1 日 24 時間から基礎的な活動時間 T_e（睡眠、食事、排泄・入浴・身支度などの身の回りの用事）を差し引くことで得られる。なお、最低限必要な余暇時間[5]も差し引く。T_m から T_l を差し引いた値は配分可能時間（T_a）と定義され、実際の労働時間 T_w（通勤時間も含む）が T_a を上回り、最低限必要な家事時間 T_l を確保できない場合、その世帯は時間の貧困にあると判断する。

---

5)　Vickery（1977）や Harvey and Mukhopadhyay（2007）でも最低限必要余暇時間を設定しており、Vickery（1977）では 10 時間 / 週、Harvey and Mukhopadhyay（2007）では 14 時間 / 週としている。

　なお、家事労働と市場労働は成人の世帯員によって担われると仮定し、M_0、T_m、T_l、T_a の変数の各値は世帯内の成人の時間の合計値となる。そのため、当然ながら世帯類型によって諸変数は異なる値をとる。

　M_0 と T_l の二軸により、右上の領域を「（所得・時間ともに）非貧困」、右下の領域を「所得貧困・時間非貧困」、左上の領域を「所得非貧困・時間貧困」、左下の領域を「所得貧困・時間貧困」というかたちで四つの状態に分けることができる。

　さらに、「所得非貧困・時間貧困」の領域においては、家事サービスの購入（外食や保育サービスの利用など）といった所得を用いた時間の代替を想定することで、二つのタイプに分類することができる。所得貧困線と時間貧困線の交点である E 点から家事サービスの購入価格を傾きに持つ直線を引くと、縦軸との交点 M_l は必要な家事労働をすべて外部化した場合の最低限必要な所得となる。直線よりも上の範囲は、生活時間の不足を補うために家事サービスを購入しても所得貧困に陥らない世帯（「時間調整後所得非貧困」）、直線よりも下の範囲は、時間不足を補うために家事サービスを購入すると所得貧困に陥ってしまう世帯（「時間調整後所得貧困」）に分類することができる。

（1）　所得貧困線の設定

　所得の貧困を測定するうえで、どの所得に着目するのか、そして、貧困線をどこに設定するのかは重要な点である。

　所得については、一般的に、世帯所得を世帯員1人あたりの生活水準を表すように調整した「等価所得」に着目することが多い。たとえば、所得600万円の単身世帯と、所得600万円の3人家族を比較する際に、単純に頭割りしてしまうと単身世帯の人のほうが3倍豊かなことになってしまうが、これには違和感があろう。住居や車といった耐久消費財や光熱費などは、大勢で共有することができるためである。単純な頭割りでは、このような規模の経済性を考慮することができない。

　等価所得とは、規模の経済性を考慮して、世帯員1人あたりが享受する生活水準を所得で表したものである。等価所得の算出方法はさまざまなものが

あるが[6]、一般的によく用いられているのは、世帯所得を世帯員数の平方根で除すという方法である（等価所得＝世帯所得÷$\sqrt{\text{世帯員数}}$）。

　貧困線とは、貧困かそうでないかの境界線のことである。貧困線を所得分布のどのあたりに設定するのかについては、大きく分けて二つの考え方がある。一つは、生きていくために最低限必要な所得を計算し、その値に基づいて貧困線を設定する方法、もう一つは、社会の平均的な生活水準に照らし合わせて貧困線を設定する方法である。前者の方法で定義された貧困を「絶対貧困」、後者を「相対貧困」と呼ぶ。「相対貧困」では、等価所得の中央値の半分を貧困線とし、社会の一般的な所得水準の半分に満たない場合を貧困と判断するのが一般的である。

　この章の分析では、「相対貧困」に基づき貧困線を設定した。世帯所得として対象者とその配偶者が1年間に得た課税前所得（働いて得た所得とその他の所得の合計金額）の合計額を用い、そこから等価所得を計算し、等価所得の分布の中央値の半分以下の世帯を所得の貧困世帯とみなす。

（2）　時間貧困線の設定[7]

　時間に関する貧困線（図 3-1 における T_l）は、最低限必要な家事時間を意味しており、この時間を確保できるか否かが、時間の貧困に大きな影響を与える。最低限必要な家事時間とは、炊事、洗濯、育児、介護、買い物といった一連の家事作業をまったく外部化（外食や出前、お惣菜の購入、市場での家事関連サービスの購入など）しない場合に最低限必要となる家事時間である。Vickery（1977）をはじめ先行研究の多くでは、専業主婦（主夫）のいる世帯における平均家事時間を T_l の代理変数に用いている。この分析でも、わが国の代表的な生活時間調査である総務省「社会生活基本調査」から世帯類型ごとに専業主婦のいる世帯における平均家事時間を引用し、時間の貧困線としてあてはめた[8]。

　最低限必要な家事時間が確保できるか否かは、可処分時間と労働時間（通

---

6)　たとえば、イギリスでは世帯員の年齢ごとに異なる等価尺度を用いる McClements scale が一般的に用いられている。
7)　この項は、石井・浦川（2014）の文章に多くを依拠している。

表 3-1　世帯類型ごとの基礎的活動時間および最低限必要家事時間

	総時間 (V)	基礎的活動時間 (T_e)			T_m (V-T_e)	最低限必要家事時間 (T_l)※1					配分可能時間 T_a (T_m-T_l)
			最低限余暇時間（平日）	最低限余暇時間（休日）		家事	介護・看護	育児	買い物	Total	
(時間)	週	週	日	日	週	日	日	日	日	週	週
有配偶世帯（子どもあり）											
末子6歳以上	336	165.5	2.0	6.0	170.5	5.5	0.2	0.4	1.2	50.9	119.6
6歳未満の子ども1人	336	165.5	2.0	6.0	170.5	4.0	0.1	5.0	1.1	71.3	99.2
6歳未満の子ども2人以上	336	165.5	2.0	6.0	170.5	3.7	0.1	6.2	1.0	77.0	93.5
Hervey and Mukhopadhyay (2007): Couple with one child	336	175.0	4.0	4.0	161.0	–	–	–	–	74.6	86.4
有配偶世帯（子どもなし）	336	165.5	2.0	6.0	170.5	4.3	0.1		1.1	39.4	131.1
Vickery (1977): Couple without children	336	162.8	2.0	5.0	173.2	–	–	–	–	43.0	130.2
ひとり親世帯	168	83.2	1.0	3.0	84.8	3.5	0.1	1.1	1.0	39.3	45.5
Hervey and Mukhopadhyay (2007): Single parent with one child	168	87.5	2.0	2.0	80.5	–	–	–	–	52.0	28.5
単身世帯（男性）	168	82.3	1.0	3.0	85.7	2.3	0.1	0.0	0.6	21.2	64.5
単身世帯（女性）	168	83.2	1.0	3.0	84.8	2.3	0.1	0.0	0.6	21.2	63.6
Vickery (1977)	168	81.4	1.0	2.5	86.6	–	–	–	–	31.0	55.6

※1：最低限必要家事時間（T_l）は、家事の外部化（お惣菜の購入や保育サービスの利用など）をしない場合に最低限必要となる家事時間。少なくとも世帯に1人無業の成人がいる世帯の家事時間の平均値を使用。
※2：子どもの年齢と数により育児時間が異なるため、「平成23年度社会生活基本調査」に合わせて、世帯を分類。家事の外部化をしない場合に必要となる家事時間を把握するため、6歳未満の子どもについては保育園や幼稚園に在園していない世帯の家事時間を参照。
※3：ひとり親世帯においては、無業の母子世帯（母と子のみからなる世帯）における家事時間を参照。子どもの数別の集計値がなかったため、母子世帯全体の平均値を参照している。
出所：総務省「平成23年度社会生活基本調査」統計表を用いて筆者らが作成。

勤時間を含む）によって決まってくる。可処分時間（T_m）は、総時間（V）から基礎的活動時間（T_e）[9]を差し引いたものである。この可処分時間（T_m）から最低限必要家事時間（T_l）を差し引いた値（T_a）が、実際の労働時間（T_w）よりも小さい場合、その世帯は時間の貧困状態にあると定義される。

　表 3-1 は、上記のように設定した世帯類型ごとの基礎的活動時間（T_e）と

---

8)　なお、男性の単身世帯の多くでは、自炊をせず外食が多いなど、すでに家事の多くが外部化されていることが考えられる。そのため、男性の単身世帯の最低限必要家事時間については、女性の単身世帯（無業）の家事時間を代用することとした。

9)　これについても、総務省「平成23年社会生活基本調査」から男女別に20-64歳の平均値をあてはめた。

最低限必要家事時間（T_1）である。世帯単位における分析のため、各世帯の成人の時間の合計値を示している。世帯の規模や子どもの数、年齢に応じて必要となる家事時間が異なるため、成人の数（有配偶か否か）、子どもの有無、未就学児の数などに応じて世帯を分類して時間の設定を行った。

（3）　家事労働の費用の設定

　貧困の計測に時間の概念を入れることにより、所得の貧困の計測も少なからず影響を受ける。図 3-1 の線分 EM_1 は、最低限必要な家事・育児を時間不足で賄えない場合に、市場から家事・育児関連のサービスをその不足時間に応じて購入する場合の予算線を示している。すなわち、線分 EM_1 と線分 EM_0 との角度は、家事・育児サービスの単位時間あたりの加重平均価格を示しており、M_1 は T_1 をすべて外部化した場合に最低限必要な所得を示している。したがって、線分 EM_1 は外部化のコストを考慮した所得貧困線といえる。このように時間不足をサービスの購入で補った場合、その分、利用できる所得が減り、△ EM_0M_1 の領域に該当する世帯が新たに所得の貧困に加わることで、貧困率が幾分上昇すると考えられる。

　本章では、家事サービスの購入（外食や保育サービスの利用など）といった所得による時間の代替を想定し、これにより所得の貧困に陥る世帯がどの程度いるか確認する。この際、家事サービスの価格を設定する必要があり、先行研究においてもそれぞれ独自の方法で価格を設定している。たとえば Vickery（1977）では、家事労働の費用を 2 ドルから 2.5 ドルと設定しており、この金額は当時の皿洗いや掃除婦／掃除夫の時給と比較して妥当であるとしている。そのうえで、費用が常に一定のケースや、費用が逓増するケース（外食のように安いものから市場で購入を始め、保育のようにお金がかかるのを後に回す）を検討している。一方、Harvey and Mukhopadhyay（2007）では、費用に当時の最低賃金（1998 年時点で 6.55 カナダドル）をあてはめて計算している。

　家事労働の費用の設定にはほかにもさまざまな方法が考えられるが、この分析では市場における各家事サービスの時間あたり価格を設定し、単位時間あたりの家事サービスの平均価格（加重平均）を代替率としてあてはめた。

具体的には、T_1における家事内容として「買い物」「家事」「育児」の三つを想定した[10]。「買い物」においては、食糧品および日用品の宅配サービスを想定し、大手運輸会社の冷蔵宅配サービスの価格を参考に、費用を833円／時間と設定した[11]。「家事」（掃除、洗濯など）については、大手家事代行サービス業者における1時間あたりの家事代行サービスの価格を参考に、代替率を3240円（税込）と設定した。そして、「育児」については、10歳未満の子どもがいる世帯を対象に、大手ベビーシッター業者における1時間あたりの料金を参考に、代替率を4464円（税込み）[12]と設定した。ただし、認可保育所を利用している保育園児に対しては、総務省「平成23年小売物価統計調査」より認可保育所の月額保育料（県庁所在地の全国平均：47210円）から割り出した時間あたり保育料をあてはめた[13]。

4　「21世紀成年者縦断調査」

　分析に用いるデータは厚生労働省の「21世紀成年者縦断調査（平成14年成年者）」である。このうち、2010年から2012年の3年間のデータを使用する。本章の分析で重要変数のひとつである所得は、設問の方法が第6回（2007年）調査から変更されているため、入手できたデータの中で最も新しい3年間に着目している。

　分析対象としては、世帯内の成人の生活時間（主に労働時間）の情報をもとに時間の貧困を測るため、その情報を正確に把握することができる世帯に

---

10)　ただし、単身世帯、夫婦ふたり世帯、末子が10歳以上の世帯においては、育児サービスの購入は必要ないものと仮定した。

11)　大手宅配業者の冷蔵宅配サービス972円（2kgまで）を週3回利用すると仮定。時間換算するために、1日あたり30分で毎日買い物する代わりに、宅配サービスを利用すると考えると、（972円×3）÷（0.5時間×7日）＝833円で、買い物に関する1時間あたりの費用が833円となる。

12)　1時間あたりの価格3564円に交通費900円を一律に加えたものである。なお、参照した業者では、託児したい子どもが2人以上いる場合は、2人目以降は半額という設定になっているので、本章の分析でもそのように価格を設定した。

13)　認可保育所、認証保育所や無認可保育所での延長保育などのサービスを併用（保育所や幼稚園に登録している時間以外に、ベビーシッターを雇っているなど）しているケースも考えられるが、本章のデータでは、それぞれのサービスの利用や価格に関する詳細な情報が入手できないため、このような措置をとった。

限定する[14]。分析では、総務省「社会生活基本調査」が最低限必要な家事時間や基礎的な活動時間を設定するための重要なデータソースになっているため、「社会生活基本調査」における世帯類型に合わせて、分析対象となる世帯を 7 種類の世帯類型（男性単身世帯、女性単身世帯、夫婦ふたり世帯、ひとり親世帯、ふたり親と末子が 6 歳以上の子からなる世帯、ふたり親と 6 歳未満の子が 1 名からなる世帯、ふたり親と 6 歳未満の子が 2 名以上からなる世帯）に分類した。なお、子どもがいる世帯は、長子が 20 歳未満の世帯に限定している。調査対象者は調査初年度で 20 歳から 34 歳と限定されていたため、2010 年の時点では 28 歳から 44 歳となっている。

　最終的に分析に用いたサンプルは、対象者および配偶者の就労状態、就業形態[15]、労働時間、通勤時間、子どもの年齢、子どもの就学状況、対象者の最終学歴、これらの変数がすべて揃う世帯であり、3 年分のデータを合わせると 9625 世帯となった。

5　どのような世帯で時間の貧困が多いか

　最初に、時間貧困の重要な決定要因である、労働時間について世帯類型別に確認する（図 3-2）。夫婦世帯の場合は夫と妻の労働時間の合計値であり、単身世帯およびひとり親世帯の場合は世帯主（調査対象者）の労働時間を示す。比較のため、「日本家計パネル調査（JHPS）」を使った石井・浦川（2014）の分析結果についても併記している。図を見ると、わずかな差はあるが、両調査は近い値を示していることがわかる。「21 世紀成年者縦断調査」は高年齢層を含んでいないため、20 代から 64 歳までを対象とした石井・浦川（2014）

---

14)　調査対象者や調査対象者の配偶者の父母との同居の有無は、世帯の生活水準や生活時間に影響を与える重要な要素でもある。しかしながら、調査対象者の父母の労働時間については、調査から把握することができない。そのため、親と同居している世帯は分析から除いた。一般的に、祖父母と同居することにより、子育ての時間的負担が軽減され、女性の就業が後押しされる。本章の分析では、親との同居世帯は分析から除いているため、図 3-2、表 3-2 で示されているように、夫婦の労働時間や夫婦ともに正規雇用である割合は、実際の値よりも小さい可能性がある。

15)　正規雇用と非正規雇用の定義については、「21 世紀成年者縦断調査」の調査票において、正規雇用は「正規の職員・従業員」と回答したもの、非正規雇用は「アルバイト」「パート」「労働者派遣事務所の派遣社員」「契約社員・嘱託」と回答したものである。

図 3-2　世帯類型別の夫婦（もしくは世帯主）の週あたり平均労働時間（夫婦は合計値）

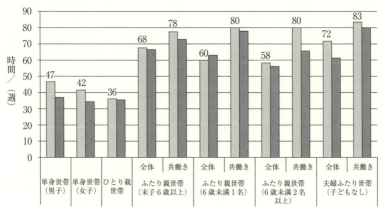

　■「21世紀成年者縦断調査」　■「日本家計パネル調査」（石井・浦川 [2014]）

注：単身世帯およびひとり親世帯においては世帯主の労働時間を表記している。
出所：「21世紀成年者縦断調査［2010-2012］」の個票データより推計。

表 3-2　世帯類型別の夫婦の働き方（石井・浦川 [2014] との比較）

| | ふたり親世帯 | | | | | | 夫婦ふたり世帯 | |
| | 末子6歳以上 | | 6歳未満1名 | | 6歳未満2名以上 | | | |
	成年者縦断調査	JHPS	成年者縦断調査	JHPS	成年者縦断調査	JHPS	成年者縦断調査	JHPS
夫正規＋妻正規	9%	11%	10%	11%	8%	7%	19%	19%
夫正規＋妻非正規	43%	43%	19%	22%	15%	9%	37%	20%
その他共働き	17%	19%	7%	12%	6%	11%	14%	22%
片働き	31%	26%	63%	55%	71%	72%	31%	32%

注：「JHPS」については、「日本家計パネル調査（JHPS）」を用いた石井・浦川（2014）より引用。
出所：「21世紀成年者縦断調査［2010-2012］」の個票データより推計。

と比較すると、労働時間が全体的に長く、特に単身世帯や夫婦ふたり世帯では、両調査の差がやや大きいことがわかる。一方、子どものいる世帯においては、子どもの年齢と数を所与としているため、親の年齢が近づき、両分析結果の平均値にほとんど差はない。

　次に、夫婦の働き方の組み合わせについて確認する（表 3-2）。JHPS での集計結果と同様、6歳未満の子どもがいるふたり親世帯においては、両親の一方のみが働くという片働きの割合が非常に高いことがわかる。6歳未満の

表 3-3　世帯類型別の貧困の程度［配分可能時間（T_a）−労働および通勤時間（T_w）］

T_a−労働時間−通勤時間		裁量時間（週あたり）			時間貧困率	
		世帯数	平均値	標準偏差	成年者	参考値（JHPS）
単身世帯（男子）		1027	12.5	14.0	14.4%	10.4%
単身世帯（女子）		751	17.0	13.9	6.4%	14.2%
ひとり親世帯		431	5.8	14.6	30.6%	39.7%
ふたり親世帯（末子6歳以上）	全体	1843	45.7	25.2	3.3%	4.8%
	共働き	1261	33.8	19.6	4.8%	6.4%
ふたり親世帯（6歳未満1名）	全体	2462	34.0	24.3	11.1%	12.0%
	共働き	897	9.9	19.8	30.0%	28.0%
ふたり親世帯（6歳未満2名以上）	全体	1138	30.5	22.1	12.0%	−
	共働き	333	5.1	17.9	39.6%	−
夫婦ふたり世帯（子どもなし）	全体	1973	51.2	27.8	2.1%	3.3%
	共働き	1359	37.2	20.0	3.0%	5.4%

注：「JHPS」については、「日本家計パネル調査（JHPS）」を用いた石井・浦川（2014）より引用。
出所：「21世紀成年者縦断調査［2010-2012］」の個票データより推計。

子どもが1名のみの世帯における片働き率に差がある以外は、両調査の集計結果はかなり似た値を示している。

　夫婦ともに正規雇用のケースに着目すると、夫婦ふたり世帯では2割程度が夫婦ともに正規雇用であるが、子どもがいる夫婦世帯においては、末子の年齢にかかわらず、1割前後と低い。ただし、分析対象から祖父母との同居世帯を除いているため、祖父母からの育児支援により正規雇用で就業しているケースが含まれない。そのため、夫婦ともに正規雇用の割合は実際の値よりも低くなっている。また、末子が小学生以上になると、片働き率が減り、夫が正規雇用で妻が非正規雇用のケースが4割以上に増える点も両分析結果から確認できる。

　次に、世帯類型別の時間の貧困の程度について見ていく。表3-3では、各世帯における時間の貧困の深さを把握するため、配分可能時間（T_a）から労働時間と通勤時間の合計値（T_w）を差し引いた時間を見ている。この時間を個人の裁量で使える時間として、ここでは裁量時間と呼ぶ。裁量時間が負であるということは、本来必要な基礎的な活動時間（T_e）や最低限必要な家事時間（T_l）が確保できていないため、時間の貧困状態であると判断する。

　石井・浦川（2014）では、最も裁量時間の短い世帯はひとり親世帯（平均6.3時間／週）であったが、「21世紀成年者縦断調査」を用いた本章の分析

表 3-4 時間の貧困と勤め先の WLB 制度の状況に関する t 検定

6 歳未満の子どもあり (N＝749)	妻（就労者のケース）							
	育児休業制度				短時間勤務制度			
	利用可能な制度の存在	利用しにくい雰囲気	利用の希望	実際の利用経験（現在＋以前）	利用可能な制度の存在	利用しにくい雰囲気	利用の希望	実際の利用経験（現在＋以前）
時間貧困	79.5%	7.4%	72.1%	19.3%	63.9%	22.1%	37.7%	19.3%
時間非貧困	52.7%	6.7%	43.6%	15.4%	41.8%	12.1%	28.5%	14.3%
t 値	7.31**	0.32	7.61**	1.31	5.80**	3.60**	2.50*	1.76+

6 歳未満の子どもあり (N＝1461)	夫（就労者のケース）							
	育児休業制度				短時間勤務制度			
	利用可能な制度の存在	利用しにくい雰囲気	利用の希望	実際の利用経験（現在＋以前）	利用可能な制度の存在	利用しにくい雰囲気	利用の希望	実際の利用経験（現在＋以前）
時間貧困	36.6%	19.9%	12.4%	0.0%	23.0%	10.6%	11.2%	2.5%
時間非貧困	55.5%	24.1%	18.8%	0.3%	35.1%	11.7%	15.6%	3.2%
t 値	−4.54**	−1.18	−2.00*	−0.86	−3.07**	−0.42	−1.48	−0.46

注：** は統計的に 1% 有意、* は 5% 有意、＋ は 10% 有意を表す。
出所：「21 世紀成年者縦断調査［2010-2012］」の個票データより推計。3 年間のデータをプーリングした推計。

においては、ひとり親世帯（平均 5.8 時間／週）よりも 6 歳未満の子が 2 人以上いる共働き世帯（平均 5.1 時間）が最も裁量時間が短くなっている。

　世帯類型ごとに時間の貧困に陥っている世帯の割合（時間貧困率）を見ると、6 歳以上の子どもが 2 人以上いる共働き世帯において、時間貧困率が 39.6% と最も高く、次いでひとり親世帯で 30.6% となっている。また、壮年層の働き盛りの単身男性の時間貧困率が 14.4% と高くなっている点が特徴である。一方、末子が 6 歳以上である夫婦世帯と夫婦ふたり世帯においては、片働きであれ共働きであれ、時間貧困率が低い点は、石井・浦川（2014）と同じ結果を示している。

　単身世帯を除くと、育児が時間の貧困を招く重要な要因の一つであると考えられるが、それでは、職場におけるワーク・ライフ・バランス施策は、時間の貧困とどのような関係があるだろうか。表 3-4 では、結婚し就学前の子どもを持つ有配偶世帯に限定して、時間の貧困と本人の勤め先におけるワーク・ライフ・バランス施策との関係を夫婦別に t 検定により検証したものである。二つのグループの平均値の差が統計的に有意の場合は、数値の右上に** （1% 有意）、* （5% 有意）、＋ （10% 有意）が付されている。

　まず、就労する妻に関する集計結果を見てみると、育児休業制度、短時間勤務制度がある職場に勤めている割合は、時間非貧困世帯よりも時間貧困世

帯で多いことがわかった。ただし、結果の解釈には注意が必要である。夫の就業形態を所与とした場合、時間貧困になる確率は妻が非正規雇用の場合よりも正規雇用のほうが高く、正規雇用の場合、非正規雇用に比べてワーク・ライフ・バランス施策が充実しているため、妻の就業形態のちがいがこのような結果として表れていると考えられる。

　就労する妻において実際に育児休業制度を利用した割合を見ると、時間貧困世帯と非貧困世帯とで統計的有意な差はない。しかし、制度の利用を希望する（現在または今後、育児のための制度を利用したいと思うか）割合を見ると統計的に有意な差があり、時間貧困世帯の妻のほうがはるかに高く、育児と仕事の間でのコンフリクト（せめぎ合い）が生じていることが見受けられる。

　また、就労する妻における短時間勤務制度の利用について見ると、時間貧困世帯の妻のほうが、制度の利用を希望する割合も実際に利用した割合も統計的に有意に高いが、一方で、利用しにくい雰囲気と回答した割合も有意に高い。時間貧困世帯では、制度の利用を希望する割合と実際の利用経験割合が大きく乖離しており、制度が十分に活用されていないことがうかがえる。

　さらに、時間の貧困と夫が勤める職場のワーク・ライフ・バランス施策との関係を見ると、妻の場合とは逆で、時間貧困世帯のほうが育児休業制度や短時間勤務制度がある職場に勤めている割合が低い。すなわち、長時間労働が常習化している企業において、ワーク・ライフ・バランス施策の導入が遅れている様子がうかがえる。ただし、実際の利用については、時間貧困世帯であれ、時間非貧困世帯であれ、夫の利用経験割合は極めて低い。

6　「家事の外部化」による貧困率の変化

　表3-5では、図3-1に示した5つの貧困タイプ（「非貧困」「所得貧困・時間非貧困」「所得貧困・時間貧困」「時間調整後所得貧困」「所得非貧困・時間貧困（時間調整後所得非貧困）」）について、世帯類型ごとにその割合を算出している。生活時間が不足している部分については、上述のとおり、家事サービスを購入することで、追加的に必要となる所得を算出し、「時間調整

表 3-5　世帯類型別にみたさまざまな貧困率

（世帯数：9625）	所得貧困 時間貧困	所得貧困 時間非貧困	所得非貧困 時間貧困		非貧困
			生活時間調整後 所得非貧困	生活時間調整後 所得貧困	
単身世帯	0.3	6.1	9.0	1.7	82.9
ひとり親世帯	11.6	50.4	10.9	8.1	19.0
ふたり親世帯 （末子 6 歳以上）	0.2	10.3	2.6	0.5	86.4
ふたり親世帯 （子ども 6 歳未満 1 名）	0.4	7.0	6.5	4.3	81.8
ふたり親世帯 （子ども 6 歳未満 2 名以上）	1.2	11.0	5.0	5.7	77.1
夫婦世帯（子どもなし）	0.1	3.5	1.9	0.2	94.4
計	0.9	9.2	5.3	2.6	82.1

出所：「21 世紀成年者縦断調査［2010-2012］」の個票データより推計。

後所得貧困」の領域に入るか、「所得非貧困・時間貧困」の領域に入るかの識別を行った。ただし、世帯類型ごとに、買い物、家事、育児に配分する時間の割合が異なるため、「社会生活基本調査」のデータに基づき、それぞれの世帯類型における時間配分を用いた推定を行っている。

　表を参照すると、市場で最低限必要な家事・育児サービスを購入することで、所得貧困に陥ってしまう「時間調整後所得貧困」世帯は、全体で 2.6％あることがわかる。世帯類型別に見ると、ひとり親世帯で 8.1％、未就学児を 2 人以上持つふたり親世帯で 5.7％、未就学児を 1 人持つふたり親世帯で4.3％と割合が高い。所得だけを基準とした従来の貧困では、「所得貧困・時間貧困」および「所得貧困・時間非貧困」世帯しか貧困にカウントされないが、時間という観点を加えて貧困をみると、所得の貧困はさらに深刻になることがわかる。

7　「貧乏暇なし」は本当か

　前節まで時間貧困世帯の特徴を確認してきたが、この節では時間の貧困と所得との関係について計量分析を行う。「貧乏暇なし」という言葉にあるが、所得の多寡と時間的余裕には正の相関があるか、すなわち、低所得層は休む

表 3-6　ロジット分析の推定結果　（有配偶サンプル）

	[有配偶世帯]			
	時間貧困ダミー		時間調整後所得貧困ダミー	
	係数	z 値	係数	z 値
夫婦の働き方（ref：夫自営業・妻自営業等）				
夫正規雇用・妻正規雇用	3.160***	6.09	2.710***	4.68
夫正規雇用・妻非正規雇用	−0.457	−1.05	−0.506	−1.03
夫正規雇用・妻専業主婦	−9.090***	−7.37	−6.759***	−4.95
世帯主の学歴（ref：中卒・高卒）				
大卒・大学院卒	0.267	0.54	0.253	0.46
短大・高専卒、専門学校卒	0.873	1.51	0.738	1.24
学歴不詳	1.282**	2.46	0.699	1.26
等価世帯所得　五分位（ref：第Ⅲ五分位）				
第Ⅰ五分位	0.290	0.55	1.030*	1.84
第Ⅱ五分位	0.912**	2.08	1.720***	3.28
第Ⅳ五分位	0.742*	1.77	−0.591	−1.17
第Ⅴ五分位	−0.732	−1.48	−2.760***	−3.85
定数項	−7.090***	−11.34	−7.160***	−8.82
世帯数	5223		5223	
対数尤度	−730.00		−401.84	
ハウスマン検定	7.29		1.77	
採択モデル	（ランダム効果分析が採択）		（ランダム効果分析が採択）	

注：*** は統計的に 1％有意、** は 5％有意、* は 10％有意を表す。
出所：「21 世紀成年者縦断調査［2010-2012］」の個票データより推計。モデル［有配偶世帯］は、3 年間ともに有配偶であったサンプルを使用。

暇もなく働くことを余儀なくされており、高所得層は有閑階級のごとく暇を持て余しているのだろうか。

　ここでは、パネルデータ・ロジット分析という計量手法を分析に用いる。パネル分析により、説明変数としてとらえることが困難な個人（世帯）の異質性の影響を制御したうえで、所得と時間貧困との関係を調べることができる。分析では、時間の貧困に対する夫婦の働き方の組み合わせの影響を検討するため、単身世帯およびひとり親世帯は分析対象から除外し、有配偶世帯のみを対象に分析を行った。

　表 3-6 では、二つの計量分析の結果について示している。左側は、時間の貧困に陥っている世帯の属性を分析したものである。所得については、等価世帯所得の低いほうから順に 20％ずつグループ分けして、第Ⅰ五分位から第Ⅴ五分位までの所得階級を作成し、真ん中の第Ⅲ五分位グループと比較し

て、各所得階級と時間貧困との関係を調べている。夫婦の働き方の組み合わせや、世帯主の学歴の影響を制御すると、真ん中の第Ⅲ五分位と比較した際に、第Ⅱ五分位では統計的に有意に時間の貧困に陥る確率が高いことがわかる。一方で、最も所得の低い第Ⅰ五分位では、第Ⅲ五分位と比較して統計的に有意な差異がないこともわかる。さらに、第Ⅳ五分位の人々のほうが、第Ⅲ五分位の人々よりも時間の貧困に陥りやすいことも見受けられる。

　ただし、最も所得が高い第Ⅴ五分位においては、第Ⅲ五分位と比較して統計的に有意な差異は見られない。このことから、所得が低いほど時間的余裕がないといったように、所得の多寡と時間的な余裕は単純な相関関係で記述できないことが読み取れる。時間の貧困は、長時間一所懸命働くことで所得の貧困から逃れている第Ⅱ五分位の世帯でよく見られる一方、より豊かな生活を望み、夫婦そろって仕事に精を出している第Ⅳ五分位の世帯にも関連のある問題であることがわかる。

　また、2列目の計量分析では、時間の貧困であった世帯において、家事サービスを市場で購入した際に新たに所得貧困に陥った世帯、すなわち、図 3-1 の $\triangle EM_0M_1$ にカウントされる世帯について、その属性を分析している。第Ⅲ五分位との比較では、所得の低い第Ⅰ五分位と第Ⅱ五分位は家事を外部化することによって所得の貧困に陥る確率が高いことがわかる。一方、最も所得の高い第Ⅴ五分位においては、家事を外部化する金銭的余裕があるため、外部化しても所得の貧困になる確率は統計的に有意に低いことがわかる。

　夫婦の働き方の組み合わせについては、夫婦ともに正規雇用である場合、時間の貧困に陥る確率が高く、逆に、正規雇用の夫と専業主婦の組み合わせにおいては、時間の貧困に陥る確率が低くなっている。

　ただし、ひとり親世帯の場合は、非正規雇用でも時間貧困率が高いことが確認されている。表 3-7 は世帯類型と雇用形態別（正規・非正規）に裁量時間と時間貧困率を示したものである。表からは、ひとり親世帯では、たとえ非正規雇用で勤めている場合でも、週あたりの裁量時間は 5.8 時間と非常に小さく、時間貧困率は 28％に達することが読み取れる。ひとり親世帯は単身世帯のケースと比べて平均的な労働時間が長いわけではない（図 3-2）。しかし、育児を含めた家事労働に必要な時間は、ひとり親世帯のほうが単身

表 3-7　世帯類型と雇用形態別（正規・非正規）にみた裁量時間と時間貧困率

| T_a − 労働時間 − 通勤時間 | 雇用形態 | 裁量時間（週あたり） | | | 時間貧困率 |
		世帯数	平均値	標準偏差	
単身世帯（男子）	正規雇用	858	10.5	10.9	15.9%
	非正規雇用	113	15.4	12.8	5.3%
単身世帯（女子）	正規雇用	291	13.6	8.1	6.2%
	非正規雇用	406	15.6	11.2	6.9%
ひとり親世帯	正規雇用	128	− 1.6	9.6	42.2%
	非正規雇用	268	5.8	11.6	28.0%
ふたり親世帯 （20歳未満の子どもあり）	夫・正規雇用	1574	32.6	21.9	9.0%
	夫・非正規雇用	172	29.6	23.0	11.0%
	妻・正規雇用	329	9.6	20.2	32.5%
	妻・非正規雇用	1356	27.9	23.2	12.3%
夫婦世帯 （子どもなし）	夫・正規雇用	674	47.5	25.6	3.9%
	夫・非正規雇用	60	54.1	26.8	1.7%
	妻・正規雇用	154	32.1	17.7	1.3%
	妻・非正規雇用	679	41.1	21.6	1.2%

注：夫婦世帯は回答者本人の雇用形態別に裁量時間・時間貧困率を推定。配偶者の分の情報は含めていない。
出所：「21 世紀縦断調査（成年者調査）［2010-2012］」の個票データより推計。

世帯と比べて 1 日あたり約 2.5 時間長いため、平均的な裁量時間が非常に短くなる（表 3-1）。

　また、重要な点として、子どものいる夫婦では、夫が正規雇用の場合と妻が正規雇用の場合では、時間貧困に陥るリスクに相当なちがいがあることがわかった。夫が正規雇用の場合は、妻が非正規雇用や専業主婦になるケースが多いことから、結果として世帯の裁量時間がある程度確保され、時間貧困率が 10% 以下にとどまっている。

　その一方で、妻が正規雇用である場合に、夫が非正規雇用や専業主夫であるという夫婦間の働き方の組み合わせは非常に稀であり、約 85% は夫も正規雇用である。その結果、世帯の裁量時間は 10 時間未満で、時間貧困率は約 30% と非常に高くなっている。

　夫と妻がともに正規雇用である世帯は、市場による家事・育児サービスを購入・活用することで生活時間の不足をある程度カバーできるだろう。とはいえ、これまでの分析結果が示唆するように、世帯の稼得所得が小さく、地域における公共部門の育児支援も少ない場合は、生活時間を調整すると所得

貧困（表3-5参照）に陥るリスクがある。

8　生活時間の貧困分析から浮かび上がった
　時間の貧困対策の課題

　本章では、厚生労働省が実施している大規模パネル調査「21世紀成年者縦断調査」を用い、所得の貧困に加え、家庭生活において必要な時間（家事・育児など）が確保されているかどうかに着目した時間の貧困分析を行った。日本における貧困研究の多くは所得や資産といった金銭的尺度を用いた分析を行っているが、世帯員の余暇時間の多寡も世帯の生活水準を決定づける重要な要因のひとつである。本章では、いまだ日本での研究蓄積の少ない「所得」と「時間」の二つの次元からの貧困計測を試みた。

　現役世代に焦点を当てた本章の分析から、現状の日本において、時間の貧困を引き起こす要因の一つは、子育てと長時間の就労であり、特にひとり親世帯では非正規雇用での長時間就労が特徴となっていることがわかった。子育てと就労を一手に担っているひとり親世帯では、祖父母などの親族からの助けがない限り、必然的に時間不足は避けられない。また、ふたり親世帯であっても、未就学児を抱えながら、夫婦ともに正規雇用で就労すると時間の貧困に陥りやすい。

　ひとり親世帯においては、「貧乏暇なし」という言葉のとおり、所得の貧困と時間の貧困が同時に発生する確率が高い。また、時間の貧困に直面しているふたり親世帯には主に二パターンあり、一つは、貧困を免れるため夫婦ともに長時間労働している世帯（所得の第Ⅱ五分位層）、もう一つは、より良い生活水準を求め夫婦ともに長時間労働している世帯（所得の第Ⅳ五分位層）である。

　後者、すなわち所得の高い時間貧困世帯にとっては、時間不足を補う手段として、家事サービスを購入し家事を外部化することはある程度有用であろう。スーパーのお総菜やファミリーレストランは、炊事時間を削減する手軽な手段であるし、食洗機や衣類乾燥機、ロボット型の掃除機などは、高価ではあるが、家事時間の短縮に有効である。

　一方で、所得の低い時間貧困世帯にとっては、家事の外部化は時間不足を補う現実的な手段ではない。家事の外部化を考慮した二次元の貧困線の分析（表3-5）が示すように、家事の外部化により利用可能な所得が減ることで、所得の貧困に陥る世帯が、ひとり親世帯や未就学児を抱えるふたり親世帯で無視できない程度に存在するからだ。

　時間の貧困に陥る原因の一つは、長時間にわたる就労である。長時間労働を是正するという意味で、職場におけるワーク・ライフ・バランス施策に対する期待は大きい。ワーク・ライフ・バランス施策については、男女間で制度に対する意識も、実際の利用状況も大きな差があるため、今後、施策の実際の利用の男女間格差をどのように解消していくかも課題となる。

　現在、国を挙げて取り組んでいる「働き方改革」では、長時間労働の是正を重要な課題の一つとしている。これまで日本では、残業はよいこと、忙しいことはよいこと、余暇は怠惰というような風潮があり、これが長時間労働を助長してきた。たしかに、労働は生活に必要な所得を得るための手段のみならず、人生に意味を与える重要な活動である。しかし、余暇もまた、明日の労働のための休息といった役割にとどまらず、家族と社会との関係構築のための重要な活動である。また、少なすぎる余暇が経済活動を縮小させている側面も指摘されている。

　さらに、時間貧困のもう一つの要因である育児負担については、保育所や学童サービスの拡充に加え、各家庭のニーズにより柔軟に対応できるベビーシッターの拡充も必要と考えられる。その際には、質を確保しながら、家庭で妻や夫が育児にかける時間を減らすことを可能とする施策の充実が検討されるべきである。

　日本の社会全体として、子どもを預けることへの罪悪感や抵抗感があり、母親自身がいわゆる「理想の母親像」に囚われていたり、周りの家族や社会がそれを求めていたりする雰囲気が存在する。そのような社会の側面も、時間の貧困を深刻化させる要因の一つだろう。現在、日本の認可保育園では就労と通勤以外での保育をほぼ認めていないが、女性の就業率の上昇や家族のかたちの変容に合わせて、まずは保育などの諸制度を柔軟にすることで、人々の意識の改革を進めていく必要があるだろう。

　最後に、本章での分析の限界点についても触れておく。本章では、分析の枠組み上、現役世代の一世代もしくは二世代からなる世帯（親と未成年の子）に限定して分析を行ったため、介護負担が時間の貧困に与える影響について把握することができなかった。おそらく、育児と同様に家族介護についても時間の貧困の要因となる可能性があり、今後の分析課題である。また、三世代同居を分析対象から省いているため、祖父母やその他家族との同居により時間不足を軽減している世帯を考慮することができていないことにも注意が必要である。

　さらに、時間や所得について世帯の合算値に着目しているため、個々人の実情とは異なる可能性があることを否めない。たとえば、長時間労働の夫と専業主婦の世帯では、世帯でみたら時間の貧困には陥っていなくても、個人単位でみると、夫や妻の家庭内での生活時間が不足している可能性がある。これについても今後の課題としたい。

【参考文献】

Becker, G. (1965) "A theory of the allocation of time," *Economic Journal* 75, pp.493-517.

Burchardt, T. (2008) "Time and income poverty," *CASE Report* 57, London School of Economics, Centre for Analysis of Social Exclusion.

―――― (2010) "Time, income and substantive freedom: A capability approach," *Time and Society* 19(3), pp.318-344.

Douthitt, R. (2000) "Time to do the chores?" Factoring Home-production needs into measures of poverty," *Journal of Family and Economics Issues* 21(1), pp.7-22.

Goodin, R., J. Rice, A. Parpo, and L. Eriksson (2008) *Discretionary Time: A New Measure of Freedom*. Cambridge: Cambridge University Press.

Harvey, A. and A. K. Mukhopadhyay (2007) "When twenty-four hours is not enough: Time poverty of working parents," *Social Indicators Research* 82, pp.57-77.

Kalenkoski, C. and K. S. Karmrick (2013) "How does time poverty affect behavior? A look at eating and physical activity," *Applied Economic Perspectives and Policy* 35(1), pp.89-105.

―――――, ――――, and M. Andrews (2011) "Time poverty thresholds and rates for the US population," *Social Indicators Research* 104, pp.129-155.

McGinnity, F and H, Russell（2007）"Gender inequalities in time use ―The distribution of caring, housework and employment among women and men in Ireland," The Economics and Social Research Institute, Dublin, Ireland.

OECD（2011）*How's Life? ―Measuring well-being*, OECD Publishing.

──── (2016) *OECD Factbook 2015-2016*, OECD Publishing.

Vickery, C.（1977）"The time poor: A new look at poverty," *Journal of Human Resources* 12（1）, pp.27-48.

Warren, T.（2003）"Class- and gender-based working time? Time poverty and the division of domestic labour," *Sociology* 37（4）, pp.733-752.

阿部彩（2007）「日本における社会的排除の実態とその要因」『季刊社会保障研究』43（1）：27-40 ページ。

阿部正浩（2007）「ポジティブ・アクション、ワーク・ライフ・バランスと生産性」『季刊社会保障研究』43（3）、184-196 ページ。

石井加代子・浦川邦夫（2014）「生活時間を考慮した貧困分析」『三田商学研究』57（4）：97-121 ページ。

伊藤セツ・天野寛子・天野晴子・水野谷武志編（2005）『生活時間と生活福祉』光生館。

大竹文雄（2005）『日本の不平等―格差社会の幻想と未来』日本経済新聞社。

小塩隆士・浦川邦夫（2008）「2000 年代前半の貧困化傾向と再分配政策」『季刊社会保障研究』44（3）、278-290 ページ。

川口章（2011）「長期雇用制度とワーク・ライフ・バランス施策が女性の活躍に及ぼす影響」内閣府経済社会総合研究所（ESRI）編『平成 22 年度 ワーク・ライフ・バランス社会の実現と生産性の関係に関する研究報告書』、81-96 ページ。

黒田祥子・山本勲（2011）「人々はいつ働いているのか？―深夜化と正規・非正規雇用の関係―」*RIETI Discussion Paper Series* 11-J-053。

橘木俊詔・浦川邦夫（2006）『日本の貧困研究』東京大学出版会。

田宮遊子・四方理人（2007）「母子世帯の仕事と育児―生活時間の国際比較から―」『季刊社会保障研究』43（3）：219-231 ページ。

内閣府編（2013）『子ども・若者白書』。

矢野眞和（1998）『ゆとりの構造―生活時間の 6 カ国比較―』連合総合生活開発研究所。

労働政策研究・研修機構（2012）「子どものいる世帯の生活状況および保護者の就業に関する調査―世帯類型別にみた「子育て」、「就業」と「貧困問題」―」調査報告書。

第 II 部

女性労働力と出産・育児

第 4 章

結婚・出産後の継続就業[*]
—家計パネル調査による分析—

樋口美雄・坂本和靖・萩原里紗

1 女性の就業、結婚、出産をめぐる最近の変化

　女性にとって、結婚や出産により、自分のために使える時間が制約され、自由度が束縛されることは大きなコストである。もろもろの制約から、結婚したい、出産したい、仕事を続けたいにもかかわらず、それができないとなれば、それらを諦める人も多数生まれる。はたして女性にとって、どのような要因が結婚や出産、そして継続就業や再就職に影響しているのだろうか。

　本章の目的は二つある。一つは、経済的制約要因や時間的制約要因に焦点を当て、同一個人を長期にわたり追跡調査した家計パネルデータを使って、それらの制約を緩めるべき支援策がどの程度、結婚や出生行動、継続就業率や再就職率に影響をもたらしているかを実証分析によって明らかにすることである。もう一つは、それら金銭的、時間的制約となる要因をコントロールしたうえで、出生コーホート間のちがいを検討することにより、心理的要因等を含む諸要因が結婚や出産・育児、就業に影響を与えているかを明らかに

* 本章は、樋口・坂本・萩原（2016）を再編集したものである。本章では、厚生労働省「21世紀成年者縦断調査」と（公財）家計経済研究所「消費生活に関するパネル調査」を用いた。データを利用させてくださった厚生労働省と（公財）家計経済研究所に深く感謝の意を表したい。また、本章は、厚生労働科学研究費補助金（H26- 政策 - 一般 -003）および日本学術振興会『課題設定による先導的人文・社会科学研究推進事業』「国際比較可能データによる男女共同参画と家族の役割変化の多面的動学分析」から助成を受けている。本文にある誤りはすべて筆者らに帰するものである。

することである。

　分析に入る前に、最近の女性の結婚や出産、就業をめぐる変化について、公的統計を用いて概観しておきたい。

　わが国の婚姻率は第1次石油ショック時の1973年から低下を始め、1988年から2010年にかけては若干、上昇する兆しがみられた時期もあったが、ほぼ横ばいを続けた後、2010年以降、再びわずかながら低下している。この間、一貫して平均初婚年齢は上昇を続けている。

　他方、合計特殊出生率は、戦後間もなくは4を超えていたが、その後、大きく低下し、1950年代半ばから第1次石油ショック時までほぼ横ばいを続けていた。その後再び低下を始め、2005年には過去最低の1.26を記録し、2012年以降は1.4を超えるまでわずかながら回復した。しかしその多くは30代になってからの出生率の上昇に負うところが多く、20代と30代の女性が減少していることにより、1年間に生まれてくる出生児数は、いまもなお減り続けることが予想される。

　他方、女性の就業率には、近年、上昇傾向がみられる。総務省「労働力調査」によれば、1994年と2014年における女性の年齢別就業率を比較すると、全体的に就業率は上昇しており、特に25〜29歳、30〜34歳での就業率の上昇は著しく、それぞれ14.0％、16.0％ポイント増加し、M字型カーブの底がだいぶ上がっていることが確認できる。だが、それでも依然として、20歳代後半から30歳代にかけて約8％ポイントの大きな落ち込みが存在する。

　また、ライフ・イベント前後における女性の働き方がどのように変化しているのかについて、国立社会保障・人口問題研究所「第14回出生動向基本調査　結婚と出産に関する全国調査　夫婦調査の結果概要」で確認すると、結婚前後では、就業継続者の割合は1980年代後半から2000年代前半の間に4.4％ポイント上昇し、一方で結婚退職者は割合が11.7％ポイント減少している。このように、徐々に結婚後も働き続ける女性は増えている。

　続いて第1子出生前後の就業変化をみると、前述したように結婚を契機とした離職が少なくなったため、妊娠前から無業である割合は11.4％ポイント減少している。しかし、出産退職者の割合が6.5％ポイント増加しており、継続就業者の割合自体にはあまり大きな変化がみられず、育児休業を利用し

ている者と利用していない者を合計すると、第 1 子出産前後の継続就業率は約 26.8％にとどまっている。

　ライフ・イベント前後における女性の就業継続を支援するため、政府は男女雇用機会均等法による積極的是正措置の制定、育児・介護休業法の改正をし、企業はさまざまな取り組みを実施してきた。樋口（2007）では、政府の支援策は制度の構築および運用上の改善により、就業継続に対して着実にその成果を得ていることが示されている。

　しかしながら、現在でも、ライフ・イベントを契機とした労働市場からの退出が跡を絶たず、育児負担が軽減されたのちに、パートタイム労働者として再就職するという傾向がある。日本国内における生産年齢人口の減少を補うための女性労働の活用という観点だけではなく、女性自身の就業希望と現実の就業率との差が依然として大きいことを鑑みたとき、積極的に女性が自己のキャリアを形成しながら、出産し、子育てできる社会システムの構築は重要な課題であると言わざるを得ない。

　こうした状況の変化が、どのような要因によって起こっているのか。あるいはなぜ、希望する変化がなかなか進展していないのか。以下では、同一個人を追跡調査して得られたパネルデータを用いて、さらにはコーホート間の変化を比較することにより、これらの点を明らかにしていくことにする。

　本章の構成は以下のとおりである。次節では、本章の分析に用いるデータを紹介する。3 節では結婚選択と結婚後の就業継続に関する分析結果、4 節では出産選択と出産後の就業継続に関する分析結果、そして、5 節では再就職に関する推定結果を確認する。最終節では本章の結論を述べる。

2　本章で用いる家計パネル調査

　本章では、厚生労働省「21 世紀成年者縦断調査（Longitudinal Survey of Adults in the 21st Century（LSA21。以下、LSA21））」[1]と（公財）家計経済研究所「消費生活に関するパネル調査（Japanese Panel Survey of Consumers。以下、JPSC）」を主に用いて分析を行う。分析の際には、地域ごとに異なる保育所の利用可能性や労働市場の逼迫状況を考慮するために、

LSA21 の地域情報を用いて、公的統計との結合を行う。

　保育所の利用可能性に関しては、厚生労働省の「社会福祉施設等調査」と総務省統計局「人口推計」を用いて、宇南山（2011）で定義されている、25歳から 34 歳の女性の人口と保育所の定員数の比率で示される「潜在的定員率」を作成し、分析に用いる。

　宇南山（2011）以前の先行研究では「保育所待機児童数」や「保育所定員率」が用いられてきたが、宇南山（2011）で指摘されるように、これら指標は、結婚・出産の結果である子どもの人数によって影響を受けるため、保育所の利用可能性を示す適切な指標とはいえない[2]。

　このため、本章でも、未婚者を含めた潜在的な保育需要を捉えるために、「潜在的定員率」を用いる。なお本章では、潜在的定員率という言葉はまだそれほど浸透していないことから、わかりやすく、この潜在的定員率のことを「保育所定員率」と呼ぶことにする。加えて、地域の労働需給を示す指標として厚生労働省「一般職業紹介状況（職業安定業務統計）」の「有効求人倍率」も推定に使用する。

　続いて、JPSC について紹介する。この調査は、1993 年 9 月時点で 24〜34 歳の全国の女性（および男性はその配偶者）を調査対象として始められた。女性に特化した質問項目が多いこと、加えて調査実施期間が 20 年以上で長

---

1) 　LSA21 は、2002 年成年者と 2012 年成年者の二つのウェーブを調査している。2002 年のウェーブでは、2002 年 10 月末時点で 20〜34 歳であった全国の男女（およびその配偶者［ただし、第 11 回調査実施時までに把握した配偶者に限る。］）、2012 年のウェーブでは、2012 年 10 月末時点で 20〜29 歳であった全国の男女（およびその配偶者［ただし、第 1 回調査実施時までに把握した配偶者に限る。］）が調査対象である。ただし、本章で用いることができたのは、2002 年成年者のみを対象としたデータであり、世代間のちがいを分析することはできない。このデータを用いることによるメリットは二点ある。一つめは、このデータは政府の公的統計として回答義務を課すことによって高い回答率を得ており、時系列と横断面の両方向において膨大なサンプルサイズを誇る点（ただし、所得など、数値を記入させる質問に対する回答率は必ずしも高くない）である。二つめは、LSA21 には、地域（都道府県）を把握することが可能な変数も含まれており、これらを使って保育所の利用可能性などの地域特性を示す情報をマッチングすることができる点である。一方、デメリットとしては、公的統計であるがゆえに、質問項目が限られており、大学や研究所が実施しているパネルデータと比較すると、質問数が多くない点が挙げられる。

2) 　たとえば、保育所が不足しても、結婚・出産も減少すればこれら指標は改善されることから、保育所の整備状況が過大評価されてしまうという問題を孕んでいる。逆に、保育所が増えても、それをみて利用希望者が増えれば待機児童は増加するという問題もあり、分析をするうえで適切な指標とは言い難い。

いという特徴がある。20 数年もの長期間にわたる継続調査により、調査開始時点の対象者の年齢も 45〜55 歳（第 22 回調査時点）となり、結婚、出産だけではなく、それ以降のライフサイクルまで捕捉可能となっている。また、その後も、追加サンプルとして、1997 年からは 24〜27 歳、2003 年からは24〜29 歳、2008 年からは 24〜28 歳、2013 年からは 24〜28 歳の調査対象者を新たに加えているため、世代間のちがいを追えるメリットがある。

　本章では、このデータの調査期間が長いという特徴を活かし、主に再就職に関する分析にこのデータを用いる。また、結婚・出産選択、結婚・出産前後の就業継続に対する出生年代の効果を捕捉するべく、出生コーホートダミー（1960 年代生まれを参照グループとした、1970 年代生まれ、1980 年代生まれ）の推定結果についても述べる。

　次節以降では、紹介したデータを用いて、結婚・出産の選択や結婚・出産前後の就業変化、出産後の再就職について、パネル・プロビット・モデルにより推定した結果を確認する。

3　結婚選択と結婚前後の就業変化

　本節では、2000 年以降、結婚選択にはどのような要因が影響を与えているのかについて、「21 世紀成年者縦断調査（LSA21）」を主に用いて確認する。表4-1 は結婚選択と結婚前後の就業変化に関する推定結果である。以下では、表4-1 を見ながら、結婚選択と結婚前後の就業変化にどのような要因が影響しているのかについて確認していく。

（1）　結　婚　選　択

　本項では、結婚選択にどのような要因が影響しているのかを確認する。結婚選択に関する推定では、前年に未婚である女性に分析サンプルを限定し、被説明変数には、翌年までに結婚した女性を 1、未婚継続の女性を 0 とするダミー変数を使用する。説明変数には、女性の年齢、学歴などの基本属性に加えて、前年の就業に関する従業員規模等の変数を用いる。

　まず、親との同居ダミーの限界効果[3]は全ケースにおいて正で有意である

表 4-1　結婚選択と結婚前後の就業選択の推定結果

被説明変数	結婚ダミー		就業継続ダミー	
サンプル	正規	非正規	正規	非正規
親と同居ダミー	0.0216***	0.0134***	−0.0588	−0.0617
	(0.00396)	(0.00258)	(0.0648)	(0.0944)
往復の通勤時間（単位：10分／日）	−0.000907**	−4.54e-06	−0.00416	0.00237
	(0.000411)	(0.000217)	(0.00507)	(0.00814)
労働時間（単位：時間／日）	−0.00233	0.00636***	0.0201	0.112
	(0.00318)	(0.00166)	(0.0352)	(0.0811)
労働時間の二乗（単位：時間／日）	0.000172	−0.000292**	0.000353	−0.00547
	(0.000173)	(0.000115)	(0.00135)	(0.00610)
時間あたり賃金（単位：100円／時間）	−8.96e-05	0.000129**	0.00188	0.0134**
	(0.000143)	(5.41e-05)	(0.00293)	(0.00528)
育児休業制度の利用のしやすさダミー	0.00544	0.00582	0.285***	0.0251
	(0.00490)	(0.00553)	(0.0472)	(0.128)
夫の所得（単位：100万円／年）			−0.0283*	0.000490
			(0.0155)	(0.0219)
有効求人倍率			−0.0927	−0.276
			(0.141)	(0.207)
サンプルサイズ	13,009	12,231	493	243
擬似対数尤度	−2608	−1480	−307.8	−151.5

注1：上段には限界効果、下段の（　）には標準誤差を表示している。*** は1%水準有意、** は5%水準有意、* は
　　　10%水準有意であることを表す。推定には、パネル・プロビット・モデルを用いている。
注2：説明変数には、このほか、年齢、年齢の二乗、学歴ダミー、従業員規模ダミーを使用している。
出所：厚生労働省「21世紀成年者縦断調査」

（＋2.16％、＋1.34％）。1990年代に山田昌弘氏が提唱した、「パラサイト・
シングル仮説」（山田［1999］）の一部（高所得の親元で暮らすことで、住居
費、生活費を親に肩代わりしてもらい、優雅な同居生活を過ごしている未婚
者は、居心地がよい親との生活と比べると、結婚して、親と比べて所得の低
い配偶者と暮らし始めることは、自由な時間、豊かな消費生活を奪われるこ
とになるので結婚を選択しなくなっている）とは、反対の結果が得られてい
る。

---

3)　親との同居ダミーは調査対象者またはその配偶者の父親・母親と同居していたら1、誰とも同
　　居していなかったら0のダミー変数である。なお、LSA21の調査票には、「建物が別であっ
　　ても、同一敷地内に住んでいる場合には、同居」に含めるようにとの指示があることから、
　　ここでの同居は「同一建物」もしくは「同一敷地内」に住んでいる場合を同居として扱って
　　いる。

　これに対して、以下のような解釈が考えられる。まず、1990年代後半以降の不況による影響から、同居未婚者は必ずしも贅沢な独身貴族ではなくなっていることが挙げられる。1990年後半以降に20歳代を経験した世代は、不況の影響を被り、就職氷河期を経て、初職がパート、アルバイトなどの臨時雇いである者が増えている。実家を出ようにも経済的自立ができず、実家にとどまるというケースが増えた（北村・坂本［2004］）。加えて、親世代もかつてほど豊かではなく、子どもが同居してくれることで、お互いの生活を支え合う世帯も増えてきている（北村・坂本［2007］）。これらのことから、同居未婚者は一方的に基礎的生活条件を享受できる立場にはなく、彼（女）ら自身も世帯構成員の一人としての責務が求められるようになっている。また、親が退職し始める頃には、親に代わって家計を担い、日常の炊事洗濯、さらには親の身の回りの世話が必要になることから、同居が結婚へのプッシュ要因になっていることも考えられる。

　続いて、結婚選択に対する就業に関する要因の影響をみると、通勤時間は（前年が）正規のケースにおいて負で有意である（10分長くなるごとに－0.0907％）。非正規のケースでは有意でないものの、同じく負値を示している。このことから、通勤時間が長くなることは結婚を抑制していることが確認された。通勤時間はもともと生活満足度に負の影響を与える（浅野・権丈［2011］）だけではなく、通勤時間を就業のための拘束時間と考えれば、その分、就業者が交際や趣味娯楽に費やす時間が短くなることなどから、恋愛に充てる時間がないことが起因していると考えられる。

　一方、労働時間、労働時間の二乗項の限界効果をみると、有意な非正規のケースではそれぞれ正と負の符号を示しており、労働時間の長かった女性は結婚する傾向にあるが、労働時間が長くなるにつれて結婚しなくなることが確認された。これは、非正規雇用者のうち、労働時間の短いパートタイム労働者よりも労働時間の長いフルタイム労働者のほうが、結婚確率が高いことを示していると考えられる。

　次に、非正規のケースでは時間あたり賃金の限界効果が正で有意であり、非正規では賃金が高い女性のほうが結婚をしている（100円高くなるごとに＋0.0129％）。育児休業制度の利用のしやすさダミー[4]の限界効果は全ケース

で有意な影響を与えていない。この結果は、滋野・大日（1998）の雇用就業者に関する結論と一致している。ただし、佐藤（2014）では正規雇用者に限定すると有意に結婚確率を高めるという結果を得ていることとは異なっている。

　さらに、出生年代を考慮した分析をすべく、JPSC を用いて出生コーホートダミーを加えた推定を行うと、サンプル全体、あるいは正規雇用者に限定した場合、（1960 年代生まれと比べて）1970 年代生まれ、1980 年代生まれダミーともに、限界効果の符号が負であり、特に 80 年代生まれダミーの限界効果は統計的にも有意であり、ここで使用した説明変数が同じであったとしても、出生年代ごとに結婚確率が下がっていることがうかがわれる（表は紙幅の関係で割愛）。

（2）　結婚前後の就業変化

　本項では、結婚前後の就業変化にどのような要因が影響しているのかを確認する。結婚前後の就業変化に関する推定では、結婚前年に就業していた女性に分析サンプルを限定し、被説明変数には結婚年に就業継続（休業中を含む）する女性を 1、離職した女性を 0 とするダミー変数を使用する。説明変数には、女性の基本属性に加えて、前年の就業に関する変数、夫の所得といった各種変数を用いる。

　親との同居の影響についてみると、いずれのケースでも限界効果は負であるものの有意ではなく、結婚後の就業継続に影響していないことがわかった。これについては、結婚前年に同居しているのが女性本人の親であり、結婚後には、夫と二人暮らしか、あるいは夫の実家に入ることなどを考えると、結婚前年に同居していたかどうかよりも、新居における家庭内資源の有無が結婚後の女性の就業行動に影響すると考えたほうがよいかもしれない。

　続いて、就業関連の影響をみると、通勤時間の限界効果はいずれも有意でない。結婚選択とは異なり、統計的に通勤時間の長さによって女性の就業継続にちがいがあるとはいえない。労働時間の影響についてみると、いずれも

---

4)　育児休業制度の利用のしやすさダミーは、育児休業制度が利用可能であり、かつ利用するにあたって「利用しやすい雰囲気がある」と回答した場合 1、それ以外 0 のダミー変数である。

有意な結果を得ていないものの、限界効果は正の符号を示しており、結婚1年前に労働時間の長かった女性は結婚後も就業継続している。なお、労働時間の二乗項も有意でない。

　時間あたり賃金については、ここでも非正規のケースにおいて正で有意であり（100円高くなるごとに＋1.34％）、就業継続を促しているという結果を得ている。育児休業制度の利用のしやすさの影響をみると、正規のケースにおいて限界効果は正で有意であり（＋28.5％）、結婚後も女性の就業継続を促している。結婚後に控える出産というライフ・イベントに備え、ワーク・ライフ・バランスが推進されているかどうかが就業継続の意思決定に影響していると考えられる。

　夫の所得は正規のケースにおいて負で有意であり、妻の就業継続確率を下げる（100万円高くなるごとに－2.83％）。これは、一種のダグラス＝有沢法則が2002年以降にも確認されたことを意味する。労働市場の逼迫状況を示す、有効求人倍率は有意でない[5]。

　また、ここでも、出生年代による影響を捕捉すべく、JPSCによる推定結果を追記すると、サンプルを正規雇用者に限定した場合、（1960年代生まれと比べて）1970年代生まれ、1980年代生まれダミーともに限界効果は正で有意となり、他の説明変数に変化がなくとも、結婚後も就業継続を選択する確率が若い世代ほど高い一方で、非正規雇用者では、80年代生まれダミーの限界効果は負で有意となり、若い世代ほど就業継続していないことがわかった。結婚前の雇用形態が正規雇用かどうかで、結婚前後の就業継続に対する影響は大きくなる傾向にあることが確認できる（表は割愛）。

---

5)　なお、表4-1には紙幅の関係で省略しているが、結婚前に正規として働いていた大卒女性は結婚後も就業継続する傾向にあることが本章の分析結果から確認されている。学歴による差がみられた原因としては、本人の心理的状況にちがいがある可能性も否定できないが、同時に高学歴者は離職による逸失所得（機会費用）が相対的に高いこと、さらに、高学歴者ほど育児休業制度などワーク・ライフ・バランス制度が整い、それらの利用実績が高い企業に勤めていること（阿部［2005］）から、結婚またその先にある出産などのライフ・イベント時においても就業を諦めずに済むためなどの理由が影響しているのかもしれない。

表 4-2　出産選択と出産前後の就業選択の推定結果

被説明変数	出産ダミー		就業継続ダミー	
サンプル	正規	非正規	正規	非正規
親と同居ダミー	0.0274 (0.0332)	− 0.00694 (0.0119)	0.0474 (0.0649)	0.0544 (0.0957)
往復の通勤時間（単位：10分／日）	0.00192 (0.00319)	− 0.000140 (0.00151)	− 0.0188*** (0.00675)	− 0.00450 (0.00485)
労働時間（単位：時間／日）	− 0.0244 (0.0187)	− 0.00692 (0.00826)	0.201*** (0.0544)	0.0224 (0.0732)
労働時間の二乗（単位：時間／日）	0.00112 (0.00106)	0.00106 (0.000753)	− 0.00967*** (0.00322)	0.001000 (0.00643)
時間あたり賃金（単位：100 円／時間）	− 0.00131 (0.00161)	0.000850** (0.000359)	0.0124*** (0.00337)	0.00918* (0.00516)
育児休業制度の利用のしやすさダミー	0.0465 (0.0294)	0.00820 (0.0232)	0.286*** (0.0480)	0.356*** (0.107)
夫の所得（単位：100 万円／年）	− 0.00148 (0.00927)	− 0.00192 (0.00300)	− 0.0373* (0.0191)	− 0.0463* (0.0248)
夫の休日の家事・育児時間（単位：時間／日）	0.00505* (0.00270)	0.00191 (0.00166)		
子どもの人数ダミー　ref. 子どもなしダミー				
1 人ダミー	− 0.325*** (0.0544)	− 0.141*** (0.0240)	0.280*** (0.0433)	0.394*** (0.0856)
2 人以上ダミー	− 0.774*** (0.0636)	− 0.804*** (0.0740)	0.164** (0.0657)	0.401*** (0.0815)
有効求人倍率			− 0.0750 (0.214)	0.227 (0.205)
保育所定員率	− 0.00254 (0.00248)	0.00100 (0.00106)	0.00711 (0.00516)	0.0102 (0.00828)
サンプルサイズ	608	1248	323	228
擬似対数尤度	− 105.1	− 177.0	− 147.6	− 120.5

注1：上段には限界効果、下段の（　）には標準誤差を表示している。*** は1％水準有意、** は5％水準有意、* は10％水準有意であることを表す。推定には、パネル・プロビット・モデルを用いている。
注2：説明変数には、このほか、年齢、年齢の二乗、学歴ダミー、従業員規模ダミーを使用している。
出所：厚生労働省「21 世紀成年者縦断調査」

4　出産選択と出産前後の就業変化

　本節では、出産選択にはどのような要因が影響しているのかについて、「21世紀成年者縦断調査（LSA21）」を主に用いて確認する。表 4-2 は出産選択

と出産前後の就業変化の推定結果である。以下では、表 4-2 を見ながら、出
産選択と出産前後の就業変化の推定結果にどのような要因が影響しているの
かについて確認していく。

（1）　出　産　選　択

　本項では、出産選択にどのような要因が影響しているのかを確認する。本
項の推定では、被説明変数には、出産した女性は 1、出産しなかった女性は
0 とするダミー変数、説明変数にはこれまで同様、女性の基本属性、就業に
関する変数とともに、都道府県別の保育所定員率、夫の所得だけでなく休日
の家事・育児時間なども利用する。また、出産は約 10 カ月の妊娠期間を経
ることから、妊娠前の規定要因を考慮するべく、出産 1 年前ではなく、出産
2 年前の情報を利用した。

　まず、親との同居についてだが、同居親の存在は、育児に協力してくれる
という意味での家庭資源の存在を意味するため、出産選択に対して、正の効
果が予想されたが、統計的に有意でない。

　次に、女性の就業に関わる変数についてだが、通勤時間、労働時間、労働
時間の二乗項の限界効果は、全ケースにおいて有意でない。時間あたり賃金
の限界効果は、非正規のケースにおいて正で有意であり（100 円高くなるご
とに＋0.085％）、出産前が非正規の女性の出産を促している。育児休業制度
の利用のしやすさダミーの限界効果は全ケースにおいて正であるが、有意で
はない。この結果は、両立支援策が出産にとって正の影響をもたらすという
滋野・大日（2001）、駿河・西本（2002）、駿河・張（2003）、滋野・松浦（2003）、
滋野（2006）、野口（2011）[6]の結果とは異なっている。

　夫の所得の限界効果は符号が負であるが有意ではない。一方、夫の休日の
家事・育児時間は正規のケースにおいて正で有意であり、夫の休日の家事・
育児時間が長くなるほど出産をしている（1 時間長くなるごとに＋0.505％）。
この結果は、小葉・安岡・浦川（2009）の夫の家事・育児が出産意欲を高め

---

6)　たとえば、駿河・西本（2002）では、育児休業制度、育児休業中の昇給制度、復職後の昇給・
　　賃金保障、業務能力の維持・向上のための措置、始業・終業の繰り上げ・繰り下げ措置、野
　　口（2011）では、会社による託児所利用支援、在宅勤務制度、勤務地限定制度、結婚・出産
　　退職者のための再雇用制度が出産を促すことを明らかにしている。

ることと一致している[7]。

　子どもの人数による影響をみると、出産前に子どもがいない女性と比較して、すでに1人、2人以上の子どもがいる女性は出産していない（正規のケースでは−32.5％、−77.4％、非正規のケースでは−14.1％、−80.4％）。保育所定員率については、有意な結果を得ていない。この結果は、吉田・水落（2005）の認可保育所定員率の高さは、第2子の出産を促す効果があるという結果とは異なっているが、本章の分析では子どもの人数をコントロールしており、第2子に限定していないことがちがいを生じさせていると考える。

　最後にJPSCを用いて、出生年代による影響を確認すると、（1960年代生まれと比べて）1970年代生まれダミーは正で有意であり、出生年代ごとに出産確率が上がっていることがうかがわれる（表は割愛）。

　この点を解釈するにあたって、サンプル上の問題について配慮する必要がある。すなわち、年齢についてはサンプルを26歳〜34歳にコントロールした分析も行ったが、出産年齢が上がっており、近年、この年齢層で子どもを産む人が増えているため、出生率が上がっているようにみえたためであるかもしれない。60年代生まれ全体と比べ、70年代生まれの多くが出産を選択しているというよりも、JPSCを用いた推定での回答サンプルの年齢（26歳〜34歳[8]）において、70年代生まれの対象者は20歳代後半から30歳代前半にかけての情報が相対的に多く得られるために、出産確率が上がっているという結果を得られたと考えられる。この点については、今後、履歴データを使った分析により改善していく必要がある。

（2）　出産前後の就業変化

　本項では、出産前後の就業変化にどのような要因が影響しているのかを確認する。本項の推定では、出産前年に就業していた女性に分析サンプルを限

---

7)　一方、労働組合の組合員を対象としたデータによる分析を行った駿河（2011）は、夫の家事時間は妻の出産希望に影響を与えていないこと、夫の労働時間や通勤時間が短くなれば夫の家事時間は増え、妻の就業を促すと考えられるが、正規雇用の就業は促していないことを確認している。

8)　出生コーホートダミーを加えた推定では、コーホートごとの年齢分布を考慮し、全コーホートが回答していた26歳〜34歳に限定している。

定し、就業継続（休業中を含む）した女性を1、離職した女性を0とするダミー変数を被説明変数、女性の基本属性、就業に関する変数、夫などの家族に関する変数を説明変数とし、推定を行った。

　まず、親との同居については、限界効果は正であるものの、統計的に有意でない。通勤時間の長さが与える影響は、正規のケースにおいて有意で負の影響を与えている（10分長くなるごとに−1.88％）。非正規のケースでは有意でないものの、同じく負値を示している。このことから、通勤時間の長い企業に勤めていた正規の女性は出産を機に仕事を辞める傾向にあることが確認された。

　労働時間およびその二乗項の限界効果をみると、正規のケースにおいてそれぞれ有意でかつ正と負の符号を示しており、出産1年前に労働時間の長かった女性は出産1年後も就業継続しているが（1時間長くなるごとに＋20.1％）、労働時間が長くなるにつれて就業継続確率は逓減していくことが確認できる。他方、時間あたり賃金は全ケースにおいて正で有意であり、就業継続を促している（100円高くなるごとに＋0.918％〜＋1.24％）。

　育児休業制度の利用のしやすさダミーの限界効果は全ケースにおいて正で有意であり（＋28.6％〜＋35.6％）、育児休業制度を利用しやすいと女性は就業継続をする傾向にあることがわかった。樋口（1994）、樋口・阿部・Waldfogel（1997）、森田・金子（1998）、滋野・大日（1998）、脇坂（2002）、駿河・張（2003）、清水谷・野口（2004）などの多くの先行研究では、育児休業制度は出産後の就業継続を促すことを確認している。

　本研究と同じくLSA21を用いて育児休業制度をはじめとする両立支援策の影響を分析している戸田（2012）も、育児休業制度が出産後の就業継続を促すことを確認している。清水谷・野口（2004）は、育児休業制度に加え、フレックスタイム制度、勤務時間短縮制度、企業内託児所等の勤務先での福利厚生制度の充実は有配偶女性の労働参加を促すことを指摘しており、企業における両立支援の充実が図られる必要があることを指摘している[9]。

　次に、夫の所得の限界効果は全ケースにおいて負で有意であり、妻の就業継続を抑制している（100万円高くなるごとに−3.73％〜−4.63％）。夫の所得階級別妻の有業率の推移をみると、夫の所得が高いと妻の有業率が低下す

る関係は長期的にみると弱まってきているものの（厚生労働省［2014］）、依然として夫の所得は、結婚、出産時における就業継続選択に対しては影響を持っていることが確認できた。

　子どもの人数の影響（つまり出産した子どもが何子目の子どもであるか）をみると、出産前に子どものいなかった女性、つまり第1子を出産した女性に比べて、すでに子どものいる（第2子、第3子以降の子どもを出産した）女性のほうが就業継続している。これは、第1子出産を経ても就業している女性は、第2子、第3子以降の子どもの出産を経ても就業継続する確率が高いことを示している。

　労働市場の逼迫状況の代理変数として推定に使用した有効求人倍率の限界効果は有意でない。保育所定員率の限界効果は全ケースで正の符号を示しており、保育所の定員率が高いほど、出産1年後の就業継続確率は高いという結果を得ているが、有意な結果を得ていない。これは、保育所の整備が女性の就業継続に効果がないとする先行研究とも一致した結果となった（仙田［2002］、吉田・水落［2005］、Asai *et al.*［2015］）。これは、保育所整備が就業継続に効果があるとする先行研究（滋野・大日［1999］、永瀬［2003］、樋口・松浦・佐藤［2007］、宇南山［2011］）とは異なる結果である。

　なお、本章の分析で正規と非正規を合わせたサンプルを用いると、保育所定員率の影響は、5％水準有意で約1％就業継続を促すという結果を得ている。保育所の影響に関しては、分析方法やデータによって結果にちがいが生じやすいことから、今後も注意深く実証分析を行っていく必要がある。

　最後にJPSCを用いて、出生年代による影響を確認すると、他の説明変数に変化がないとしても、正規雇用者と非正規雇用者で、出生年代ダミーの限界効果の符号にちがいがみられ、前者は正、後者は負となり、特に、1980

---

9)　マクロ統計やコーホートデータを用いて育児休業制度の導入前後を比較した研究では、育児休業制度が就業継続に与える効果はあるものの小さいことが確認されている（滋野・大日［1998］、永瀬［1999］、岩澤［2004］、今田・池田［2006］、四方・馬［2006］、佐藤・馬［2008］、管［2011］、宇南山［2011］）。また、管（2011）によれば、育児休業制度等の促進による少子化対策の実施以降、若い世代では結婚前にしていた仕事を離職するタイミングが結婚前後から第1子妊娠以降に移っているが、第1子出産1年以降も就業を継続している割合は目立った増加はみられていないこと、若いコーホートでは特に第1子妊娠期における離職確率が高まっていることが確認されている。

年代生まれの非正規雇用者において、出産後に継続就業する確率が下がる傾向がみられる（表は割愛）。

5　出産を機に仕事を辞めた人のその後の再就職の タイミングの変化

　結婚・出産後における女性の再就職に関する先行研究では、学歴が高い女性がいったん退職すると再就職するケースが少ないとする推定結果が多くの先行研究で得られている（樋口［2000］、平尾［2005］、坂本［2009］など）。この結果の解釈については、「求人・求職のミスマッチ仮説」と「収入動機脆弱仮説」がある。

　「求人・求職のミスマッチ仮説」とは、学歴が高い女性ほど、やりがいや達成感、「自分の知識や経験を生かせる」などの内的報酬を志向する傾向が強いが（武石［2001］）、労働市場にはそれと合致するような求人が出ていない、また就学年数が長いことから、結婚時および第 1 子出産時の年齢が遅いため、子どもが成長して育児負担が軽くなり、再就職の準備が整った頃[10]には、限定された求人の中から就職先を選ばなければならないために高学歴者の就業率が低いことを理由に挙げている。

　「収入動機脆弱仮説」では、同類婚ないし上方婚傾向を考えた場合、高学歴女性の夫は高学歴かつ高収入である可能性が高く、結婚後も収入を得なければならないという動機が低いという理由が挙げられている。平尾（2005）では、特に大卒女性において、妻の再就職に対する夫の収入の効果が強いと

---

10)　再就職する契機としては、子どもの自立するタイミングに依拠すると考えられているが、（独法）労働政策研究・研修機構（2006）では、インタビュー調査に基づき、19 人の女性の 35 年間にわたる詳細なキャリアを分析した結果、再就職時期は「上の子が小学校就学以前から下の子が高校生になるまでの間に広く分布」（奥津［2006］）しており、女性自身の考え方に依存していることがわかる。そうした女性の考え方が就業を規定するという仮説として、妻が家事・育児などの家庭内労働に、夫が稼得収入を得るために市場労働にそれぞれ専念するべきという意識から、就業継続を選択しない（坂本［2012］）、再就職を選択しないとする性別役割分業意識仮説が挙げられる。加えて、女性のキャリアへの志向は、就職前の進学の時点からうかがえるとして、中村（2010）では、女子学生が職業系大学、教養系大学、双方の要素が含まれる中間的大学のいずれの大学を選択するかで、その後の就職先や職業キャリアを大きく規定されていることを示している。

表 4-3　第 1 子出産時に離職した女性のその後の再就職の推定結果

被説明変数	再就職ダミー			
サンプル	正規＋非正規	非正規	正規＋非正規	非正規
資格保有ダミー	0.1 (0.1030)	0.068 (0.1060)	0.0622 (0.1040)	0.034 (0.1070)
親と同居ダミー	0.077 (0.1310)	0.043 (0.1350)	0.0839 (0.1320)	0.0511 (0.1360)
有効求人倍率	−0.161 (0.1840)	−0.0166 (0.1880)	−0.105 (0.1870)	0.0313 (0.1910)
住宅ローンありダミー	0.0482 (0.0875)	0.0237 (0.0892)	0.0736 (0.0890)	0.0445 (0.0907)
夫の休日の家事・育児時間 （単位：時間／日）			0.000639*** (0.0002)	0.000583*** (0.0002)
夫の所得（単位：万円／年）			−0.000369* (0.0002)	−0.000315 (0.0002)
出生年代ダミー ref.1960 年代生まれダミー				
1970 年代生まれダミー	−0.319** (0.1530)	−0.329** (0.1560)	−0.360** (0.1550)	−0.365** (0.1570)
1980 年代生まれダミー	−0.703** (0.3110)	−0.696** (0.3170)	−0.760** (0.3130)	−0.745** (0.3190)
サンプルサイズ	2,028	2,018	2,028	2,018
擬似対数尤度	−582.9	−560.7	−575.6	−555.1

注 1：上段には限界効果、下段の（　）には標準誤差を表示している。*** は 1％水準有意、** は 5％水準有意、* は 10％水準有意であることを表す。推定には、パネル・プロビット・モデルを用いている。
注 2：推定には、このほか、年齢、年齢の二乗、学歴ダミーを使用している。
出所：（公財）家計経済研究所「消費生活に関するパネル調査」

　いう結果を得ている。これらの結果は、有配偶女性の就業については、世帯の中核的所得稼得者の所得が高いほど他の世帯員の就業率が低いとするダグラス＝有沢の第一法則とも捉えられる（樋口［1995］、脇坂・冨田［2001］）。
　以上の仮説のうち、どの仮説が現実と整合的かどうかを確認することも踏まえ、本節では、出産後の再就職に与える影響について、「消費生活に関するパネル調査（JPSC）」を用いて分析を行う[11]。表 4-3 は再就職の推定結果である。推定に用いたサンプルは、第 1 子出産後に離職した女性に限定し、

11)　LSA21 でも再就職に関する分析を試みたが、分析に耐えられる数の再就職サンプルを確保することが難しかったため、本節での分析では使用していない。LSA21 での再就職の分析は今後の課題である。

その後に再就職した女性は 1、無業継続のままである女性は 0 とするダミー変数を被説明変数として推定を行った。ここでは、正規雇用者として再就職した女性はほとんどいないため、推定を非正規雇用者のみと正規雇用者と非正規雇用者を合わせた 2 ケースを行っている。

　JPSC では資格に関する情報も取得できるため、再就職時の資格保有による優位さについても分析可能である。女性本人の資格保有の影響については、符号は正であるものの、統計的に有意でない。家庭内資源によるサポートと考えられる親との同居だが、限界効果の符号は正であるものの、有意でない。有効求人倍率と住宅ローンありダミーの推定結果も有意な結果を得られていない。

　夫の休日の家事・育児時間に関しては、長くなるほど女性の再就職確率は高くなることが確認された（1 時間長くなるごとに＋0.06％）。これは、夫が家庭生活に協力的であるほど、妻が労働市場に参加しやすいことを示している[12]。また、夫の所得の限界効果をみると、正規雇用者と非正規雇用者を合わせたケースにおいて負で有意であり（1 万円高くなるごとに−0.0369％）、ここでも妻の再就職を抑制する結果が得られ、「収入動機脆弱仮説」が成立すると考えられる。

　最後に、出生年代による影響を確認すると、1960 年代生まれと比べて、1970 年代、1980 年代生まれの女性のほうが一度辞めた人に限定すると、出産後、再就職していないことが確認された（−76.0％〜−31.9％）。これは、1960 年代生まれの女性は、調査最新時点（2014 年）において年齢が 45〜54 歳であり、長子出産時の年齢が 30 歳前後と考えた場合、子どもの養育が終わっていること、および新しい世代のほうが働こうと思っている人の多くが就業継続しており、一度辞めた人に限ると再就職する人は相対的に少ないことを意味している。

---

[12]　山上（1999）は夫が家事・育児に協力的であるほど妻の就業を促す結果を示している。水落（2006）は、妻の就業状態を内生的もしくは外生的に捉えるかで夫の育児参加の有意性が異なることを指摘している。中野（2009）はこの内生性を考慮して分析を行った結果、夫の家事・育児参加は妻の就業を促すことを明らかにしている。

6　今後の女性活躍推進のために求められる政策とは

　本章では、女性の結婚や出産、就業行動に影響を与えている経済的要因、時間的要因に焦点を当てて分析を行ってきた。その結果、以下の五つを確認した。以下では、有意である結果について述べていく。

　(1) 結婚確率を高める要因は、親と同居すること、(正規雇用者において) 通勤時間を短くすること、(非正規雇用者において) フルタイム労働者として就業すること、時間あたり賃金が高いことである。

　(2) 結婚後の就業継続確率を高める要因は、(正規雇用者において) 育児休業の取りやすい企業に勤めていること、夫の所得が高くないこと、(非正規雇用者において) 女性本人の時間あたり賃金が高いことである。

　(3) 出産確率を高める要因は、(正規雇用者において) 休日における夫の家事・育児時間が長いこと、(非正規雇用者において) 時間あたり賃金が高いことである。また、本章の分析からは、すでに子どもがいる世帯では出産確率が低いことが確認された。これは子どもにかかるさまざまな費用（たとえば、育児・教育に伴う経済的・時間的費用）によると考えられ、子どもを持つことの負担を軽減することが政策上重要である。

　(4) 出産後の就業継続確率を高める要因は、時間あたり賃金が高いこと、育児休業の取りやすい企業に勤めていること、夫の所得が高くないこと、(正規雇用者において) 通勤時間を短くすること、フルタイム労働者として就業することである。このほか、第2子以降の出産であることが就業継続確率を高める要因の一つであることがわかった。これは、子どもにかかる経済的費用のためとすでに第1子を育てて働いているという経験から、仕事と生活の両立に関してノウハウを有しているためであることなどが考えられる。

　(5) 第1子出産を機に仕事を辞めた女性の再就職確率を高める要因は、夫の休日の家事・育児時間が長いこと、夫の所得が高くないことである。

　さらに、女性の出生コーホートごとのちがいに着目すると、上述したような経済的要因や時間的要因、さらにはそれらを支援する各種施策に変化がないとしても、若いコーホートのほうが結婚確率は低くなる傾向がみられ、結

婚後の就業継続確率は、結婚前の雇用形態によって異なり、正規雇用であれば就業継続確率が高くなる傾向にあり、非正規雇用であれば就業継続確率が低くなる傾向にあることがみられた。

　他方、出産について、20 歳代後半から 30 歳代前半で子どもを産む人が増えていることを考慮しつつ分析結果を確認すると、若いコーホートのほうが出産確率は高まる傾向が確認された。出産後の就業継続確率は正規の場合に上昇する傾向があるのに対し、非正規の場合は逆に低下する傾向が確認された。これは、それだけ説明変数として加えた経済的要因や時間的要因以外の要因、すなわち心理的変化も含めた諸々の要因が、コーホートごとの行動のちがいに大きく影響している可能性を示唆している。

　女性が希望どおり結婚し、出産し、かつ働けるようにするためには、上述した一連の要因に関連する環境の整備を進める必要がある。本章の分析からは、ダグラス＝有沢法則が近年においても確認されたが、これは女性の就業理由が家計を維持するためであることを示唆している。家計補助を動機として働く女性も含め、女性の働くモチベーションを高めるのは女性本人の賃金の高さや育児休業の取りやすさ、フルタイム労働者として働ける環境であり、給与・待遇面の向上とともに、雇用者の企業における存在の重要さをアピールする政策が重要であると考える。

　雇用者が企業において不可欠な存在であることが企業と雇用者の双方において認識されていれば、雇用者にとっては結婚や出産をしても仕事に復帰する責任感が生じ、また企業にとっても雇用者の働きやすい環境の整備につながり、就業率は高まるであろう。また、そのことが経済的安定をもたらし、さらなる結婚や出産を後押しする力となる。その際、親や夫の家事・育児の手助けが潤滑油としての効果をもたらすことは言うまでもない。たとえ結婚や出産をしても、復帰できることが保障された就業環境であることが、女性が安心して結婚や出産をし、かつ仕事も続けられる好循環を生み出すのである。

　本章で取り上げたもののうち、どれか一つが欠けても、仕事と生活の両立は難しく、どれか一つだけを強化していけば、それでよいというものでもない。はたしてコーホート間の分析で見出されたその他の要因が具体的にどの

ようなものであるかについては、今後の分析において明らかにしていかなければならない。

　また、本章では、それまでの行動は先決変数であり、外生変数として扱い、それぞれの時点における行動の決定要因を明らかにしようとしてきたが、今後は調査期間以前の履歴データも含め、サンプル期間も延ばしたうえで、サバイバル分析などを行い、分析結果の頑健性を確認していくことが必要である。

【参考文献】

Asai, Y., R. Kambayashi, and S, Yamaguchi (2015) "Childcare Availability, Household Structure, and Maternal Employment," *Journal of the Japanese and International Economies* Vol.38, pp.172-192.

浅野博勝、権丈英子 (2011)「労働時間と満足度―日英独の比較研究―」*RIETI Discussion Paper Series* 11-J-037。
阿部正浩 (2005)「誰が育児休業を取得するのか―育児休業制度普及の問題点」『子育て世帯の社会保障』国立社会保障・人口問題研究所編、243-264 ページ。
今田幸子・池田心豪 (2006)「出産女性の雇用継続における育児休業制度の効果と両立支援の課題」『日本労働研究雑誌』No.553、34-44 ページ。
岩澤美帆 (2004)「妻の就業と出生行動―1970 年〜2002 年結婚コーホートの分析」『人口問題研究』Vol.60(1)、50-69 ページ。
宇南山卓 (2011)「結婚・出産と就業の両立可能性と保育所の整備」『日本経済研究』No.65、1-22 ページ。
奥津眞里 (2006)「現在を生きることで未来を育む女性：生涯キャリアと職業との関わり」労働政策研究・研修機構『現代日本人の視点別キャリア分析』労働政策研究報告書 No.51、125-179 ページ。
北村行伸・坂本和靖 (2004)「優雅な『パラサイト・シングル』像が変容」樋口美雄・太田清・家計経済研究所編『女性たちの平成不況――デフレで働き方・暮らしはどう変わったか』日本経済新聞社、81-115 ページ。
―――・――― (2007)「世代間関係から見た結婚行動」『経済研究』第 58 巻、第 1 号、31-46 ページ。
厚生労働省 (2014)『平成 26 年版　労働経済の分析―人材力の最大発揮に向けて―』。
小葉武史・安岡匡也・浦川邦夫 (2009)「夫の家事育児参加と出産行動」『季刊社会保障研究』Vol.44(4)、447-459 ページ。
坂本有芳 (2009)「人的資本の蓄積と第一子出産後の再就職過程」『国立女性教育会館

研究ジャーナル』Vol.13、59-71 ページ。

坂本和靖（2012）「『寿退職』『出産退職』を規定するものはなにか—性別役割分業意識と就業行動」井堀利宏・金子能宏・野口晴子編『新たなリスクと社会保障—ライフサイクルにおける支援策の再構築』東京大学出版会、169-186 ページ。

佐藤一磨（2014）「育児休業制度が結婚に及ぼす影響」『季刊社会保障研究』Vol.50(1)、125-136 ページ。

―――・馬欣欣（2008）「育児休業法の改正が女性の就業継続に及ぼす影響」樋口美雄・瀬古美喜・慶應義塾大学経商連携 21 世紀 COE 編『日本の家計行動のダイナミズム［IV］―制度政策の変更と就業行動』慶應義塾大学出版会、119-139 ページ。

四方理人・馬欣欣（2006）「90 年代の両立支援策は有配偶女性の就業を促進したのか」樋口美雄・慶應義塾大学経商連携 21 世紀 COE 編『日本の家計行動のダイナミズム［II］―税制改正と家計の対応』慶應義塾大学出版会、169-190 ページ。

滋野由紀子（2006）「就労と出産・育児の両立—企業の育児支援と保育所の出生率」樋口美雄・財務省総合政策研究所（編）『少子化と日本の経済社会—2 つの神話と1 つの真実』日本評論社、81-114 ページ。

―――・大日康史（1998）「育児休業制度の女性の結婚と就業継続への影響」『日本労働研究雑誌』No.459、39-49 ページ。

―――・―――（1999）「保育政策の出産の意思決定と就業に与える影響」『季刊社会保障研究』Vo.35(2)、192-207 ページ。

―――・―――（2001）「育児支援策の結婚・出産・就業に与える影響」岩本康志編『社会福祉と家族の経済学』東洋経済新報社、17-50 ページ。

―――・松浦克己（2003）「出産・育児と就業の両立を目指して—結婚・就業選択と既婚・就業女性に対する育児休業制度の効果を中心に」『季刊社会保障研究』Vol.39(1)、43-54 ページ。

清水谷諭・野口晴子（2004）「保育サービスの利用は女性労働供給をどの程度刺激するのか？—ミクロデータによる検証」*ESRI Discussion Paper Series* 第 89 号。

管桂太（2011）「有配偶女性のワーク・ライフ・バランスとライフコース」『人口問題研究所』Vol.67(1)、1-23 ページ。

駿河輝和（2011）「夫の家事時間を決定するもの」樋口美雄・府川哲夫（編）『ワーク・ライフ・バランスと家族形成—少子社会を変える働き方』東京大学出版会、195-216 ページ。

―――・張建華（2003）「育児休業制度が女性の出産と継続就業に与える影響について—パネルデータによる計量分析」『家計経済研究』Vol.59、56-63 ページ。

―――・西本真弓（2002）「育児支援策が出生行動に与える影響」『季刊社会保障研究』Vol.37(4)、372-380 ページ。

仙田幸子（2002）「既婚女性の就業継続と育児資源の関係—育種と出生コーホートを手掛かりにして」『人口問題研究』Vol.58(2)、2-21 ページ。

武石恵美子（2001）「大卒女性の再就業の状況分析」脇坂明・冨田安信編『大卒女性

の働き方』日本労働研究機構、117-141 ページ。

戸田淳仁（2012）「両立支援策の普及実態と両立支援策が出生行動に与える影響」
　　IPSS Discussion Paper Series Bo.2011-J06.

永瀬伸子（1999）「少子化の要因：就業環境か価値観の変化か―既婚者の就業形態選
　　択と出産時期の選択」『人口問題研究』Vol.55(2)、1-18 ページ。

―――（2003）「都市再生と保育政策」山崎福寿・浅田義久編著『都市再生の経済
　　分析』東洋経済新報社、243-278 ページ。

中野あい（2009）「夫の家事・育児参加と妻の就業行動―同時決定バイアスを考慮し
　　た分析」『日本統計学会誌』Vol.39、121-135 ページ。

中村三緒子（2010）「大卒女性のライフコースを分ける要因に関する研究」『現代女性
　　とキャリア：日本女子大学現代女性キャリア研究所紀要』Vol.2、66-81 ページ。

野口晴子（2011）「両立支援策と出生率―労働組合への調査から」樋口美雄・府川哲
　　夫（編）『ワーク・ライフ・バランスと家族形成―少子社会を変える働き方』東
　　京大学出版会、267-289 ページ。

樋口美雄（1994）「育児休業制度の実証分析」社会保障研究所編『現代家族と社会保障』
　　東京大学出版会、181-204 ページ。

―――（1995）「専業主婦保護政策の帰結」八田達夫・八代尚宏編『「弱者」保護政
　　策の経済分析』日本経済新聞社、185-219 ページ。

―――（2000）「パネルデータによる女性の結婚・出産・就業の動学分析」岡田章・
　　神谷和也・黒田昌裕・伴金美編『現代経済学の潮流 2000』東洋経済新報社、109-
　　148 ページ。

―――（2007）「女性の就業継続支援策―法律の効果・経済環境の効果」『三田商学
　　研究』Vol.50、No.5、45-66 ページ。

―――・阿部正浩・J. Waldfogel（1997）「日米英における育児休業・出産休業制度
　　と女性就業」『人口問題研究』Vol.53(4)、49-66 ページ。

―――・坂本和靖・萩原里紗（2016）「女性の結婚・出産・就業の制約要因と諸対
　　策の効果検証―家計パネル調査によるワーク・ライフ・バランス分析―」『三田
　　商学研究』第 58 巻第 6 号、29-57 ページ。

―――・松浦寿幸・佐藤一磨（2007）「地域要因が出産と妻の就業継続に及ぼす影
　　響について―家計経済研究所『消費生活に関するパネル調査』による分析」
　　RIETI Discussion Paper Series 07-J-012。

平尾桂子（2005）「女性の学歴と再就職」『家族社会学会研究』第 17 巻第 1 号、34-43 ペー
　　ジ。

水落正明（2006）「父親の育児参加と家計の時間配分」『季刊家計経済研究』第 71 巻
　　第 2 号、45-54 ページ。

森田陽子・金子能宏（1998）「育児休業制度の普及と女性雇用者の勤続年数」『日本労
　　働研究雑誌』No.459、50-62 ページ。

山上俊彦（1999）「出産・育児と女子就業との両立可能性について」『季刊社会保障研究』
　　Vol.35(1)、52-64 ページ。

山田昌弘 (1999)『パラサイト・シングルの時代』ちくま新書。

吉田浩・水落正明 (2005)「育児資源の利用可能性が出生力および女性の就業に与える影響」『季刊家計経済研究』Vol.51、76-95 ページ。

(独法) 労働政策研究・研修機構 (2006)『現代日本人の視点別キャリア分析』労働政策研究報告書 No.51。

脇坂明 (2002)「育児休業が職場で利用されるための条件と課題」『日本労働研究雑誌』Vol.503、4-14 ページ。

─────・冨田安信 (2001)『大卒女性の働き方』日本労働研究機構。

第 5 章

育児休業期間からみる女性の労働供給[*]

深堀遼太郎

1 進む制度改革によって強まった研究の必要性

　近年、育児休業制度の利用は増加してきた。厚生労働省の調査（厚生労働省 [2016]）によれば、育児休業制度の規定がある事業所（30 人以上規模）の割合は、1996 年度に 60.8％だったものが着実に増加し、直近の 2015 年度では 91.9％になっている。また、在職中に出産した女性の育児休業取得率は、1996 年度には 49.1％だったが 2007 年度に 89.7％となった後は 8 割を切ることなく推移しており、直近の 2015 年度は 81.5％となっている[1]。

　そうした中、一億総活躍社会を標榜する安倍政権の下で、育児休業（以下、育休と表記）の取得可能期間を延長する政策が打ち出された。従来の育児・介護休業法では、育休は原則として子供が 1 歳になるまでで、保育所に入れないなどの場合は 1 歳 6 カ月まで延長できるとしていた。しかし 2017 年 10

＊　本章は 2017 年に『生活経済学研究』（第 46 巻）に掲載された筆者の同名論文（深堀 [2017]）を下敷きにして加筆・修正を施したものである。本研究は厚生労働科学研究費補助金（政策科学総合研究事業（政策科学推進研究事業））「就業状態の変化と積極的労働市場政策に関する研究」（H26- 政策 - 一般 -003、研究代表：慶應義塾大学・山本勲）の助成を受けている。また、本研究で使用した「21 世紀成年者縦断調査（平成 14 年成年者）」の調査票情報は統計法第 33 条の規定に基づき、厚生労働省より提供を受けた。以上をここに記して深謝する。
1)　他方で男性の育児休業取得率（2015 年度）については、2.65％と非常に低い。その上、取得の実態を見ると、育児休業の取得期間が 5 日未満という者が育児休業後復職者の 56.9％を占めている状況である。育児負担が女性に偏っていることは否定しようがない。

月の改正法施行からは、保育所に入れないなどの場合の延長期間が最長で2歳までに変更された。

　他方で、期間延長に対しては反対論・慎重論もある。期間延長を審議した厚生労働省労働政策審議会の雇用均等分科会での議論でも、取得期間の延長による女性のキャリアの中断・断絶や、性別役割分担意識の助長につながり、女性の活躍促進とは逆行すると懸念する声があった[2]。それ以外にも、育休期間が長いほど管理職登用されにくいという研究結果もある（周［2014］）。結果的に、厚生労働省労働政策審議会が2016年12月12日に厚生労働大臣に行った建議[3]では、保育所等の一層の整備、4月に限らず復帰を希望する時期に育休から復帰できる環境整備などを前提としつつ、緊急的なセーフティ・ネットとして現行制度以上の延長は保育所に入れないなどの場合に限定して最長2歳までと指摘している。

　しかしながら、こうした政策決定の場ではエビデンス・ベースな議論が望ましいものの、そもそも日本における女性の育休期間は何に影響されて決まっているのか、計量的に明らかにした先行研究は残念ながら多くない[4][5]。貴重な先行研究として西本（2004）を挙げておこう。

　西本（2004）は、連合総合生活開発研究所の「仕事と育児に関する調査」（1994年）の個票データを用い、育休取得の有無と育休期間をハードルモデルという手法で計量的に分析した。その結果によると、パートタイム就業者よりもフルタイム就業者のほうが育休の取得確率が低く取得期間も短かった。加えて、勤続年数が長いほど育休期間が短かった。これらは機会費用が高いほど育休を取ることを避けるためと解釈されている[6]。ほかにも、保育の側面からは、親との同居、居住地の保育所入所待機率の低さ、事業所託児施設の利用によって育休期間が短くなることなどが示された。

2) 「第175回労働政策審議会雇用均等分科会議事録」(http://www.mhlw.go.jp/stf/shingi2/0000147172.html)［最終閲覧：2017年2月12日］
3) 「経済対策を踏まえた仕事と育児の両立支援について（建議）」
4) その一方で、これまで育休制度が継続就業や出産に与える影響に関しては樋口（1994）、滋野・大日（1998）をはじめ、多くの研究がなされてきた。
5) なお、育休期間の長さではなく、育休取得の有無のみに着目した研究も存在する。その中では、学校教育や勤続を通じて人的資本を多く積んだ女性のほうが取得率は高く、これはこうした女性の期待所得が高いためといわれている（阿部［2005］）。

　しかし、調査時点の 1994 年と現在とでは、状況がかなり異なっている。大きなちがいとしては、育児休業給付金と育児休業者職場復帰給付金の創設や、健康保険・厚生年金の個人負担免除などで、休業に伴う金銭的な損失が縮小したことが挙げられる。そのため、近年では稼得能力の高さはかつてほど育休を躊躇する理由にはなっていない可能性がある。エビデンスとなる研究が少ない今、より最近のデータを分析して議論のための材料を提供することを試みたい。

　そこで本章では、育休の利用期間について、その規定要因を分析する。分析には厚生労働省の「21 世紀成年者縦断調査（平成 14 年成年者）」（以下、LSA-2002 と表記）の個票データを用いた。これによって、類似データより比較的大きなサンプルサイズの確保が期待できるだけでなく、育休を取得していた月を知ることもできる。

　本章の結果を先取りすると、女性の育休取得期間は次のような傾向にあることがわかった。第一に、育休の延長部分の長さを無視した場合、女性の休業前の勤続年数や通勤時間が長いほど育休期間は長い。第二に、同じく無視した場合、休業前に事務の仕事だった女性に比べて、専門的・技術的、販売、サービスといった部類の仕事だった女性は育休期間が長い。第三に、子供が早生まれの場合、女性の育休取得期間が 10 カ月を超える（子供が 1 歳になった後も育休を延長する）確率がほかより高く、この傾向は 2005 年の法改正後に顕著になっている。第四に、事業所内託児施設が夫妻どちらかの勤め先にあると育休の延長は起きにくい。

　本章の章立ては以下のとおりである。2 節では育児・介護休業法の変遷と、記述統計から育休取得期間の傾向について確認する。そして 3 節では分析に

---

6)　海外でも、女性の稼得能力と休業期間の関係が指摘されている。Kuhlenkasper and Kauermann（2010）は、ドイツのデータを用いて、女性の学歴や出産前の収入が第 1 子出産後の就業復帰に影響していることを示している。Lapuerta *et al.*（2011）は、スペインのデータから、高学歴の女性や社会保険料（就業状態や賃金の良さの代理変数）が高い女性ほど復帰が早いことを示している。Ulker and Guven（2011）は、オーストラリアのデータを用いて、高学歴女性や出産前に高賃金を得ていた女性ほど出産後に早期に労働市場に復帰しやすく、また出産前の仕事がフレキシブルな場合には、職場復帰が早い傾向があることを示した。しかし他方で家計の資産額が大きいと休業期間が長いことも指摘している。稼得能力以外では、Pronzato（2009）が European Community Household Panel（ECHP）を用いた分析で、制度で保証された休業期間が長いと就業復帰することを示唆している。

用いるデータについて説明し、4節では計量分析を行う。最後に、5節でまとめを行う。

2　現 状 の 確 認

(1)　育児・介護休業法の変遷

　ここで、育児・介護休業法の過去の変遷について確認しておく。前身となる育児休業法は 1992 年に施行され、労働者が申し出れば子供が 1 歳になるまでの間、育休を取得する権利が明確化された。また、事業主は子供が 3 歳になるまでの間、勤務時間の短縮等の措置を講じなければならなくなった。その後、1995 年に介護休業が努力義務化され、1999 年に義務化に切り替えられた。これによって、育休と介護休業を義務づける育児・介護休業法が確立した。2001 年改正では、休業の申し出や取得を理由とした解雇などの不利益の取り扱いを禁止するなどが行われた。

　2004 年改正では、育休期間の 1 歳 6 カ月への延長、育児・介護休業対象者の有期労働者への拡大、子の看護休暇の権利化などが行われ、2005 年 4 月に施行された。1 歳 6 カ月まで延長できるのは、保育所への入所を希望しているものの入所できない場合や、子の養育を行っている配偶者（1 歳以降子を養育する予定であったもの）が、死亡、負傷、疾病等の事情により子を養育することが困難になった場合であるとされた。

　その後、2009 年の改正では、育児のための短時間勤務制度の義務化や子育て中の所定外労働の免除の制度化、子の看護休暇の拡充、パパ・ママ育休プラス制度導入、法の実効性の確保などが行われた。直近の 2016 年改正では、子の看護休暇の取得単位が半日でも可能になり、加えてマタハラ・パワハラなどに対する防止措置が義務づけられたほか、有期契約労働者の育休取得要件が緩和された。さらに、仕事と介護の両立支援の拡充も行われた。

　それだけでなく、こうした育休・雇用継続を促進するための給付金制度や休業中の保険料負担軽減制度も整備されてきた。1995 年には、雇用保険の被保険者を対象として、育児休業給付金と育児休業者職場復帰給付金が支給

されることになった。当初、これらの合計支給額は休業前賃金の 25％であっ
たが、2001 年に 40％、2007 年に 50％まで引き上げられた。さらに 2014 年
には、育休開始から 180 日までの期間は 67％、181 日目からは 50％と改め
られた。育休中の社会保険料については、1995 年に健康保険・厚生年金の
個人負担が免除になり、2000 年、2001 年には事業主の厚生年金、健康保険
の保険料負担も免除となった。

　なお、以下での育休取得期間について注意が必要なので、労働基準法で定
められている産前・産後休業についてもここで言及し、育休とのちがいにつ
いて触れておく。労働基準法では、6 週間（多胎妊娠の場合 14 週間）以内
に出産する予定の女性が休業を請求した場合、その者を使用者が就業させる
ことを禁じている。また、産後については、産後 8 週間を経過しない女性を
使用者が就業させることを禁じている。ただし、産後 6 週間を経過した女性
が請求した場合、その者について医師が支障なしと認めた業務に就かせるこ
とは、差し支えない。

　したがって、産前産後休業を除くと、育児・介護休業法で定められたとお
り子供が 1 歳になるまで育休を取得すると、最大取得期間はおおむね 10 カ
月になる。

（2）　育休取得期間のデータ観察

　本項では、記述統計を用いて直近の育休の取得期間を確認する。図 5-1 に
は、育休取得後復職した女性の育休取得期間が示されている。これを見ると、
取得期間は「10 カ月～12 カ月未満」が最も多く（31.1％）、次いで「12 カ月
～18 カ月未満」が多い（27.6％）ことがわかる。この二つだけで全体の
58.7％を占めている。これは、前述の育児・介護休業法で認められた取得期
間の上限近くまで利用している女性が多いことを意味すると考えてよいだろ
う。

　しかし一方で、それより早く休業を切り上げて職場復帰している女性も少
なくない。およそ 4 割の女性は取得期間が 10 カ月未満となっている。ただし、
取得期間が 3 カ月を切ることは稀のようである。逆に、長期取得者を見ると、
18 カ月以上の取得は 1 割にも満たない。

図 5-1　育休取得後復職者（女性）の取得期間の分布（2015 年度）

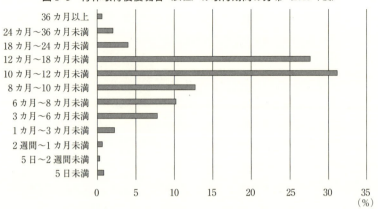

出所：厚生労働省「雇用均等基本調査」より筆者作成。

　以上のように、女性の育休取得期間は育児・介護休業法の規定に左右される可能性があると考えられる。しかし他方で、法律が規定する取得上限に到達する前に職場復帰している女性も少なくないことがわかった。

　それでは、保育所に入れず育休を延長するのはどのような女性であろうか。待機児童が多い地域の女性というのはもちろんだが、中でも早生まれの子供を持つ女性である可能性があることを、ここで指摘しておく。

　この背景には保育所の 4 月入所が関係している。入所の募集規模が大きいのは年度初めの 4 月入所である。他方で、年度途中で入所するのは施設の定員に空きがないと難しい。ところが、そもそも保育所の受け入れ可能年齢は、施設によって異なるものの、産前産後休業明けの生後 43 日以後、あるいは 57 日以後となっている。4 月入所の募集期間に妊娠中の場合でも申請できる施設もあるが、生後日数が足りる出産予定日になっている必要があるなど、早生まれが 4 月に 0 歳児保育として入所するのは難しい状況にある（日経 DUAL 編集部・片野編［2016]）。こうした制度上の理由、あるいは入所募集で定員がすでに埋まっているといった理由のために、翌年 4 月の入所まで、あるいは定員に空きが出るまで育休を延長しているのではないだろうか。

　そこで、育休取得期間を子供の誕生月別に比較する。表 5-1 は、LSA-2002 を用いて、1 人の子供がいる女性の育休期間を第 1 子の誕生月別・改正

表 5-1　育児休業期間の平均値・中央値（第 1 子の誕生月別・改正法施行前後別）

第 1 子誕生月	第 1 子誕生が 2005 年 4 月以前			第 1 子誕生が 2005 年 4 月以降		
	平均値	中央値	サンプルサイズ	平均値	中央値	サンプルサイズ
1〜3 月生まれ	5.038	5.5	26	9.025	10	40
4〜6 月生まれ	6.533	9	15	8.203	9	59
7〜9 月生まれ	6.368	7	19	6.888	9	67
10〜12 月生まれ	5.684	6	19	7.881	9	42
計	5.797	6	79	7.873	9	208

注：子供人数が 1 人の正規就業女性に限定した。
出所：LSA-2002（2002-2012）より筆者作成。

法施行前後別に見たものである。

　まず、改正法施行前を見ると、1〜3 月生まれは取得期間がやや短い傾向にあることがわかる。しかし、改正法施行後を見ると、これらとは異なった傾向が見られる。最も大きなちがいは、1〜3 月生まれの取得期間が大きく伸びていることである。改正前に比べ、平均値で見ても中央値で見ても倍近く伸びてそれぞれ 9.025、10 となっている。これは施行前とは逆に、他の月よりも大きい数値である[7]。

　ここで、参考までに、取得期間が 10 カ月を超えるかどうかで分けて育休終了月の頻度を示した表 5-2 を示す。これを見ると、取得期間が 10 カ月を超えている場合のほうが、3・4 月に集中する傾向にあることがわかる。ここから考えられることは、保育所の入所時期が訪れるのを待つことが要因の一つとなって、取得期間が長期化するということである。

　以上より、1〜3 月生まれでは、改正法施行によって翌年 4 月の保育所入所まで育休を取得するように変化したと推測できる。

　データの観察からは、制度の変更や誕生月によって育休期間が規定されている可能性が示唆された。本章の計量分析では、先行研究で重要視されている変数に加えて、子供の誕生月にも着目していく。

7）　誕生月ブロックごとの平均値について法改正前後でグループ間の差の検定（両側検定）を行った結果、法改正前後の差が有意になったのは 1〜3 月生まれのみであった（p 値 = 0.0030）。

表 5-2　育児休業終了月（育児休業取得期間別）

	取得期間 10 カ月以下			取得期間 10 カ月超		
	度数	パーセンテージ	累積パーセンテージ	度数	パーセンテージ	累積パーセンテージ
1 月	10	4.44	4.44	1	1.96	1.96
2 月	5	2.22	6.67	0	0	1.96
3 月	37	16.44	23.11	14	27.45	29.41
4 月	20	8.89	32	14	27.45	56.86
5 月	24	10.67	42.67	4	7.84	64.71
6 月	22	9.78	52.44	2	3.92	68.63
7 月	17	7.56	60	1	1.96	70.59
8 月	17	7.56	67.56	2	3.92	74.51
9 月	20	8.89	76.44	5	9.8	84.31
10 月	31	13.78	90.22	6	11.76	96.08
11 月	6	2.67	92.89	2	3.92	100
12 月	16	7.11	100	0	0	100
計	225	100		51	100	

注：子供人数が 1 人の正規就業女性に限定した。
出所：厚生労働省「21 世紀成年者縦断調査（平成 14 年成年者）」(2002-2012) より筆者作成。

3　デ ー タ

　分析で利用するのは LSA-2002 である。この調査は全国から抽出した 20 ～30 歳（2002 年 10 月末日現在）である男女（およびその配偶者[8]）に対して行われた。2001 年国民生活基礎調査の基礎地区から無作為抽出した 1700 地区内の当該男女を対象としている。またパネル調査であるため同一対象者に対して毎年 11 月に追跡調査を行っているが、この際には当該調査回の前々回または前回調査において協力を得られた者を客体としている。

　この調査は 2002 年から開始され、2015 年（第 14 回調査）をもって終了した。このうち、提供を受けたのは 2002 年調査から 2012 年までの 11 回分の個票データである。初年度の回収客体数は、女性票が 14150、男性票が 13743、配偶者票（女性用）が 246、配偶者票（男性用）が 1427 となってい

---

8)　ただし、第 11 回調査実施時までに把握した配偶者に限る。

る[9]。なお、最終年度の回収客体数は女性票が 6446（配偶者票は 1170）、男性票が 6263（配偶者票は 2010）となっている[10]。

このデータを利用する利点は大きく三つある。一つめは出産前や出産時の状況が詳しくわかり、個人属性や企業の育児支援策の状況だけでなく、子供の誕生月も把握できることである。二つめは、育休取得期間に関して把握することができることである。三つめは、その他の既存データを使うよりも大きなサンプルサイズが期待できることである。

4　計　量　分　析

（1）　分析の方向性と基本統計量

本節では、民間の正規就業女性に着目し、彼女たちの育休取得期間の規定要因について計量分析を行っていく。正規就業者に限定するのは、有期雇用契約者の場合には育休の取得に一定の条件があるものの、LSA-2002 では個々の有期雇用労働者について、この条件を満たすのかを正確に把握できないためである[11]。

分析にあたっては、先行研究や記述統計の結果を踏まえ、育休の取得期間の規定要因について主に四つの仮説を設け、検証していく。

仮説 1：人的資本（学歴や勤続年数）の高い女性ほど育休取得期間が短い。
仮説 2：企業内の両立支援制度の存在や家族が育児参加できる場合ほど復帰
　　　　しやすく女性の育休取得期間が短い。

---

9)　http://www.mhlw.go.jp/toukei/saikin/hw/judan/seinen02/gaiyo.html ［最終閲覧：2017 年2 月 14 日］

10)　http://www.mhlw.go.jp/toukei/saikin/hw/judan/seinen17/dl/h14_gaiyou.pdf ［最終閲覧：2017 年 2 月 14 日］

11)　2016 年の改正までは、①同一事業主に 1 年以上雇用され、②子が 1 歳になって以降も雇用継続の見込みがあり、③子が 2 歳になるまでの間に契約更新されないことが明らかではない場合にのみ育児休業が認められていた。改正によって②・③の条件が「子が 1 歳 6 カ月になるまでの間に労働契約（更新される場合は更新後のもの）が満了することが明らかでないもの」に緩和された。LSA-2002 には、労働契約期間に関する質問項目が整備されていない。

仮説 3：早生まれの子供を持つ女性ほど育休取得期間が長い。
仮説 4：2005 年の改正法施行によって育休取得期間は増加した。

　育休取得期間の規定要因は、個人属性と環境要因が考えられる。個人属性として仮説 1 では西本（2004）に倣って人的資本が影響すると考える。すなわち、稼得能力が高いと休業による機会費用が大きいため、育休期間を短くするインセンティブが生じると考える。

　しかし前述のとおり、育児休業給付金などの拡充によって、この効果は以前より弱まっている可能性がある。むしろ企業特殊的人的資本が高いほど転職の機会費用を高め（阿部 [2005]）、また交渉上の地歩を高めて長めの育休取得を促すこともあり得る。このいずれかによって得られる含意は異なる。もし人的資本が育休期間を縮めるのであれば、長期の休業者は低スキル労働者のほうであるが、逆にもし延ばすのであれば高スキル労働者のほうになるので、企業として必要な代替要員の性質が異なってくる。また、人的資本が低いほど育休期間も短いとすると、人的資本の乏しい若手社員は将来のキャリアを危ぶんで育休を切り上げる状況に置かれている可能性がある。

　仮説 2 は勤め先や周囲の環境を整備することで早期復職へ結びつくかを検証する。仮説 3 は前述のような制度による不公平な規定メカニズムを想定している。仮説 4 は育休延長が制度的不公平と絡み合って影響したと考えている。

　論点は、若手社員（低スキル労働者）は育休を長く取るような状況なのか、環境要因はどれほど職場復帰に有効なのか、職場復帰を妨げる不公平な格差が育休延長時に観察されるかの三つである。

　育休期間を捉えるにあたって、育児・介護休業法で認められているのは子が 1 歳になるまでであり、1 歳 6 カ月まで延長が認められるのは保育所への入所を希望しているものの入所できない場合などに限定されていることを思い出す必要がある。入所希望を出していても入所できないのは外生的な要因によるものであるから、1 歳までとそれ以降では規定要因が異なると考えられ、分けて分析する必要がある。そこで、①子供が 1 歳になるまでの育休期間に着目した分析と、②育休の延長の有無に着目した分析の二種類を行って、

それぞれの規定要因を探る。

　①の分析では、取得期間が 10 カ月を境に右センサリングとして捉えたトービット推定を行う。この分析手法を採用した理由は、先述のとおり育休の延長は保育所へ預けられるかに依存するので、10 カ月を超えてどのくらい追加で取得するかは環境に依存しており、10 カ月に到達すること自体がより重要と考えられるためである。さらに、企業独自の制度の存在によって、育児・介護休業法にかかわらず 10 カ月を超えて取得できる場合もあるため、条件を揃える意味合いもある。

　サンプルに含めたのは、配偶者と同居している民間の正規社員女性のうち改正法施行後に第 1 子を出産した者で、しかも育休期間中に第 2 子を出産していない者という条件にあてはまる調査対象者である。法改正前は延長が認められていなかったが、延長可能性の有無が育休期間に影響する可能性を考慮して法改正後に第 1 子が生まれた女性に限定した。したがって、ここで検証したいのは仮説 1～3 である。用いるサンプルの基本統計量は、表 5-3 の左半分に示したとおりである[12]。なお、相対的待機児童比率や勤め先の属性、個人属性は、基本的に休業前の情報からつくられている。

　説明変数としては、人的資本に関する変数（妻の年齢、勤続年数）、企業

12)　表 5-3 で明らかなとおり、本章の分析におけるサンプルサイズは多くても 206、最も少ない場合で 119 と、必ずしも大きいとはいえない。こうなった理由は大きく四つある。第一に、第 1 子出産に限定したことにあり、観察期間中に第 1 子を出産した女性でないとそもそも分析対象にならない。第二に、第 2 子の妊娠が育休期間と重複している場合は、条件を揃えるため分析から除いている。第三に、調査の構造である。LSA-2002 では、女性票・男性票・配偶者票（女性用・男性用）の四種類がある。このうち、配偶者票には従業員規模や職種に関する質問項目が除かれており、女性のこうした変数を用いるならば女性票とそれに対応した配偶者票（男性用）のデータが揃って存在する家計に限られてしまう。第四に、被説明変数である育休期間の算出方法である。算出にあたっては、育休の延長もあり得るため取得予定期間ではなく実際の取得期間を用いた。そのため、取得期間が複数調査年にまたがった場合、その間の当該質問項目に回答し続けていることが求められ、未回答者については変数が作成できない。この最後の理由については、変数が作成できた者と作成できなかった者とで属性の分布に差が生じているかもしれない。この点について、グループ間の差の検定を行って、育休取得期間の規定要因に関する分析の各説明変数（第 1 子出産年を除く）で差が生じていないか確認した。その結果、ほとんどの変数で 5% 水準を超えるような有意な差はみられず、変数作成によって偏りが生じているとはいえないことがわかった。ただし、4～6 月誕生ダミーと 7～9 月誕生ダミーは有意な差がみられ、変数が作成できたグループのほうがそれぞれ 17.9 ポイント、-14.3 ポイント高いという結果であった。しかし、変数が作成できなかったグループの中での 4～6 月生まれの割合はわずか 8.2% と偏りがみられ、比較に適さないと考えられるので、ここでは無視する。

表5-3 基本統計量

	育休取得期間に関するトービット推定に用いるサンプル (N=119)				育休期間の延長に関する分析に用いるサンプル							
					全体 (N=206)				育休期間が16カ月以下 (N=198)			
	平均値	標準偏差	最小値	最大値	平均値	標準偏差	最小値	最大値	平均値	標準偏差	最小値	最大値
育児休業取得期間	7.718	4.758	0	22								
育児休業取得期間10カ月超過ダミー					0.180	0.385	0	1	0.146	0.354	0	1
改正法施行後誕生ダミー					0.806	0.397	0	1	0.803	0.399	0	1
早生まれダミー					0.223	0.417	0	1	0.222	0.417	0	1
改正法施行後誕生ダミー×早生まれダミー					0.170	0.376	0	1				
誕生時期												
1〜3月ダミー	0.218	0.415	0	1	0.223	0.417	0	1	0.222	0.417	0	1
4〜6月ダミー	0.261	0.441	0	1	0.252	0.435	0	1	0.253	0.436	0	1
7〜9月ダミー	0.202	0.403	0	1	0.223	0.417	0	1	0.222	0.417	0	1
10〜12月ダミー	0.319	0.468	0	1	0.301	0.460	0	1	0.303	0.461	0	1
改正法施行後誕生ダミー×4〜6月ダミー					0.218	0.414	0	1				
改正法施行後誕生ダミー×7〜9月ダミー					0.175	0.381	0	1				
改正法施行後誕生ダミー×10〜12月ダミー					0.243	0.430	0	1				
相対的待機児童比率	0.338	0.370	0	1.668	0.380	0.414	0	2.448	0.375	0.413	0	2.448
従業員規模												
99人以下ダミー	0.244	0.431	0	1	0.243	0.430	0	1	0.247	0.433	0	1
100〜299人ダミー	0.286	0.454	0	1	0.311	0.464	0	1	0.318	0.467	0	1
300〜999人ダミー	0.227	0.421	0	1	0.214	0.411	0	1	0.207	0.406	0	1
1000人以上ダミー	0.244	0.431	0	1	0.233	0.424	0	1	0.227	0.420	0	1
事業所内託児施設ありダミー	0.126	0.333	0	1	0.131	0.338	0	1	0.131	0.339	0	1
短時間勤務制度等ありダミー	0.731	0.445	0	1	0.718	0.451	0	1	0.707	0.456	0	1
年齢	31.277	3.698	25	42								
勤続年数	7.647	4.364	0	19								
学歴												
高校・専門学校卒ダミー	0.336	0.474	0	1								
短大・高専卒ダミー	0.286	0.454	0	1								
大卒・大学院修了ダミー	0.378	0.487	0	1								
週労働時間	41.824	7.357	8	63								
夫の週労働時間	48.941	15.369	9	84								
通勤時間（片道・分）	29.857	20.160	5	90								
夫の通勤時間（片道・分）	31.950	23.452	0	105								
仕事												
事務ダミー	0.353	0.480	0	1								
専門的・技術的ダミー	0.487	0.502	0	1								
販売ダミー	0.050	0.220	0	1								
サービスダミー	0.050	0.220	0	1								
生産工程・労務作業ダミー	0.034	0.181	0	1								
その他ダミー	0.025	0.157	0	1								
夫の所得	440.610	150.441	175.953	960								
母親との同居	0.017	0.129	0	1								
夫の母親との同居	0.034	0.181	0	1								
第1子の誕生年												
2005年誕生ダミー	0.101	0.302	0	1								
2006年誕生ダミー	0.109	0.313	0	1								
2007年誕生ダミー	0.160	0.368	0	1								
2008年誕生ダミー	0.151	0.360	0	1								
2009年誕生ダミー	0.193	0.397	0	1								
2010年誕生ダミー	0.151	0.360	0	1								
2011年誕生ダミー	0.118	0.324	0	1								
2012年誕生ダミー	0.017	0.129	0	1								

注：子供人数が1人の正規就業女性に限定した。

出所：LSA-2002（2002-2012）より筆者作成。

の育児支援策（短時間勤務制度等[13]）、事業所内託児施設[14]）の有無、その他の夫や妻の属性（妻の勤め先規模、妻の仕事、労働時間、通勤時間、親との同居、夫の所得）、各都道府県の 4 歳以下人口に占める待機児童の割合（これ以降「相対的待機児童比率」[15]と呼称）、誕生月を用いる。ここでの事業所内託児施設ダミーは、妻の勤め先だけに限定したものではなく、夫妻のいずれかの勤め先に施設があれば 1 となる。

　②の分析では、線形確率モデルを用いた推定を行う[16]。表 5-1 で確認したとおり、改正法施行後、育休期間の延長は実際に利用されていると考えられる。特に、早生まれの場合にはそれが顕著である。これは統計的にも有意に確認できることなのかを分析していく。この推定で検証したい仮説は仮説 2 ～4 である。

　分析対象となるのは、子供人数が 1 人の正規就業女性で、配偶者と同居する者である。被説明変数は育休期間が 11 カ月以上であれば 1、10 カ月以下（未取得も含む）であれば 0 となるダミー変数である。

　説明変数としては次のものを用いる。まず、改正法が施行された 2005 年4 月以降に第 1 子が誕生した場合に 1、それ以外に 0 となるダミー変数（改正法施行後誕生ダミー）である。また、早生まれダミー（第 1 子が 1～3 月生まれは 1、それ以外は 0）を作成した。さらに、改正法施行後誕生ダミーと早生まれダミーの交差項を作成した。これによって、表 5-1 に見られるよ

---

13) 「短時間勤務制度等」とは、短時間勤務制度、フレックスタイム制、始業・終業時刻の繰り上げ・繰り下げ、所定外労働（残業）の免除のいずれかの制度のことを指し、厳密な意味で短時間勤務制度を意味するわけではない。

14) 事業所内託児施設ありダミーは、少々留意が必要である。このダミー作成にあたっては、二つの質問項目を用いている。一つは、勤め先に自身の就業形態として利用可能な制度として事業所内託児施設があるかの質問（第 2 回～第 7 回調査）、もう一つは、居住地域にどのような保育サービスがあるかの質問（第 6 回～第 10 回調査）である。なお、後者は本人や配偶者が勤め人の場合は勤務先について答えるよう注釈がある。このように、質問の趣旨は若干異なるものの、分析上重要な変数であることと、サンプルサイズの確保の観点から、二つをつなぎ合わせて一つの変数とすることにした。第 2 回～第 7 回調査までは前者の質問項目に依拠し、第 8 回調査以降は後者の質問項目に依拠した。

15) この変数の作成にあたっては、LSA-2002 の第 1 回調査の個票データで把握できる居住都道府県の情報を用いている。しかし、この情報は第 2 回以降付随していないため、転居があっても継続回答している場合、データを新居住地に更新できないままになっているという限界があることに留意されたい。

16) プロビットモデルやロジットモデルをあえて避けたのは、この後述べるように説明変数にダミー変数同士の交差項を含めており、この限界効果を簡便に示す意図があってのことである。

うに、法改正後、早生まれの育休延長がほかに比べて増加したのか検証する。コントロール変数としては、相対的待機児童比率、従業員規模、企業の育児支援策（短時間勤務制度等、事業所内託児施設）の有無といった環境要因を加えた。女性の人的資本に関連する説明変数を含めていないのは、育休期間の延長が外部環境に左右されると考えられるからである。

　以上の説明変数では、4～12月生まれの中でのちがいを知ることができない。そのため、早生まれダミーの代わりに、4～6月生まれダミー、7～9月生まれダミー、10～12月生まれダミーの3変数と、この3変数と改正法施行後誕生ダミーの交差項を用いて、4～12月生まれの中でのちがいについても確認していく。

　以上の被説明変数と説明変数に対応する基本統計量は表5-3の右半分に示す。なお、相対的待機児童比率や勤め先の属性は、基本的に休業前の情報からつくられている。

（2）　何が育休取得期間を規定するのか

　本項では、第1子出産時の育休取得期間を被説明変数とし、仮説1～3を念頭に、どのような要因が統計的に有意となるのか確認していく。分析結果は、表5-4に示している。

　結果を確認していくと、有意な説明変数は、勤続年数（＋）、通勤時間（＋）、夫の通勤時間（－）、従業員規模300～999人ダミー（＋）、専門的・技術的ダミー（＋）、販売ダミー（＋）、サービスダミー（＋）、2009年誕生ダミー（－）、2012年誕生ダミー（－）である[17)18)19)]。ただし、通勤時間と専門的・技術的ダミー、2009年誕生ダミーは10％水準で有意である。

---

17)　ロバスト標準誤差を使っても、有意な変数の傾向は変わらない。
18)　ここでは育休未取得者は取得期間をゼロとカウントしているので、取得意思が弱い場合はデータがゼロで打ち切られていると捉えることもできる。このバイアスに対処するため、被説明変数がゼロと10カ月の2か所で打ち切られている two-limit トービット推定を行ってみたが、専門的・技術的ダミーと2009年誕生ダミーが有意でなくなった以外は、有意な変数の傾向は変わらなかった。
19)　トービット推定だけではなく、10カ月以上の取得を一つのカテゴリーとし、10カ月未満を11カテゴリー（取得なし、数週間、1～9カ月の各月）とした全12カテゴリーの変数を被説明変数とする順序ロジット推定も行ったが、結果はほとんど変わらなかった。詳細は深堀（2017）を参照のこと。

表 5-4　育休取得期間に関するトービット推定の結果

	係数	標準誤差
誕生時期ダミー（ref＝1～3 月）		
4～6 月ダミー	−1.159	1.696
7～9 月ダミー	−2.166	1.658
10～12 月ダミー	−1.326	1.457
相対的待機児童比率	−1.739	1.650
年齢	0.113	0.184
勤続年数	0.333**	0.162
学歴（ref＝高校・専門学校卒）		
短大・高専卒ダミー	−2.146	1.505
大卒・大学院修了ダミー	−1.408	1.295
週労働時間	−0.074	0.078
夫の週労働時間	0.046	0.036
通勤時間（片道・分）	0.066*	0.035
夫の通勤時間（片道・分）	−0.055**	0.023
従業員規模（ref＝99 人以下）		
100～299 人ダミー	1.693	1.515
300～999 人ダミー	6.616***	1.743
1000 人以上ダミー	2.028	1.605
仕事（ref＝事務）		
専門的・技術的ダミー	2.003*	1.182
販売ダミー	5.172**	2.599
サービスダミー	6.323**	2.936
生産工程・労務作業ダミー	2.250	3.423
その他ダミー	4.730	3.482
夫の所得	0.001	0.004
母親との同居	1.024	3.514
夫の母親との同居	−1.848	2.976
事業所内託児施設ありダミー	−1.618	1.559
短時間勤務制度等ありダミー	−1.828	1.324
第 1 子の誕生年（ref＝2005 年）		
2006 年誕生ダミー	0.965	2.450
2007 年誕生ダミー	−3.323	2.094
2008 年誕生ダミー	−1.523	2.150
2009 年誕生ダミー	−3.687*	2.196
2010 年誕生ダミー	−1.637	2.325
2011 年誕生ダミー	−2.202	2.314
2012 年誕生ダミー	−8.586**	4.206
定数項	5.361	6.088
サンプルサイズ	119	

注 1：***、**、*は、それぞれ係数が 1％水準、5％水準、10％水準で有意であることを示す。

注 2：子供人数が 1 人の正規就業女性に限定した。

出所：LSA-2002（2002-2012）より筆者作成。

　有意な変数の符号の解釈を行っていく。第一に、当初の予想に反し勤続年数が長いほど育休を長く取得している。この背景には、育児休業給付金の拡充などの金銭的補償によって、育休時の逸失所得が減殺されたため、以前ほ

ど人的資本の育休期間抑制効果が強くはなく、むしろ阿部（2005）が指摘するとおり、企業特殊的人的資本が高いほど転職の機会費用を高め育休を取って継続就業する側面が強まっている可能性がある。加えて十分に経験を積んだ後では交渉上の地歩が強く、ここで着目している10カ月以下程度の休業であれば問題にならず、積極的に取得している可能性がある[20]。

　第二に、従業員規模については比較的大企業のほうが育休を長く取得している。それも、300〜999人規模では正に有意だが、それ以上の規模では有意ではない。これは、規模が大きいと休業中の代替要員の工面がしやすく休業しやすい一方で、規模が大きいほど機会費用が大きく職場復帰を早めるために1000人以上規模では両効果が相殺したためと考えられる。

　第三に、通勤時間が長いほど育休期間は長いということがわかる。これは、通勤時間が長いことが乳児期の育児との両立を難しくしているということだろう。

　第四に、しかしながら、夫の通勤時間とは負の相関があり、これが短いと育休期間が長い[21]。これについては、夫と過ごす時間が減る分、余暇時間選好が弱まっている可能性などが考えられる。別の見方をすれば、保育所の送り迎えなどの面での夫の貢献可能性は妻の育休期間を抑制するに至っていないということにもなるだろう。

　第五に、事務に比べて専門的・技術的、販売、サービスといった仕事の場合は育休期間が長い。これは、たとえば専門的・技術的な仕事は交渉上の地歩が強いといった要因が考えられる。また、販売・サービスの仕事では就業時間の不規則性や土日・祝日の勤務が子育てとの両立を妨げ、育休期間を長くするインセンティブになっている可能性がある。

---

20)　実際、勤続年数を5年刻みでカテゴリー変数にして分析したところ、15年以上のグループで急激に取得期間が増加する非線形の傾向がみられた。

21)　この結果は多重共線性によるものでないか追加検討を行った。説明変数を夫の通勤時間のみにした場合でも結果は負で有意であった（10%水準）。また、トービットではなくOLSで分析しVIF値を算出したが、VIF値が10を超える変数はなかった。推定サンプルで他の説明変数との相関係数をみたところ、有意に相関するのは夫の所得であった（相関係数：0.1946）。相関係数は大きくはないものの、念のため夫の所得を除いて分析したが、夫の通勤時間は有意なままであった。以上より、負で有意になっているのは多重共線性によるものであるとはいえない。

　以上から、延長期間の長さをセンサリングやカテゴリーとして扱って無視したときの育休期間は、夫妻の通勤時間や従業員規模、仕事内容によって異なっていることが明らかになった[22)23)]。

（3）　育休期間の延長を促す要因は何か

　前述したとおり、2005 年 4 月の育児・介護休業法の改正施行で、保育所への入所を希望しているにもかかわらずできなかった場合などに、子が 1 歳 6 カ月になるまで育休を延長可能になった。本項では、仮説 2～4 を念頭に、どのような人の場合に延長しやすいのか、長期の取得が法改正後に増えているのかを計量分析によって確認する。

　表 5-5 に示した分析結果を確認する。ここでは六つの推定を行った。推定式 B-1 から B-4 にかけては早生まれダミー（推定式 B-2 と B-4 は改正法施行後誕生ダミーとの交差項も含む）を説明変数に用いたものである。このうち、推定式 B-3 と B-4 は、分析サンプルの条件を厳しくし、育休期間が 16 カ月以下の者に限った。これは、産後休業の 2 カ月を除いて、子供が 1 歳 6 カ月になるまで育休をずっと取得すると、期間は 16 カ月となるためである。これを超えていれば、法定以上の企業独自の取り組みによるものと考えられ、法改正の効果を過大に推定してしまうため、16 カ月を超過した女性を除いた。

　次に、推定式 B-5 と B-6 は、早生まれダミーをレファレンスにして 4～6 月、7～9 月、10～12 月生まれダミーを用いた。これによって、早生まれとその他の月の生まれ、特に 10～12 月のように早生まれと比較的近い場合と比較して政策効果に差が存在するのか確認する。この変数を用いた分析では、育休期間が 16 カ月以下に限ることはしなかった。これは、各交差項に対して

---

22)　2 節より、4 月入所を前提にすると早生まれの中でも 2 月以降は入所困難と考えられる。そこで、誕生月の変数のみ変更し、1 月をレファレンスとして 2 月、3 月、4～6 月、7～9 月、10～12 月をダミー変数として加えた分析も行った。その結果によると、2 月ダミーが正で有意であった。

23)　「そもそも育児と仕事の両立が困難と判断した女性は育休を取得せず離職する」というサンプルセレクション・バイアスが存在する懸念もある。そこで、継続就業と自発的離職を第一段階として Heckman の二段階推定を行った。一段階目の説明変数には、トービット推定の説明変数から第 1 子の誕生年を除き、利用可能な育休制度の有無を加えたものを用いた。その結果、逆ミルズ比が有意にならず、二段階目の推定結果も有意な変数の傾向はトービット推定とほぼ同様であり、サンプルセレクション・バイアスは確認できなかった。

表 5-5　育休期間の延長に関する分析結果

	全体		育休期間が 16 カ月以下		全体	
	推定式 B-1	推定式 B-2	推定式 B-3	推定式 B-4	推定式 B-5	推定式 B-6
改正法施行後誕生ダミー	0.054 (0.06)	−0.027 (0.027)	0.047 (0.06)	−0.029 (0.06)	0.062 (0.06)	0.285** (0.13)
早生まれダミー	0.220*** (0.07)	−0.022 (0.11)	0.222*** (0.07)	−0.000 (0.11)		
改正法施行後誕生ダミー 　　　　×早生まれダミー		0.314** (0.14)		0.290** (0.14)		
誕生時期ダミー（ref=1～3 月） 4～6 月ダミー					−0.316*** (0.08)	0.007 (0.17)
7～9 月ダミー					−0.193** (0.09)	0.006 (0.14)
10～12 月ダミー					−0.170** (0.08)	0.036 (0.14)
改正法施行後誕生ダミー 　　　　×4～6 月ダミー						−0.402** (0.19)
改正法施行後誕生ダミー 　　　　×7～9 月ダミー						−0.263 (0.17)
改正法施行後誕生ダミー 　　　　×10～12 月ダミー						−0.269 (0.17)
相対的待機児童比率	0.114 (0.07)	0.107 (0.07)	0.100 (0.07)	0.092 (0.07)	0.122* (0.07)	0.109 (0.07)
従業員規模（ref=99 人以下） 100～299 人ダミー	0.090 (0.06)	0.087 (0.06)	0.108** (0.05)	0.104* (0.05)	0.093 (0.06)	0.097 (0.06)
300～999 人ダミー	0.263*** (0.08)	0.265*** (0.07)	0.243*** (0.07)	0.244*** (0.07)	0.260*** (0.08)	0.266*** (0.08)
1000 人以上ダミー	0.218*** (0.07)	0.223*** (0.07)	0.207*** (0.07)	0.211*** (0.07)	0.239*** (0.07)	0.247*** (0.08)
事業所内託児施設ありダミー	−0.130** (0.06)	−0.122** (0.05)	−0.129*** (0.05)	−0.123*** (0.04)	−0.124** (0.06)	−0.117** (0.06)
短時間勤務制度等ありダミー	0.022 (0.05)	0.010 (0.05)	−0.015 (0.05)	−0.025 (0.05)	0.019 (0.05)	0.010 (0.05)
定数項	−0.090 (0.06)	−0.014 (0.07)	−0.083 (0.06)	−0.011 (0.06)	0.120 (0.08)	−0.043 (0.10)
サンプルサイズ	206	206	198	198	206	206
自由度修正済み決定係数	0.131	0.147	0.129	0.146	0.145	0.153

注 1：（　）内はロバスト標準誤差。***、**、*は、それぞれ係数が 1% 水準、5% 水準、10% 水準で有意であること
　　を示す。
注 2：子供人数が 1 人の正規就業女性に限定した。
出所：LSA-2002（2002-2012）より筆者作成。

　被説明変数のバリエーションが不足してしまうためである。
　結果を見ると[24]、推定式 B-1 から B-4 にかけて、改正法施行後誕生ダミー
は有意ではなく、改正法施行前後で育休期間を延長する確率にちがいは見ら
れない。しかし、推定式 B-1 と B-3 では、早生まれダミーが正で有意（係

数は 0.220、0.222）であり、早生まれであれば育休期間が 10 カ月を超過しやすいことがわかる。

　さらに、推定式 B-2 と B-4 を見ると、改正法施行後誕生ダミーと早生まれダミーとの交差項は正で有意となっている（係数は 0.314、0.290）。したがって、ほかとは異なり、早生まれであれば改正法施行後に育休期間が 10 カ月を超過しやすくなっていることがわかる。推定式 B-2 と B-4 では早生まれダミーが有意ではないから、推定式 B-1 と B-3 で早生まれが超過しやすいという結果は、改正法施行後の傾向の変化によるところが大きいと考えられる。

　4〜12 月生まれの中でのちがいについて確認するため、推定式 B-5 と B-6 に着目する。推定式 B-5 を見ると、4〜6 月、7〜9 月、10〜12 月生まれの各ダミー変数は負で有意となっている。そのため、早生まれの子供を持つ女性に比べて、その他のすべての女性は育休期間が 10 カ月を超過しにくいということがわかる。推定式 B-6 は、改正法施行後誕生ダミーと、生まれ月の三種類のダミー変数の交差項を加えている。ここでは、改正法施行後誕生ダミーが正で有意（係数は 0.285）だが、これは改正法施行後に早生まれで子供が生まれた女性は、施行前と比べて育休期間が 10 カ月を超過しやすいことを意味している。他方で、交差項は 4〜6 月ダミーとの交差項のみが負で有意となっている。したがって、少なくとも 4〜6 月生まれの場合は、法改正効果が早生まれほど大きくないといってよいだろう。

　コントロール変数を見ると、六つすべての推定式において、従業員規模が大きいほど正で有意となっているため、勤め先の規模が大きいほど延長しやすい雰囲気やその他の制度が整っていると考えられる。また、同じくすべての推定式で事業所内託児施設ありダミーが負で有意であった。そのため、こうした施設があれば、女性は子供が 1 歳になるまでに職場復帰しやすいといえる。係数も決して小さくなく、有効性は高いと考えられる。他方で、短時間勤務制度等ありダミーは有意ではなかった。

---

24)　本章での説明変数にさらにコントロール変数として年齢、勤続年数、学歴ダミー、週労働時間、仕事ダミーといった妻の属性を加えてもほとんど同様の結果が得られることを確認している。詳細は、深堀（2017）の図表 6 における推定式 B-7〜 B-12 を参照のこと。

　以上から、(1)子供が早生まれの場合、女性の育休取得期間は 10 カ月を超えやすい、(2)こうした傾向は法改正後から顕著になった、(3)法改正は、早生まれの場合に大きな影響をもたらした(特に 4〜6 月生まれとの差が顕著)、(4)事業所内託児施設が夫妻のどちらかの勤め先にあると、女性の育休期間は 10 カ月を超えにくくなる、といったことが明らかになった。

5　結論と政策的含意

　本章では、正規就業女性の育休期間に関する要因を計量分析した。その結果、主に以下のようなことが明らかになった。第一に、10 カ月を超える部分をセンサリングとして扱って超過分の長さを無視したときの取得期間は、夫妻の通勤時間や従業員規模、仕事内容によって異なっている。第二に、女性の育休取得期間が 10 カ月を超えやすいのは子供が早生まれの場合だが、2005 年の育児・介護休業法改正施行によって、この傾向が顕著になった。第三に、事業所内託児施設が夫妻のどちらかの勤め先にあると、女性の育休期間は 10 カ月を超えにくい。

　本章の結果には、どのような政策的な含意があるだろうか。四点言及しておきたい。

　一点目として、通勤時間が長いほど育休期間も長いことから、在宅勤務やサテライトオフィス勤務といったテレワークの普及促進、交通網の整備、公共交通機関における乗り換え時間や待ち時間の短縮、乗車時間の短縮（急行便増発など）によって女性の職場復帰が早まる可能性が示唆される。

　二点目として、勤続年数が長い女性ほど育休は長く、彼女たちは企業特殊的人的資本の高い労働者と考えられるが、企業は彼女たちが休業で不在となるときの対応策を用意しておく必要がある。他方で、若手社員と考えられる勤続年数が短い女性の育休が相対的に短い理由についてはデータ制約があり、本章では詳しく分析していないが、検証の余地がある。不本意な理由だとすると、場合によってはこうした層への両立支援強化の必要性が生じるかもしれない。

　三点目として、事業所内託児施設は育休延長を抑制すると考えられるため、

10カ月を超える育児休業で女性が長期不在になるのを企業が避けたい場合には、施設の設置や拡充が選択肢の一つになる。

　四点目として、早生まれほど育休延長の傾向があるため、保育所への受け入れにおいて、早生まれの子供を持つ女性にとってより公平な環境をつくることが必要といえる。なぜなら延長制度自体には恩恵もある一方で、制度利用者の職場復帰を遅らせてしまうというデメリットもあるからである。事業所内託児施設の拡充はこうした面での公平な環境づくりの一助となり得るだろう。また、早生まれの子供をいかに保育所でより早く受け入れていくかも重要となってくる。

　このとき合わせて考えたいのは、待機期間が長くなった人をどれだけ保育所入所で優先するかは自治体によって既存の基準が異なるということである。誰を優先して受け入れるかを考えるうえでは、ほかにも労働時間を含めた就労状況、家族の介護の有無、所得などさまざまな勘案すべき要素がある。各自治体では住民の状況も異なると考えられ、全国一律に基準を設けることは得策とはいえまい。各自治体の実情に合わせた基準づくりの中で、いかに早生まれのデメリットを軽減させる仕組みを組み込むかが重要だろう。評価方法やどれほど重視されるかが焦点になってくると考えられる。もっとも、公平な基準づくりのためには現状の把握に努めることが前提となる。つまり、ここでもエビデンス・ベースの検討が必要なのである。

　2017年10月から育休の延長は子供が2歳になるまで認められるようになったが、この効果について本章の結果から直接の含意を得ることは難しい。それは本章が分析した1歳から1歳6カ月までの延長と今回改正施行された1歳6カ月から2歳までの延長は事情が異なる可能性があるからである。たとえば、早生まれの子供は1歳6カ月までの延長で生後2回目の4月を迎えるため、その時に保育所に優先的に入所できれば2歳まで育休を延長せずに済む。すると早生まれが他に比べて育休が1歳6カ月を超えやすい傾向はみられないということになる。

　したがって、今回の改正によって何が起きたかについては詳細な分析が待たれる。早生まれの子供を持つ女性ばかりがさらに職場復帰を遅らせる結果になっていないかという点、そしてこれに関して自治体間格差が生じていな

いかという点は検証に値すると筆者は考えている。

　最後に、全体のサンプルサイズの大きな LSA-2002 を用いたものの、分析に使用できたサンプルのサイズは限定的なものになってしまった。この点は本章の限界である。今後の課題は、以上を踏まえつつ、今回の法改正によってこれまで早生まれとそれ以外との間で生じていた育休延長傾向のちがいに変化が出てくるのか検証することと、それ以外にも上述の再検討項目を分析することである。

【参考文献】

Kuhlenkasper, T. and G. Kauermann (2010) "Duration of maternity leave in Germany: A case study of nonparametric hazard models and penalized splines," *Labour Economics* 17(3), pp.466-473.

Lapuerta, I., P. Baizán, and M. J. González (2011) "Individual and institutional constraints: an analysis of parental leave use and duration in Spain," *Population Research and Policy Review* 30(2), pp.185-210.

Pronzato, C. D. (2009) "Return to work after childbirth: does parental leave matter in Europe?" *Review of Economics of the Household* 7(4), pp.341-360.

Ulker, A. and C. Guven (2011) "Determinants of maternity leave duration in Australia: evidence from the HILDA Survey," *Economic Record* 87(278), pp.399-413.

阿部正浩 (2005)「誰が育児休業を取得するのか―育児休業制度普及の問題点―」国立社会保障・人口問題研究所編『子育て世帯の社会保障』東京大学出版会、243-264 ページ。

厚生労働省 (2016)「「平成 27 年度雇用均等基本調査」の結果概要」(http://www.mhlw.go.jp/toukei/list/dl/71-27-07.pdf) [最終閲覧：2017 年 2 月 12 日]

滋野由紀子・大日康史 (1998)「育児休業制度の女性の結婚と就業継続への影響」『日本労働研究雑誌』No.459、39-49 ページ。

周燕飛 (2014)「育児休業が女性の管理職登用に与える影響」(独) 日本労働政策研究研修機構『男女正社員のキャリアと両立支援に関する調査結果(2)―分析編―』167-185 ページ。

西本真弓 (2004)「育児休業取得とその取得期間の決定要因について」『日本労働研究雑誌』No.527、pp.63-75 ページ。

日経 DUAL 編集部・片野温編 (2016)『保育園に入りたい！2017 年版』日経 BP 社。

樋口美雄 (1994)「育児休業制度の実証分析」社会保障研究所編『現代家族と社会保障』

　東京大学出版会、181-204 ページ。

深堀遼太郎［2017］「正規就業女性の育児休業期間に関する要因分析」『生活経済学研究』Vol.46、39-54 ページ。

第 6 章

企業における女性活躍の推進[*]

山本勲

1　日本企業における女性活躍推進の遅れ

　日本では企業における女性労働力の活用度合いが国際的にみて低い。就業者に占める女性比率は欧米諸国が 40％台後半であるのに対して、日本は 40％台前半である。しかも、日本では女性雇用者の半数程度が非正規として雇用されており、正規雇用者に占める女性比率は 30％程度と低くなる。さらに、管理的職業従事者に占める女性比率も日本では顕著に低く、欧米諸国が 30〜40％程度であるのに対して、日本は 10％程度である[1]。このように企業での女性活躍推進が進んでいない理由はどこにあるのだろうか。

　女性労働力が企業で活用されていないことの理由としては、労働需要・供給の双方の側面でさまざまなものが挙げられる[2]。たとえば、労働需要側の理由としては、女性に対する差別的嗜好・企業風土が存在するために、女性が雇用・登用されにくくなっていることや（Becker [1971]）、過去の離職率やパフォーマンスに基づく統計的差別から、男性労働者を優先して雇用・

---

[*]　本章は山本（2014a）「企業における職場環境と女性活用の可能性─企業パネルデータを用いた検証─」（*RIETI Discussion Paper Series* 14-J-017）を加筆・修正したものである。
1)　『労働力調査（詳細集計）』（総務省）および『データブック国際労働比較』（労働政策研究・研修機構）より。
2)　企業における女性労働力の活用度合いについては、日本的雇用制度や長期雇用制度との関連を議論した川口（2008）や川口・西谷（2011）で詳しく議論されている。

登用していること（Phelps［1972］）が挙げられる[3]。また、継続雇用期間が相対的に短いために、女性労働者に対する人的投資の期待収益が小さくなっていることや、雇用の流動性が低いために女性労働力を中途採用によって活用しにくくなっていることなども影響していると考えられる。

　一方、労働供給側の理由としても、「夫は外で働き、妻は家を守るべきである」という性別役割分業意識（「男女共同参画社会に関する世論調査」[4]）の存在、長期雇用を前提とした賃金・昇進体系の存在（ラジアの後払い仮説〈Lazear［1979］〉や内部昇進モデル〈Lazear and Rosen［1981］〉）、長時間労働が常態となっている正社員の硬直的な働き方の存在などを考慮し、女性がみずから正社員として就業することを控えていることが考えられる。また、企業の両立支援策やワーク・ライフ・バランス施策（以下、WLB 施策）や地域の保育サービスが十分に普及していないこと、さらには、就業抑制的な税・社会保障制度が存在していることなどからも、女性の労働供給が抑えられている可能性がある。

　このように、企業における女性活躍推進の度合いの低さには、さまざまな要因が複雑に関係していると考えられるが、その多くの側面で関係しているのが、職場における働き方ではないだろうか。日本の労働市場ではこれまで、男性が中心となって長時間労働が常態となるような画一的な働き方が構築されてきたといえる。

　その背景には、新卒一括採用した若年労働力を企業内で時間をかけて訓練し、生産性が上昇した後に人的投資費用を回収するために、不況期にも労働保蔵を行いながら長期間にわたって雇用する、といった内部労働市場モデルがあった[5]。しかし、その結果、女性が日本の労働市場で正規雇用として活用される場合には、男性中心の職場で「男性的」な働き方をすることが求められることが多かったと推察される。

---

3)　統計的差別理論と日本の労働市場における女性活躍推進の関係については山口（2007）や山口（2017）の詳細な議論を参照されたい。

4)　「男女共同参画社会に関する世論調査」（内閣府）では、「夫は外で働き、妻は家を守るべきである」という考え方に関する意識の変化を経年で調査しているが、2012 年調査でも男性の55.1%、女性の 48.4％が「賛成」あるいは「どちらかといえば賛成」と回答しており、日本人の約半数が性別役割分業意識を持っていることがわかる。

図 6-1　男女別週労働時間の分布：日本・イギリス・ドイツ

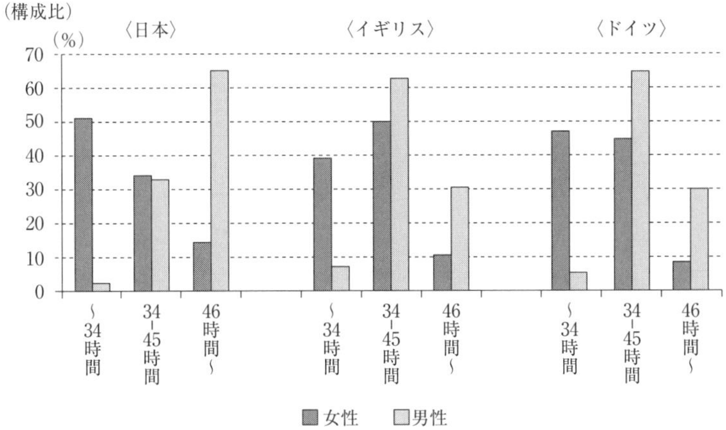

注：いずれも 25-54 歳の雇用者の週労働時間 (2008 年)。
出所：日本は「慶應義塾家計パネル調査」(KHPS)、イギリスは British Household Panel Survey (BHPS)、
　　　ドイツは German Socio-Economic Panel Study (GSEOP) の 2009 年調査の個票データ。

　この点に関連するデータとして、図 6-1 には、日本・イギリス・ドイツの
家計パネルデータ (KHPS, BHPS, GSEOP)[6] を用いて労働時間の分布を男女
別にプロットしてみた。日本の労働時間分布を見ると、男性労働者は、所定
内労働時間が集中する週 34〜45 時間程度働く人も多いが、それ以上に、週
46 時間以上働く人が多いことがわかる。週労働時間が所定内労働時間の前
後の 35〜44 時間の割合は 3 割程度であるのに対して、46 時間以上は 6 割強
を占めている。これに対して、女性労働者については、相対的に短い労働時
間で働く人が多くなっている。

　このことは、長時間労働が企業内で当たり前になっている状況では、長時
間労働を望まない女性労働者が企業での活躍の場を失い、結果的に別の働き

---

5)　この点について、Kuroda and Yamamoto (2013a) は、労働の固定費用の大きい雇用者ほど
　　企業は長時間労働を要請する傾向があることなどを明らかにし、近年でも長時間労働が生じ
　　得る内部労働市場モデルが日本で存在することを示している。ただし、同論文では、長時間
　　労働の中には非効率な部分が含まれることも明らかにしており、日本企業の長時間労働のす
　　べてが合理的な裏づけがあるとは限らないことも指摘している。
6)　ここで、日本は「慶應義塾家計パネル調査」(KHPS)、イギリスは British Household Panel
　　Survey (BHPS)、ドイツは German Socio-Economic Panel Study (GSEOP) の 2009 年調査
　　の 25-54 歳の雇用者データを用いている。

方、すなわち非正規社員として短時間労働を選択していることを示している
とも解釈できる。

　一方、図を見ると、イギリスやドイツではこうした傾向はみられない。両
国とも、男性のほうが相対的に長い時間働く傾向にはあるが、日本ほど顕著
ではない。特に、所定内労働時間の前後の中程度の長さである週34〜45時
間程度で働く労働者は男女ともに5割前後を占めている。この状況は日本と
は大きく異なり、企業内で中程度の長さの労働時間で働くことが常態になっ
ていれば、長時間労働という制約を受けず、性別にかかわらず多くの労働者
が能力を十分に発揮できると考えられる。

　この労働時間分布の簡単な比較からわかるように、日本では、女性が正社
員で活躍しにくい職場環境があると推察される。女性労働者が能力を発揮し
にくい職場環境が存在する状況下では、企業が女性を登用しようとしても、
短期的には高いパフォーマンスは上がりにくいほか、仕事と生活の両立が難
しいために女性労働者が離職を余儀なくされることも少なくないだろう。そ
うなると、企業の女性に対する労働需要が減少しかねず、また、女性労働者
自身も、そうした職場環境ではあえて正社員として労働供給することを控え
るため、結果的に労働需要と労働供給の双方が減少するという悪循環が繰り
返される可能性がある。そのように考えると、企業における男性中心の働き
方は、女性活躍推進の大きな阻害要因になっている可能性があり、逆にその
点を改善すれば、女性労働力の活用は進展するものと期待できる。

　こうしたことを踏まえ、本章では、男性中心の働き方が企業における女性
労働力の活用を阻害している可能性を探るため、女性活躍推進がどのような
企業で積極的に行われているかを定量的に明らかにする。具体的には、企業
パネルデータを用いて働き方に関連する企業特性を定量化し、それらの企業
特性が女性活躍推進にどのような影響を与えているかを検証する。

　その際、本章では、①職場の労働時間、②雇用の流動性、③賃金構造、④
WLB施策の四つの企業特性に焦点を当てる。職場で長時間労働が常態となっ
ていたり、雇用が流動的でなかったり、賃金カーブが急であったり、女性の
働きやすい施策がとられていなかったりすることで、企業で女性が正社員や
管理職として活用されにくい状況が生じていないかを、データに基づいて明

らかにする。

　企業における女性活躍推進の規定要因として職場環境に注目した先行研究は必ずしも多くはないが、日本では企業のクロスセクション・データを活用した川口（2008、2011）や川口・西谷（2011）が参考になる[7]。川口（2008、2011）では、平均勤続年数が長い企業や長期雇用制度を持つ企業では女性労働力の活用度が低く、WLB施策やポジティブアクション施策が整っている企業では女性の活用度が高いことを明らかにしている。また、川口・西谷（2011）では、コーポレート・ガバナンスとの関連に焦点を当てながら、女性活用度と長期雇用制度およびWLB施策との関係を検証し、職場の働き方が女性労働力の活用に影響を与え得ることを指摘している。

　本章の問題意識はこれらの先行研究と近く、その延長線上にあるものと位置づけられる。その中で、本章の分析の特色としては、企業・労働者のマッチデータや企業パネルデータを活用することや、職場の働き方として労働時間の長さや過去の雇用調整行動に焦点を当てることなどが挙げられる。

　女性活躍推進に影響を与え得る職場環境を特定するには、企業における男性の働き方に焦点を当てることが望ましい。たとえば、職場で多数派を占める男性正社員の平均的な労働時間の長さがわかれば、その指標を用いて長時間労働が常態となっているような企業では、女性労働力が活用されにくいのかを検証できる。

　しかし、企業単位で男女別の労働時間を把握することは容易ではないため、これまでそうした検証は行われてこなかったといえる[8]。この点、本章で用いるデータは企業とその企業に勤務する従業員の情報を紐付けて利用できるため、同一企業に勤務する男性正社員の働き方や職場における平均的な労働時間の長さを直接的・間接的に把握することができる。さらに、本章の分析では企業パネルデータを活用するため、女性が多く雇用されているから女性

---

7)　ただし、WLB施策や両立支援策が女性の継続就業や新規雇用にプラスの影響を与えることを示した研究については、樋口（1994）、富田（1994）、森田・金子（1988）、駿河・張（2003）、松繁・竹内（2008）など多数ある。

8)　女性従業員も含む企業全体の平均労働時間は把握しやすいが、その平均労働時間と女性活用度にマイナスの相関があったとしても、単に女性が多いから平均労働時間が短くなっている逆の因果性が生じている可能性を排除できない。このため、職場環境を示す変数には女性労働者の情報が含まれていないほうが望ましい。

に働きやすい職場環境が整備された、といった逆の因果性を極力排除した検証を行うことも可能となる。

　以下、次節では分析に利用するデータと変数について説明する。その後、3節では企業における女性活躍推進の現状について図を用いて概観する。続く4節では、正社員女性比率や管理職女性比率といった女性活躍推進の度合いが企業特性にどの程度左右されるかをパネル推計によって検証する。最後に5節では、本章のまとめと今後の女性活躍推進に関する展望を述べる。

2　女性活躍推進と働き方に関する指標

（1）　利用データ

　分析には、経済産業研究所の「人的資本形成とワークライフバランスに関する企業・従業員調査」の個票データを用いる。この調査は2011年度にスタートした企業とその企業に勤務する正規雇用者を追跡調査する企業・従業員マッチパネルデータであり、本章では2011年度調査と2012年度調査を用いる。

　企業調査の対象は、2009年度に実施された経済産業研究所の「仕事と生活の調和（ワーク・ライフ・バランス）に関する国際比較調査」の回答企業1677社と、新たに追加した対象企業4000社の計5677社の人事部門であり、従業員調査は企業調査対象の企業に各社3名程度の正社員・ホワイトカラー職の正社員に人事部門から調査協力を依頼する方法で実施された。2011年度調査は、2012年1〜2月の期間に企業に対して調査票を郵送し、企業調査票は人事部門から、従業員調査票は個人から直接郵送により回収が行われ、企業調査で719社、従業員調査で4439人の有効回答を得た。2012年度調査は2013年1〜3月の期間に実施し、継続調査では企業調査で447社、従業員調査で790人の有効回答を得た。

　企業調査からは、人的資源管理やWLBに関する施策、賃金、労働時間、雇用者数、勤続年数、その他の企業属性などについて、また、従業員調査からは賃金や労働時間、基本的な個人属性などについての情報を利用できる。

ただし、企業業績や調査時点より過去の情報（景気後退期の雇用調整等）については本調査からは把握しにくいため、「企業活動基本調査」（経済産業省）の個票データも利用し、二つのデータを接続して分析を進める。

欠損・異常値処理を行った後、分析に用いたサンプルは従業員規模 30 人以上の 1102 企業（2011 年度調査が 686 企業、2012 年度調査が 416 企業）である。ただし、後述するように、企業固有の男性正規雇用者の労働時間の長さを従業員データから推計するため、2011 年度調査については男性従業員 2275 人のデータも利用する。

（2）　変　　数

企業における女性活躍推進の指標としては、正社員に占める女性比率（以下、正社員女性比率）と管理職に占める女性比率（以下、管理職女性比率）を用いる。一方、女性活躍推進に影響を与える企業特性の候補としては、以下で説明する職場の労働時間、雇用の流動性、賃金構造、WLB 施策の四種類に焦点を当てる。

①職場の労働時間

職場の労働時間については、長時間労働が常態となっていたり、長い時間働くことで成果が上がるような仕事特性あるいは評価基準があったりすると、職場で女性が働きにくくなるために女性活用が進まない可能性があるかを検証するために注目する。ただし、職場の労働時間を捉える指標に女性自身の労働時間が反映されていると、女性従業員が多いために労働時間が短い、といった逆の因果性が生じてしまう。この点を考慮するため、本章では企業固有の男性労働時間と人事課長ポストで働く従業員の労働時間の二つを変数として用いる。

本章で利用する企業調査では男女別の平均労働時間は調べていないものの、企業・労働者のマッチデータとなっているため、同一企業に勤務する複数の男性正社員の労働時間や属性を把握できる。そこで本章では、まず、従業員データを用いて以下の労働時間関数を推計する。

$$H_{ij} = X_{ij}\beta + f_j + \varepsilon_{ij} \tag{1}$$

　ただし、H_{ij} は企業 j に勤務する男性正社員 i の週労働時間、X_{ij} は労働時間の規定要因（年齢、勤続年数、勤続年数の二乗項、経験年数、大卒ダミー、職種ダミー、柔軟な勤務体制ダミー、既婚ダミー、未就学児ありダミー）、f_j は企業 j に固有な要因、ε_{ij} は誤差項である。

　次に、(1)式の推計結果から企業 j に固有な要因 f_j の推定値を算出し、それを企業固有男性労働時間として利用する[9]。こうして算出した企業固有男性労働時間には、個人属性のちがいによる労働時間をコントロールしたうえで、勤務先企業が同一であることで生じる男性の労働時間のちがいが反映されており、（女性労働者を除いた）職場の労働時間の実態を表す代理指標として活用する[10]。

　一方、人事課長ポストの労働時間は 2012 年度に調査しているもので、具体的には「貴社の人事部門の課長級正社員のふだんの 1 週間の平均的な総労働時間」を階級値で尋ねている。人事部門はどの企業にもあり、課長級正社員は同様の仕事を行っていると考えられる。そのため、人事課長ポストの労働時間の長さを比較すれば、その企業の労働時間が実態としてどの程度長いかを把握できると考え、職場の労働時間の代理指標として用いる。

②雇用の流動性

　雇用の流動性を表す変数としては、離入職率、勤続年数、過去の正社員数の相対変動の三つを用いる。離入職率は正社員の過去 1 年間の離職者数と入職者数の合計を在籍者数で除したものであり、企業における雇用が流動的なほど高い値をとる。また、雇用の流動性の大きさは、平均的な勤続年数にも反映されると考えられる。これら二つの変数については、男女別にデータが利用できるため、本章では逆の因果性の可能性を排除するために、それぞれ男性についての離入職率および平均勤続年数を用いる。

---

9)　マッチデータには、1 社ごとの労働者のサンプル数にちがいがあるため、ここでは 1 社につき労働者の回答が 2 人以上得られた場合のみを用いた推計を行った。

10)　2012 年度調査はサンプルサイズの問題で(1)式の整合的な推計ができなかったため、企業固有男性労働時間はサンプルの多い 2011 年調査データを用いた場合のみ推計する。

　過去の正社員数の相対変動は、「企業活動基本調査」をもとに企業別に1998〜2008年の正社員数の分散を売上高の分散で除したものを算出する。この値が大きいほど、売上高の変動に比べて正社員数が大きく変動しており、不況期にも労働保蔵を行わずに雇用が調整されやすい企業特性が表れていると解釈する[11]。

　これら三つの代理指標を用いて、推計では、雇用の流動性が高い企業ほど女性活躍推進が進んでいるかを確認する。

③賃 金 構 造

　賃金構造については、25歳時点および45歳時点の給与の最高・平均・最低額を把握できるため、25歳から45歳までの賃金の伸びを示した賃金カーブ（45歳平均賃金／25歳平均賃金）と賃金分散（45歳最高賃金／45歳最低賃金）の二つを用いる。

　Becker（1964）の人的投資理論に従えば、賃金カーブの大きさは企業特殊的人的資本の大きさを反映している。採用した若手従業員に多大な人的投資を行っている企業では、人的投資の回収のために長期的な雇用慣行が生じていたり、不況期に労働者を企業内にとどめる労働保蔵を行うための残業調整を実施しやすいように、平時からバッファーとして長めの残業が生じていたりする可能性が高い。そうした長期雇用を前提とする企業では、家事・育児などの理由で退職する可能性が相対的に高い女性労働者を正社員として採用することを控える傾向があるほか、女性労働者自身もそうした企業には就職を希望しない傾向があると予想される。

　一方、賃金分散については、その値が大きい企業ほど、個々の労働者の能力やスキル、成果に基づいた人事評価がなされており、女性が活躍しやすい環境にあると考える。

---

11)　この指標は企業における雇用調整あるいは労働保蔵の大きさを示す指標と解釈することもできる。Kuroda and Yamamoto（2013a）や山本・松浦（2011）では、この指標を労働保蔵の大きさを示す代理指標として用いた分析を行っている。

④ＷＬＢ施策

　女性の能力を引き出すための環境整備が進んでいるかを捉える変数とし
て、各種の WLB 施策が導入されているかを示すダミー変数を用いる。具体
的に分析対象とする WLB 施策は「法を上回る育児休業制度」「法を上回る
介護休業制度」「フレックスタイム制度」「在宅勤務制度」「短時間勤務制度」
「勤務地限定制度」「非正規から正規社員への転換制度」「WLB 推進組織の
設置」「長時間労働是正の取り組み」の9つである。いずれも WLB 施策が
導入されていれば1、されていなければ0をとるダミー変数として扱う。推
計では、これらの WLB 施策が導入されている企業では、女性労働力が積極
的に活用されているかを確認する。

3　日本企業における女性活躍推進の現状

　前節で説明したデータを用いて、本節ではどのような企業で女性活躍推進
が積極的になされているかを概観してみたい。図6-2は、正社員女性比率と
管理職女性比率の平均値を企業特性別に比較したものである。

　図6-2の(1)と(2)には、職場の労働時間の長さによって女性活躍推進の状
況にどのようなちがいが生じているかを確認するため、男性労働時間（企業
固有効果）と人事課長労働時間との関係を示した。これらの図を見ると、男
性労働時間が中央値よりも長く、相対的に長い労働時間となっている企業ほ
ど、あるいは人事課長の労働時間が長いほど、正社員女性比率や管理職女性
比率が低くなる傾向が見て取れる。

　たとえば男性労働時間が長い企業グループでは、正社員女性比率が1〜2%
低い。また、人事課長の週あたり労働時間が55時間以上の企業では、週45
時間未満の企業に比べて、正社員女性比率は5%弱、管理職女性比率は3%弱、
低くなっている。同僚の男性従業員の労働時間が長い職場や、人事課長ポス
トで働く正社員の労働時間が長い職場では、長時間労働が慣習となっており、
そのため女性の能力・スキルが活用されにくくなっていると解釈し得る。

　ただし、図に示した95%信頼区間を比較すると、男性労働時間や人事課
長労働時間のちがいには統計的に有意な差は必ずしも検出されないようにも

図 6-2　労働時間と女性活用の関係

(1)　男性労働時間（企業固有効果）

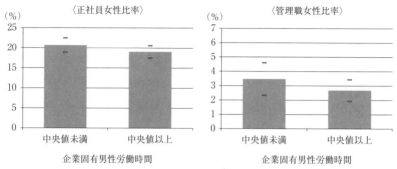

〈正社員女性比率〉

〈管理職女性比率〉

注：図中の「—」は95％信頼区間。2011年度調査のサンプル。

(2)　人事課長労働時間

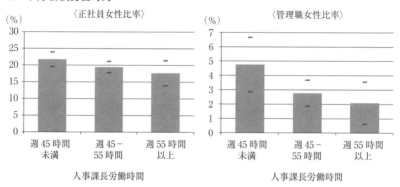

〈正社員女性比率〉

〈管理職女性比率〉

注：図中の「—」は95％信頼区間。2012年度調査のサンプル。

見受けられる。この点については、次節で他の要因をコントロールすることで厳密に検証したい。

次に、図6-3の(1)〜(3)は、企業における雇用の流動性と女性活躍推進の関係をみるために、男性離入職率、男性平均勤続年数、過去の正社員数の相対変動に注目したものである。これらの図を見ると、男性平均勤続年数については差が見られないものの、男性離入職率が高い企業や過去の正社員数の相対変動が大きい企業ほど、正社員女性比率や管理職女性比率が数％高くなっていることがわかる。特に過去の正社員数の相対変動については、95％

図 6-3　雇用の流動性と女性活用の関係

(1)　男性離入職率

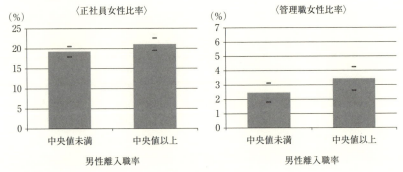

注：図中の「―」は 95％信頼区間。2011～2012 年度調査のサンプル。

(2)　男性平均勤続年数

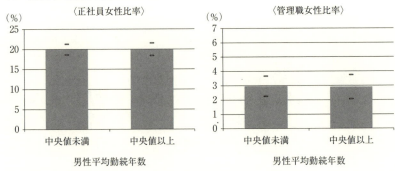

注：図中の「―」は 95％信頼区間。2011～2012 年度調査のサンプル。

(3)　過去の正社員数の相対変動

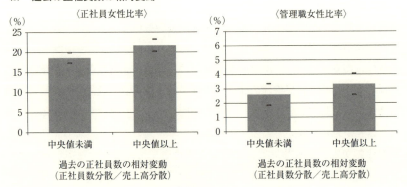

注：図中の「―」は 95％信頼区間。2011～2012 年度調査のサンプル。

図 6-4　賃金構造と女性活用の関係

(1)　賃金カーブ

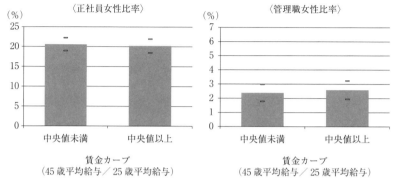

賃金カーブ
（45 歳平均給与／25 歳平均給与）

賃金カーブ
（45 歳平均給与／25 歳平均給与）

注：図中の「—」は 95％信頼区間。2011〜2012 年度調査のサンプル。

(2)　賃金分散

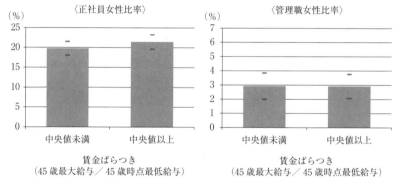

賃金ばらつき
（45 歳最大給与／45 歳時点最低給与）

賃金ばらつき
（45 歳最大給与／45 歳時点最低給与）

注：図中の「—」は 95％信頼区間。2011〜2012 年度調査のサンプル。

信頼区間から判断すると、その差は統計的にも有意である可能性が高い。

　一方、賃金構造との関連について、25 歳時点から 45 歳時点にかけての企業の平均的な賃金カーブの大きさをもとに、正社員女性比率と管理職女性比率を比較した図 6-4 の(1)を見ると、賃金カーブの大きさと女性活躍推進の度合いに明確な関係性は必ずしも見出せない。ただし、図 6-4 の(2)で 45 歳時点での最高給与と最低給与の比率で測った賃金分散との関係を見ると、賃金分散が大きい企業では正社員女性比率が高い傾向にあることがわかる。

　以上、本節では企業特性と女性活用の関係を概観するため、図を用いて直

感的な理解をしてきた。次節では、その他の企業属性等をコントロールし、より厳密に企業特性と女性活躍推進の関係について検証する。

4　女性活躍推進に影響を与える要因の特定

本節では、女性活躍推進の度合いを示す指標（正社員女性比率および管理職女性比率）を被説明変数、企業特性やその他のコントロール変数を説明変数とした以下の(2)式の推計を行い、どのような企業で女性労働力の活用が進んでいるかを統計的に検証する。

$$FR_{jt} = A_{jt}\ \theta\ + X_{jt}\beta + F_j + T_t + v_{jt} \tag{2}$$

ただし、FR_{jt} は企業 j の t 年における女性活用指標、A_{jt} は検証する企業特性（職場の労働時間、雇用の流動性、賃金構造、WLB 施策）、X_{jt} はその他のコントロール変数、F_j と T_t は企業固有の効果と年固有の効果、v_{jt} は誤差項である。推計は企業特性変数に応じて、クロスセクション・データを用いた OLS、あるいは、二時点間のパネルデータを用いた変量効果モデルおよび固定効果モデルに基づいて行う[12]。

（1）　労働時間との関係

表 6-1 は女性活躍推進の指標と労働時間との関係をまとめたものである。まず、同一企業に勤務する男性正社員の労働時間から企業固有の要因を抽出した企業固有男性労働時間の係数を見ると、管理職女性比率では有意でないものの、正社員女性比率では有意にマイナスとなっていることがわかる[13]。つまり、男性が平均的に長く働いているような企業では、女性が正社員として活用されていないことが指摘できる。この点は図 6-2 と整合的である。

また、人事課長週労働時間の係数は、正社員女性比率・管理職女性比率ともに統計的に有意にマイナスとなっている。係数の大きさから判断すると、

---

12)　推計に用いた変数の基本統計量は山本（2014a）を参照されたい。
13)　企業固有男性労働時間は多めのサンプルが確保できる 2011 年調査データのみを用いて算出したため、ここでは単年度のクロスセクション推計を行っている。

人事課長の労働時間が週5時間長い企業では、正社員女性比率あるいは管理職女性比率が1%低くなっていることになる。管理職女性比率の平均が3%程度であったことを踏まえると、その影響は大きいといえよう。

　企業固有の男性労働時間や人事課長の労働時間は、どの程度の長時間労働が企業で一般的になっているかという職場環境の代理指標として用いている。よって、表6-1の(1)の結果は、長時間労働が常態となっているような職場環境が企業における女性活躍推進の阻害要因の一つになっていることを示すものといえる。

（2）　雇用の流動性との関係

　表6-1の(2)は男性従業員の離入職率や勤続年数、雇用変動といった雇用の流動性を示す指標と女性活躍推進の関係を見たものである。表6-1の(3)では二時点間（2011および2012年度）の企業パネルデータを用いた推計を行っており、変量効果モデルと固定効果モデルのうち、ハウスマン検定によって採択されたモデルの推計結果を掲載している。ただし、過去の雇用変動については企業ごとに二時点間では差がなく、固定効果モデルでは係数が識別できないため、変量効果モデルの推計結果を掲載している。

　表を見ると、男性離入職率の係数は正社員女性比率・管理職女性比率ともに有意にプラスに推計されていることがわかる。一方、男性平均勤続年数は有意ではないが、過去の正社員数の相対変動については正社員女性比率において有意にプラスになっている。こうした推計結果は図6-3と整合的であり、企業属性や観察されない企業固有の要因をコントロールした場合でも、雇用の流動性の高い企業では女性労働力が多く活用されている傾向がある。

　従業員の離職や入職が多くなされ、不況期にも労働保蔵をあまり実施してこなかったような企業では、女性が正社員として多く活用されている。このことを言い換えれば、従業員に対する人的投資を積極的に実施し、不況期にも雇用調整を行わずに長期的な雇用関係を維持しているような、いわゆる日本的雇用慣行を持つような企業において、女性活躍推進が遅れていると指摘することもできる。

表 6-1　正社員女性比率と

(1)　労働時間

	正社員女性比率		管理職女性比率	
	(a)	(b)	(c)	(d)
企業固有 男性労働時間	−0.113＋ (0.067)		−0.053 (0.041)	
人事課長週労働時間		−0.002＋ (0.001)		−0.002＋ (0.001)
サンプルサイズ	473	390	458	374
利用データ	2011 年度	2012 年度	2011 年度	2012 年度

注1：括弧内は頑健標準誤差。
　2：＋、*、** は、それぞれ 10、5、1％ 水準で統計的に有意なことを示す。
　3：非正規雇用比率、産業・規模ダミー、定数項を説明変数に含めているが、掲載は省略。

(2)　雇用の流動性

	正社員女性比率			管理職女性比率		
	(a)	(b)	(c)	(d)	(e)	(f)
	固定効果	固定効果	変量効果	変量効果	変量効果	変量効果
男性離入職率	0.050＋ (0.030)			0.082* (0.037)		
男性平均勤続年数 /100		−0.025 (0.036)			0.003 (0.049)	
過去の正社員数の相対変 動（正社員数分散÷売上 高分散）			0.092** (0.009)			0.011 (0.008)
サンプルサイズ	1,102	1,008	1,102	1,031	955	1,061

注1：括弧内は頑健標準誤差。
　2：＋、*、** は、それぞれ 10、5、1％ 水準で統計的に有意なことを示す。
　3：年ダミー、非正規雇用比率、産業・規模ダミー（変量効果モデルのみ）、定数項を説明変数に含めているが、
　　掲載は省略。

（3）　賃金構造との関係

　次に、賃金カーブや賃金分散と女性活躍推進との関係について表 6-1 の(3)
で見てみる。この表を見ると、正社員女性比率では、賃金カーブがマイナス、
賃金のばらつきがプラスに有意に推計されていることがわかる。ベッカーの
人的投資理論に従うと、賃金カーブが急勾配な企業では企業特殊スキルに対

管理職女性比率の決定要因

(3)　賃金構造

	正社員女性比率		管理職女性比率	
	(a)	(b)	(c)	(d)
	固定効果	固定効果	変量効果	変量効果
賃金カーブ （45歳時点／25歳時点）	−0.024* (0.010)		0.009 (0.009)	
賃金分散 （45歳時点最大／45歳時点最低）		0.011* (0.005)		0.001 (0.006)
サンプルサイズ	702	702	666	689

注1：括弧内は頑健標準誤差。
　2：+、*、** は、それぞれ10、5、1%水準で統計的に有意なことを示す。
　3：年ダミー、非正規雇用比率、産業・規模ダミー（変量効果モデルのみ）、定数項を説明変数
　　　に含めているが、掲載は省略。

(4)　WLB施策

	正社員女性比率		管理職女性比率	
	(a)	(b)	(c)	(d)
	変量効果	固定効果	変量効果	固定効果
法を上回る育児休業制度	0.015* (0.007)	0.014+ (0.007)	0.014+ (0.008)	−0.000 (0.020)
法を上回る介護休業制度	0.023** (0.007)	0.025** (0.008)	0.017* (0.008)	−0.006 (0.020)
フレックスタイム制度	−0.006 (0.007)	−0.002 (0.007)	−0.007 (0.009)	−0.008 (0.019)
短時間勤務制度（育児・介護以外）	0.017** (0.006)	0.020** (0.007)	−0.004 (0.009)	−0.010 (0.017)
勤務地限定制度	0.001 (0.008)	−0.007 (0.008)	0.020+ (0.011)	−0.019 (0.020)
WLB推進組織の設置	0.003 (0.007)	−0.001 (0.007)	0.002 (0.009)	−0.008 (0.019)
長時間労働是正の取り組み	0.011* (0.005)	0.012* (0.005)	0.001 (0.007)	−0.006 (0.013)

注1：括弧内は頑健標準誤差。
　2：+、*、** は、それぞれ10、5、1%水準で統計的に有意なことを示す。
　3：表の係数と標準誤差は各WLB施策を1つずつ説明変数に用いて推計した結果を抜粋したも
　　　の。WLB施策のほかに、非正規雇用比率、年ダミー、産業・規模ダミー（変量効果モデル
　　　のみ）を説明変数に含めているが、掲載は省略。
　4：ハウスマン検定ではいずれも固定効果モデルが採択される。

する人的投資が盛んに行われており、長期的な雇用関係が成立していることが多い。一般的に日本企業はこうした雇用慣行をとってきたとよくいわれるが、ここでの推計結果は、そうした企業ほど女性正社員が少ないことを示している。女性労働者はこれまで、家事・育児を理由に退職するケースが多かったため、いわゆる長期的な雇用関係の下で人的投資・回収を行う対象になりにくく、結果的にそうした企業での女性活躍推進が遅れているといえよう。

　一方、賃金分散については、図6-4での観察と同様の結果が得られている。賃金のばらつきが生じる理由については特定していないものの、勤続年数などでなく、成果や能力に応じて賃金が決まるような企業ほど賃金分散が大きくなっているとしたら、そうした企業では女性が能力やスキルで評価されやすいために、正社員としての活用が進んでいると解釈することもできる。

　なお、図6-4では、賃金カーブも賃金分散も管理職女性比率に対しては統計的に有意な影響は与えていない。

（4）　WLB施策との関係

　最後に、WLB施策との関係を表6-1の(4)で見てみたい。表6-1の(4)では各WLB施策を3年前までに導入している場合に1、それ以外に0をとるダミー変数を作成し、それぞれを説明変数としてパネル推計した結果を示している。ここでは、WLB施策が企業業績に影響を与える場合に数年のラグが生じ得ることを示した山本・松浦（2011）の結果を考慮し、当期ではなく3年前を基準にしてWLB施策のダミー変数を用いた。表では、各WLB施策を一つずつ説明変数に用いてパネル推計した結果のうち、WLB施策の係数のみを抜粋して掲載している。

　表を見ると、正社員女性比率については、変量効果モデル・固定効果モデルともに、法を上回る育児休業制度、法を上回る介護休業制度、短時間勤務制度（育児・介護以外）、長時間労働是正の取り組みの各係数が統計的に有意にプラスになっていることがわかる[14]。こうしたWLB施策が導入され、女性が働きやすい職場環境が整っている企業では、女性が正社員として積極的に活用されていることが示唆される。特に、企業固有の固定効果をコントロールし、3年前ラグをとった場合でもWLB施策の係数が有意であるため、

もともと正社員女性が多いから施策を導入したといった逆の因果性が生じている可能性は低いと考えられる[15]。

　一方、管理職女性比率については、変量効果モデルの結果では、法を上回る育児休業制度、法を上回る介護休業制度、勤務地限定制度で有意にプラスの係数が推計されているものの、固定効果モデルではいずれも有意になっていない。この結果は、そうした制度のある企業では管理職女性が多く存在することは事実なのだが、施策導入によって管理職女性が増加するとは限らないことを示唆するものといえる。

5　日本の女性労働力の活用に向けて

　本章では、企業で女性活躍推進が進むための要件、あるいは、女性活躍推進にとっての阻害要因を特定することを目的に、企業パネルデータを用いて、どのような企業で女性労働力の活用が進んでいるのかを統計的に検証した。

　検証の結果、①職場の労働時間の短い企業（企業固有の男性労働時間や人事課長ポストの労働時間の短い企業）、②雇用の流動性の高い企業（男性離入職率や過去の正社員数の相対変動の大きい企業）、③賃金カーブが緩く賃金のばらつきの大きい企業、④ WLB 施策（法を上回る育児・介護休業制度、短時間勤務制度、勤務地限定制度、長時間労働是正の取り組み）の充実している企業では、正社員女性比率や管理職女性比率が高くなっていることが明らかになった。逆に言えば、長時間労働、長期雇用、大きい労働の固定費用、画一的な職場環境といったものが、企業における女性活躍推進の阻害要因になっていると指摘できる。

　以上の結果を踏まえると、日本企業における女性活躍推進の方向性はどのように考えられるのだろうか。男性中心の職場で醸成されてきた働き方が女性活躍推進の阻害要因になっているため、その働き方を変えれば企業で女性

---

14)　長時間労働を是正する取り組みが企業における女性労働力の活用を促進する可能性があることは、川口・西本（2011）の結果とも整合的といえる。
15)　ただし、ここでは観察されない時間不変の要因についてはコントロールしているものの、時間可変の要因は十分にコントロールできていない可能性がある点については留意が必要といえる。この点は今後の課題として残る。

労働力が活用されやすくなるといえる。

しかし、そもそも現在の日本企業における働き方に経済合理性が伴っているならば、女性活躍推進だけを目的に従来の働き方を変えると、かえって日本企業の競争力の低下を招くおそれもある。いわゆる日本的雇用慣行の下で、男性中心の働き方は長い時間をかけて制度補完的に合理的に醸成されたといわれる。低い失業率、低い離職率、企業内訓練を通じた効率的な人的資本形成といった日本的雇用慣行のプラスの側面を損なわずに、女性活躍推進にも取り組んでいくことが望ましいだろう。

そのためには、費用対効果を意識し、企業業績にプラスの影響をもたらすかたちで働き方改革や女性活躍推進を検討することが重要といえる。たとえば山本・黒田（2014）6章では、日本企業の長時間労働には経済合理性を伴う部分と伴わない部分があり、週労働時間でみれば2〜3時間程度は非効率的とみなせることを指摘している。また、山本・黒田（2014）7章では、上司や職場での人的資源管理のあり方を工夫することで、企業の需要する労働時間は減らせる可能性があることも指摘している。つまり、非効率的な働き方を改善し、付加価値につながらない無駄な労働時間が削減されれば、企業の労働生産性は上昇していくと期待できる。それとともに、労働時間が短くなることで、女性が能力・スキルを発揮しやすい環境が生まれるため、企業における女性活躍推進も同時に進みやすくなると期待できる。

同様に、山本・黒田（2014）8章では、規模の大きい企業や労働の固定費の大きい企業などでは、長時間労働を是正する取り組みやWLBを推進するための組織の設置などを行うことで、企業の生産性が中長期的に上昇することを明らかにしている。同論文では、そうしたWLB施策の導入と女性活躍推進を同時に実施している企業で顕著に生産性が上昇する可能性があることも指摘している[16]。働き方や長時間労働の是正とともに女性活躍推進が企業業績につながるのであれば、企業は積極的にそうした取り組みを進めるだろう。

さらに、女性を活用すること自体でも、企業業績は高まる可能性がある。

---

16) このほか、脇坂（2006、2007）や長江（2008）でも、WLB施策と男女の均等施策との相乗効果があることが指摘されている。

この点については、山本（2014b）で本章とは別の上場企業データを用いて
詳しく検証しているが、企業が女性労働力を活用した場合、潜在的に高い能
力・スキルを活用することを通じて、あるいは、賃金が生産性対比で低く抑
えられているために人件費が削減されることを通じて、企業業績がよくなる
と考えられる。実際、佐野（2005）、Kawaguchi（2007）、Siegel・児玉（2011）、
山本（2014b）などでは、女性活用を進めている企業ほど利益率が高くなる
といった結果を報告している。つまり、女性活躍推進は企業にとっても費用
対効果の面でメリットのあるものであり、この点の認識が進めば日本企業に
おける女性活用は今後進んでいくと予想される。

【参考文献】

Becker, Gary（1964）*Human Capital: A Theoretical and Empirical Analysis, with Special Reference to Education,* Chicago: The University of Chicago Press.

────（1971）*The Economics of Discrimination*（2nd Edition）, University of Chicago Press.

Kawaguchi, Daiji（2007）"A Market Test for Sex Discrimination: Evidence from Japanese Firm-Level Data," *International Journal of Industrial Organization* 25（3）, pp.441-460.

Kuroda, Sachiko and Isamu Yamamoto（2013a）"Firm's demand for work hours: Evidence from multi-country and matched firm-worker data," *Journal of the Japanese and International Economies* 29（3）, pp.57-73.

────・────（2013b）"Do peers affect determination of work hours? Evidence based on unique employee data from global Japanese firms in Europe," *Journal of Labor Research* 34（3）, pp.359-388.

Lazear, Edward（1979）"Why Is There Mandatory Retirement?" *Journal of Political Economy* 86（6）, pp.1261-1284.

──── and Sherwin Rosen（1981）"Rank-Order Tournaments as Optimum Labor Contracts," *Journal of Political Economy* 89（5）, pp.841-864.

Phelps, Edmund（1972）"The Statistical Theory of Racism and Sexism," *American Economic Review* 62（4）, pp.659-661.

川口章（2011）「長期雇用制度とワーク・ライフ・バランス施策が女性の活躍に及ぼ
す影響」『ワーク・ライフ・バランス社会の実現と生産性の関係に関する研究 報
告書』内閣府経済社会総合研究所、81-96 ページ。

──────（2008）『ジェンダー経済格差』勁草書房。

──────・西谷公孝（2011）「コーポレート・ガバナンスと女性の活躍」『日本経済研究』No.65、65-93 ページ。

経済産業省（2012）「企業活力とダイバーシティ推進に関する研究会報告書」経済産業省。

佐野晋平（2005）「男女間賃金格差は嗜好による差別が原因か」『日本労働研究雑誌』No.540、55-67 ページ。

Siegel, Jordan・児玉直美（2011）「日本の労働市場における男女格差と企業業績」*RIETI Discussion Paper Series*, 11-J-073.

駿河輝和・張建華（2003）「育児休業制度が女性の出産と継続就業に与える影響について─パネルデータによる計量分析」『季刊家計経済研究』No.59、56-63 ページ。

冨田安信（1994）「女性が働き続けることができる職場環境─育児休業制度と労働時間制度の役割」『経済研究』39(2)、43-56 ページ。

長江亮（2008）「均等推進・ファミリー・フレンドリー施策と企業業績─施策が円滑に機能する条件」早稲田大学高等研究所。

樋口美雄（1994）「育児休業の実証分析」社会保障研究所編『現代家族と社会保障』東京大学出版会、181-204 ページ。

松繁寿和・武内真美子（2008）「企業内施策が女性従業員の就業に与える効果」『国際公共政策研究』13(1)、257-271 ページ。

森田陽子・金子能宏（1998）「育児休業制度の普及と女性雇用の勤続年数」『日本労働研究雑誌』No.459、50-60 ページ。

山口一男（2007）「男女の賃金格差解消への道筋：統計的差別に関する企業の経済的非合理性について」*RIETI Discussion Paper Series*, 07-J-038.

──────（2017）『働き方の男女不平等：理論と実証分析』日本経済新聞出版社。

山本勲（2014a）「企業における職場環境と女性活用の可能性─企業パネルデータを用いた検証─」*RIETI Discussion Paper Series*, 14-J-017.

──────（2014b）「上場企業における女性活用状況と企業業績との関係 ─ 企業パネルデータを用いた検証」*RIETI Discussion Paper Series*, 14-J-016.

──────・黒田祥子（2014）『労働時間の経済分析：超高齢社会の働き方を展望する』日本経済新聞出版社。

脇坂明（2006）「均等度とファミフレ度の関係からみた企業業績」『両立支援と企業業績に関する研究会報告書』第 3 部第 6 章、ニッセイ基礎研究所。

──────（2007）「均等、ファミフレが財務パフォーマンス、職場生産性に及ぼす影響」『仕事と家庭の両立支援にかかわる調査』JILPT 調査シリーズ No.37、第Ⅱ部第 4 章、労働政策研究・研修機構。

第 7 章

地域の育児支援政策の
就業・出産への効果[*]

伊藤大貴・山本勲

1 女性の就業と出産行動

　本章では、慶應義塾大学が 2004 年より実施している『日本家計パネル調査（Japan Household Panel Survey、以下、JHPS/KHPS)』と厚生労働省の大規模マイクロパネルデータである『21 世紀成年者縦断調査(Longitudinal Survey of Adults in the 21st Century、以下、LSA)』を用いて、地方自治体による育児支援策が女性の就業と出産に与えた効果を検証する。具体的には、2004 年度に実施された「子育て支援総合推進モデル市町村事業」に着目し、同事業を契機に行われた地域の育児支援により、女性の就業や出産行動がどのように変化したのかを明らかにする。

　少子高齢化が急速に進んでいる今日の日本において、仕事と育児の両立を図ることのできる環境づくりの重要性が、より一層増している。若年層の労働力人口が年々減少しつつある昨今においては、女性の労働参加を促すことはもちろん、出生率の向上を図り、将来の労働力を確保するような取り組みが必要となる。

＊　本章は、厚生労働科学研究費補助金（政策科学総合研究事業（政策科学推進研究事業))「就業状態の変化と積極的労働市場政策に関する研究」（H26- 政策 - 一般 -003、研究代表：慶應義塾大学・山本勲）の助成を受けている。また、本章で使用した「21 世紀成年者縦断調査」の調査票情報は、統計法第 33 条の規定に基づき、厚生労働省より提供を受けた。ここに記して感謝したい。なお、本章にあり得べき誤りは、すべて筆者らによるものである。

　これらは日本の取り組むべき課題として元来指摘されてきたテーマであり、これまでにも政府主導による各種の取り組みが行われてきた。たとえば、1991年に制定された「育児休業制度」は仕事と育児の両立を目指す施策の最たる例として挙げられる。ほかにも、1986年の「男女雇用機会均等法」や1995年の「エンゼルプラン」、2003年の「少子化対策基本法」など、労働環境や出産・育児環境の改善を通じて女性の労働参加と出生率の改善を図る政策が行われている。近年では安倍政権が成長戦略の中核に「女性の活躍」を掲げるなど、仕事と育児の両立できる環境をいかに整えるかが今後も重要な政策の一つとして位置づけられているといえよう。

　このような女性の労働参加や出生率への関心の高まりに応じて、仕事と育児の両立を後押しする取り組みの効果を検証した研究が多く行われてきた。これらの研究は、その取り組みの担い手をもとに、①企業主体の両立支援策を検証したものと②地方自治体の両立支援策を検証したものの二つに区分できる。まず、企業主体の両立支援策については、「育児休業制度」に着目した研究が多く行われてきた。代表的な研究としては、樋口（1994）、森田・金子（1998）、駿河・西本（2002）、駿河・張（2003）、滋野・松浦（2003）、坂爪・川口（2007）、Asai（2015）などが挙げられる。これらは「育児休業制度」が女性社員の就業や出産行動に与えた影響を検証しており、使用しているデータや「育児休業制度」の変数が異なるものの、同制度を利用している女性社員ほど継続就業しやすいことや、出産確率が高いという結果が多くの研究によって示されている。

　一方で、地方自治体が主体となる政策に焦点を当てた研究では、地域の保育所が女性就業や出産に与える効果に関心が寄せられてきた。このうち、女性就業に関連した研究としては、永瀬（1997）、清水谷・野口（2004）、樋口ほか（2007）、宇南山（2011）、Asai *et al.*（2015）、出産に関しては、加藤（2000）、樋口（2000）、樋口ほか（2007）などがある。

　これらの研究を概観してみると、女性の就業に関しては、保育料の引き上げが女性就業率の低下につながる可能性が示されている一方で、保育所定員などのキャパシティが女性就業に与える影響については一致した見解が得られていない。女性の出産については、保育所のキャパシティが出産行動を促

進する可能性を示唆する研究とそうでないものが見受けられ、少なくとも保育キャパシティが出産にどのような影響を及ぼすのかについては明確な結果が得られていないといえる。

　こうした地域主体の育児支援政策を扱う研究の一つとして、本章では、2004 年に行われた「子育て支援総合推進モデル市町村事業」に着目し、保育キャパシティを含めた包括的な地域の育児支援政策が女性の就業や出産行動に与えた効果を検証する。「子育て支援総合推進モデル市町村事業」は、政府が特定の市区町村をモデル地域として指定し、育児支援の推進や普及にかかる経費補助などの支援を施した政策である。次節で述べるように、この政策では、2004 年以降の育児支援に積極的な姿勢をみせる市区町村がモデル地域として選ばれている。本章のねらいは、こうして選ばれたモデル地域とその他の地域との比較を通して、地域主体の包括的な育児支援が女性の就業や出産行動に与えた効果を検証し、今後の育児支援政策についての含意を得ることにある。

　上記の分析フレームワークとして、本章では JHPS/KHPS および LSA の二つのパネルデータを用いて、「子育て支援総合推進モデル市町村事業」で指定されたモデル地域の居住者をトリートメントグループ、その他をコントロールグループとした Difference-in-Difference 分析（以下、DD 分析）を行う。

　本章で利用する JHPS/KHPS では、サンプルの居住地域を市区町村レベルで捉えており、地域を正確に区別して本事業の効果を検証することが可能である。他方、LSA では居住地域情報が都道府県レベルにとどまっているものの、大規模な調査対象者数を有していることから、JHPS/KHPS ではサンプルサイズが小さいために行うことのできない出産行動の分析が可能である。

　このようにそれぞれ特徴の異なる二つのデータを利用し、本章ではまず JHPS/KHPS を用いて女性の就業への効果を確認し、続いて LSA を用いて女性の就業に対する効果の頑健性を確認しつつ、女性の出産行動に与えた影響の検証を試みる。

　本章の構成は以下のとおりである。次節では、分析の背景として、「子育

て支援総合推進モデル市町村事業」の概要を紹介するとともに、本章に関連
した先行研究を概観する。続く3節では、本章で用いる分析手法とデータを
紹介する。4節では、JHPS/KHPS および LSA を分析結果とその考察をそ
れぞれ提示し、最後に5節にて分析結果に基づく政策含意を述べる。

2 「子育て支援総合推進モデル市町村事業」の概要と 関連研究

　以下では、本章の分析対象である「子育て支援総合推進モデル市町村事業」
の概要について、その制定背景とともに紹介したい。「子育て支援総合推進
モデル市町村事業」は、少子化対策として 2003 年に制定された「次世代育
成支援対策推進法」の流れを汲み、2004 年に制定された事業である。その
趣旨として、「平成 16 年度末までに策定する市町村行動計画において、各種
の子育て支援事業に総合的・積極的に取り組もうとする市町村を 50 カ所程
度指定し、全国的な子育て支援事業の推進に資する[1]」とあるように、約 50
の市区町村をモデル地域として指定し、その地方自治体による育児政策を政
府が援助するというのが同事業の取り組みである。
　モデル地域の指定については「次世代育成支援対策推進法」により全国の
市区町村が作成した行動計画に基づき、育児に関する政策の計画内容が優れ
た市区町村がモデル地域に指定されている。具体的には、各市区町村が作成
した前期行動計画（2005-09 年）と後期行動計画（2010-14 年）のうち、前期
行動計画に記された育児に関する計画内容が優れた市区町村がモデル地域と
して指定されている。選定時には、計画内容に政府の掲げる必須事業（子育
て短期預かり支援事業・居宅子育て支援事業・子育て相談支援事業・子育て
支援総合コーディネート事業）の実施、ならびに選択事業（子育て短期支援
事業・訪問型一時保育・特定保育事業など）の一部実施が求められ、多種多
様な保育サービスの提供に積極的な姿勢をみせる市区町村が選ばれている[2]。

---

1)　厚生労働省より引用（http://www.mhlw.go.jp/houdou/2004/06/h0618-6b.html）。
2)　詳細については厚生労働省（http://www.mhlw.go.jp/houdou/2004/06/h0618-6.html）を参照
　　されたい。

　このように一部の地域を指定し、その地域による育児政策を政府がサポートするというかたちの取り組みは「子育て支援総合推進モデル市町村事業」が初めてといえる。また、この政策では必須事業の実施が要求されているものの、みずからの地域に必要となる事業に力点を置くといった余地が残されている。これらに鑑みると、旧来みられるような同一の事業内容の取り組みを求めるトップダウン型の政策とは異なるという観点からも、「子育て支援総合推進モデル市町村事業」のような取り組みにどの程度の効果が見込めるのかを明らかにすることの意義は大きいといえよう。

　「子育て支援総合推進モデル市町村事業」のように、特定の地域を対象に行われた育児政策はカナダで行われている。それに応じて、同政策が女性の就業や出産、さらには子どもの発育に与えた効果が検証されてきた（Pierre and Merrigan［2008］、Michael *et al.*［2008］、Pierre *et al.*［2009］など）。この政策は、カナダのケベック州を対象に1997年より開始され、4歳児への保育サービスを割引価格で提供するというものである。同政策を扱うこれらの先行研究では、ケベック州居住者をトリートメントグループ、その他をコントロールグループとしたDD分析が行われ、同政策が女性の就業を促進させた可能性を示唆する結果が得られている。本章でもこの分析フレームワークを参考に、「子育て支援総合推進モデル市町村事業」に基づく地域主体の育児支援政策の効果を検証する。

3　モデル市町村事業に対する政策評価の方法と 利用データ

　前節で触れたとおり、「子育て支援総合推進モデル市町村事業」では一部の市区町村のみがモデル地域として指定されている。この情報を活用し、本章でもカナダの先行研究と同様に、モデル地域居住者をトリートメントグループ、その他をコントロールグループとしたDD分析を行う。

　本章の分析フレームワークとして、女性の雇用および出産について、以下(1)式に示される雇用および出産関数を変量効果プロビットモデルで推計する。

$$Y_{it} = M_i T_t \beta_1 + \beta_2 M_i + T_t \beta_3 + X_t \beta_4 + F_i + \varepsilon_{it} \tag{1}$$

Y_{it} は個人 $i \cdot t$ 年における雇用・正規雇用・非正規雇用・本意型非正規雇用ダミー、あるいは出産ダミーを示す。また、M_i はモデル地域ダミー、T_t は年ダミーベクトルを示す。その他、X_t は個人属性を含めたコントロール変数ベクトル、F_i は時間不変の固有効果、ε_{it} は誤差項を示す。上記(1)式では、「子育て支援総合推進モデル市町村事業」の政策効果として、モデル地域ダミーと年ダミーの交差項の係数である β_1 に平均処置効果が示される。

　なお、本章では、政策効果が表れるまでのラグを考慮した分析を行っている。具体的には、2007-09 年、2010-12 年を年ダミーとして作成し、政策開始前かつ政策開始後まもない 2006 年までをベースに、これら 2 期間とモデル地域ダミーの交差項で政策効果を捉えている。

　利用データは、2004 年から 2012 年までの計 9 年分の JHPS/KHPS、および 2002 年から 2012 年にわたる 11 年分の LSA の 2 種類の個票データである。JHPS/KHPS は、2004 年から毎年 1 月末時点に行われているパネル調査である。

　他方、LSA は、2002 年 10 月時点で 20～34 歳である男女およびその配偶者を対象に、2002 年から 2015 年まで行われた調査である。本章ではこれらの調査対象者のうち、育児支援政策のターゲット層となる既婚・40 歳未満の女性を対象として分析を行う。なお、JHPS/KHPS では 2007 年と 2010 年に新たに調査対象者を追加しているが、2004 年に実施された「子育て支援総合推進モデル市町村事業」の前後での就業・出産行動の変化を捉えるため、以降の分析では 2004 年時点でのサンプルに限定している[3]。

　以下、表 7-1 の基本統計量をもとに、分析で用いる各変数を紹介する。まず、被説明変数には、雇用・正規雇用・非正規雇用・本意型非正規雇用・出産ダミーを利用する。雇用ダミーは、個人が企業に雇用されている場合に 1 となるダミー変数であり、それを細かい雇用形態別に捉えているのが正規雇

---

3)　「子育て支援総合推進モデル市町村事業」は 2004 年 4 月に開始されたことから、毎年 1 月末に調査している JHPS/KHPS の 2004 年データには政策開始前の状態が反映されている。

表 7-1　基本統計量

変数	KHPS		LSA	
	モデル地域	非モデル地域	モデル地域	非モデル地域
雇用ダミー	0.375	0.460	0.441	0.515
	(0.485)	(0.498)	(0.497)	(0.500)
正規雇用ダミー	0.106	0.157	0.170	0.233
	(0.308)	(0.364)	(0.375)	(0.423)
非正規雇用ダミー	0.260	0.291	0.271	0.281
	(0.439)	(0.454)	(0.445)	(0.450)
本意型非正規雇用ダミー	0.254	0.271		
	(0.435)	(0.444)		
出産ダミー			0.096	0.105
			(0.295)	(0.307)
年齢	33.783	33.754	33.117	32.871
	(3.966)	(3.938)	(3.719)	(3.817)
大卒・大学院卒ダミー	0.194	0.131	0.168	0.106
	(0.395)	(0.337)	(0.374)	(0.308)
短大・高専卒ダミー	0.290	0.264	0.399	0.396
	(0.454)	(0.441)	(0.490)	(0.489)
配偶者年収（万円）	482.452	467.504	462.243	400.188
	(190.440)	(194.171)	(186.929)	(171.629)
同居ダミー	0.053	0.110		
	(0.224)	(0.313)		
準同居ダミー	0.104	0.107		
	(0.306)	(0.309)		
親同居ダミー			0.257	0.375
			(0.437)	(0.484)
6 歳未満子ども数	0.966	0.839	0.826	0.861
	(0.820)	(0.844)	(0.810)	(0.823)
サンプルサイズ	682	3858	34490	12835

注：表内の数値は平均値、（　）内は標準偏差を示す。

用ダミー・非正規雇用ダミー・本意型非正規雇用ダミーである。

　ここでの本意型非正規雇用ダミーとは、個人が望んで非正規雇用として就業している場合に 1 となるダミー変数である。最後に、出産ダミーは個人が出産した場合に 1 をとるダミー変数である。なお、本意型非正規雇用ダミーは JHPS/KHPS でのみ取得できるデータであるため、JHPS/KHPS での分析のみに利用している。また、出産ダミーについては、JHPS/KHPS では分析

対象期間における出産経験サンプルが少ないため、出産に関する以降の分析ではLSAのみを利用している。

説明変数には、年ダミー（2007-09年ダミー、2010-12年ダミー）のほか、個人属性として、年齢・学歴（大卒・大学院卒ダミー、短大・高専卒ダミー、中学・高校卒ダミー）、配偶者年収、親の同居の有無（同居ダミー、準同居ダミー）[4]、6歳未満子ども数を用いている。

なお、モデル地域ダミーとしては、JHPS/KHPSではモデル地域として指定された市区町村を1、LSAではモデル地域として指定された市区町村を含む都道府県を1とするダミー変数を利用しているが、LSAではサンプルの居住地に関する情報が都道府県単位に限定されていることに加えて、居住地域情報が調査開始時点の2002年のみに限られているため、モデル地域に指定された市区町村の居住者、および分析対象期間に都道府県をまたぐ移動を行ったサンプルを特定することができず、LSAを用いた分析ではこれらに伴うバイアスが反映されている可能性は否定できない。この点については本章の限界であり、今後の課題としたい。

4 モデル市町村事業が女性の就業や出産に与えた効果

（1） JHPS/KHPS を用いた分析結果

まず、「子育て支援総合推進モデル市町村事業」に基づく地域主体の育児支援政策が女性の就業に与えた効果についてみていきたい。表7-2にはJHPS/KHPSを用いた分析結果を示しており、推計①では女性全般に関する効果を掲載している。さらに、地域主体の育児支援政策がどのような属性を持つ女性に効果がみられたのかを確認するため、本章では女性の学歴や子ども数との交差項を用いた推計を行い、表7-2の推計②では女性の学歴別、推計③では女性の子ども数に応じてみられる政策の相乗効果を掲載した。

---

[4] 「親と同一建物で生活し、かつ生計をともにしている」場合は同居、「親と同一建物で生活・生計は別、あるいは親と同一敷地内の別の建物に居住する」場合は準同居に区分される。なお、縦断調査ではこれらの区別ができないため、分析では親同居ダミーを用いている。

表 7-2　女性就業への効果（JHPS/KHPS）

	変数	雇用		正規雇用		非正規雇用		本意型非正規雇用	
		係数	限界効果	係数	限界効果	係数	限界効果	係数	限界効果
推計①	モデルダミー	− 0.0388	− 0.0148	− 0.905**	− 1.86e−07**	0.288	0.0708	0.310	0.0737
	×2007-09 年ダミー	(0.229)	(0.0864)	(0.444)	(8.58e−08)	(0.218)	(0.0606)	(0.212)	(0.0576)
全サンプル	モデルダミー	0.511	0.201	− 0.0390	− 2.84e−08	0.584**	0.163	0.561**	0.150
	×2010-12 年ダミー	(0.314)	(0.123)	(0.452)	(2.99e−07)	(0.292)	(0.0996)	(0.284)	(0.0933)
	サンプルサイズ	4149							
推計②	モデルダミー								
	×2007-09 年ダミー	− 0.409	− 0.143			0.120	0.0273	− 0.0375	− 0.00747
相乗効果	×大卒・大学院卒ダミー	(0.741)	(0.232)			(0.671)	(0.163)	(0.562)	(0.110)
（学歴）	モデルダミー								
	×2007-09 年ダミー	− 0.332	− 0.119	− 3.129***	− 1.05e−07**	0.122	0.0280	0.138	0.0304
	×短大・高専卒ダミー	(0.439)	(0.145)	(0.586)	(4.91e−08)	(0.463)	(0.113)	(0.454)	(0.107)
	モデルダミー								
	×2010-12 年ダミー	− 0.149	− 0.0555	− 2.006	− 8.85e−08**	0.295	0.0736	0.332	0.0808
	×大卒・大学院卒ダミー	(0.831)	(0.301)	(1.955)	(4.15e−08)	(0.845)	(0.240)	(0.813)	(0.230)
	モデルダミー								
	×2010-12 年ダミー	0.816	0.315	− 1.981***	− 9.13e−08**	1.119**	0.368*	0.971*	0.301
	×短大・高専卒ダミー	(0.608)	(0.213)	(0.711)	(4.31e−08)	(0.547)	(0.217)	(0.524)	(0.205)
	サンプルサイズ	4149		4116		4149		4149	
推計③	モデルダミー								
	×2007-09 年ダミー	0.467	0.184	0.333	6.99e−07	0.118	0.0269	0.0184	0.00378
相乗効果	×子ども 1 人ダミー	(0.395)	(0.155)	(0.879)	(3.67e−06)	(0.356)	(0.0861)	(0.345)	(0.0717)
（子ども数）	モデルダミー								
	×2007-09 年ダミー	− 0.232	− 0.0851	− 0.453	− 1.51e−07	0.0426	0.00935	− 0.0297	− 0.00594
	×子ども 2 人以上ダミー	(0.458)	(0.160)	(0.876)	(1.06e−06)	(0.480)	(0.108)	(0.475)	(0.0935)
	モデルダミー								
	×2010-12 年ダミー	0.164	0.0640	0.474	1.57e−06	0.149	0.0345	− 0.0459	− 0.00910
	×子ども 1 人ダミー	(0.483)	(0.191)	(0.816)	(6.73e−06)	(0.456)	(0.114)	(0.442)	(0.0853)
	モデルダミー								
	×2010-12 年ダミー	1.179**	0.428***	− 0.381	− 1.42e−07	1.213**	0.405*	1.074**	0.342
	×子ども 2 人以上ダミー	(0.541)	(0.147)	(0.791)	(1.17e−07)	(0.557)	(0.220)	(0.548)	(0.217)
	サンプルサイズ	4149							

注 1：表内の数値は平均値、（ ）内は標準偏差を示す。
　2：*、**、*** はそれぞれ、10、5、1％水準で有意であることを示す。
　3：各変数（年齢・学歴・配偶者年収・親同居の有無・子ども数）をコントロールした結果を掲載している。

　表 7-2 の推計①を見てみると、非正規雇用および本意型非正規雇用におい
て、モデルダミーと 2010-12 年ダミーの交差項の係数が正に有意となってい
ることがわかる。これは、育児支援政策後の 2010-12 年における非正規雇用
と本意型非正規雇用の就業確率が高まったことを示しており、育児支援政策
の効果が示唆される。ただし、限界効果では有意性は観察されず、これら雇
用形態での就業確率への効果は必ずしも大きいものではなかった可能性があ
る。なお、正規雇用においては、2007-09 年における就業確率が低下したこ

とが分析により示されているが、その限界効果は非常に小さく、影響度合い
は限定的なものであったと解釈できる。

　続いて、女性の学歴との交差項を示す推計②を見ていきたい。表7-2が示
すとおり、2010-12年において、短大・高専卒女性の非正規雇用としての就
業確率が約3~4割ほど高まったことがわかる。また、限界効果では有意性
がみられないものの、同時期における短大・高専卒の本意型非正規雇用とし
ての就業確率も高まった可能性がうかがえる。なお、推計①と同様に、政策
後に正規雇用としての就業確率が低下したことが示されており、この時期に
正規雇用から非正規雇用への代替が生じた可能性が懸念される。ただし、先
と同様に正規雇用に対する限界効果は非常に小さいため、非正規雇用への就
業確率の限界効果と比較しても、その代替の影響は大きいものではないと考
えられる。

　最後に、子ども数との相乗効果を示す推計③を見ていく。ここでは、
2010-12年において、子どもが2人以上いる女性の雇用・非正規雇用・本意
型非正規雇用確率が高まったことが示されている。特に、限界効果に有意性
がみられる雇用と非正規雇用に着目すると、子どもが2人以上いる女性の雇
用確率が2010-12年において約4割高まったことが読み取れ、地域主体の育
児支援政策が子どもを多く持つ女性の雇用・非正規雇用確率を高めたことが
示唆される。

（2）　LSAを用いた分析結果

　次に、LSAを用いた分析結果を紹介したい。はじめに、女性の就業に関
する分析結果を示した表7-3を見ていく。なお、JHPS/KHPSでの分析と同
様に、LSAを用いた分析でも女性の各属性と育児支援政策の相乗効果に着
目する。具体的な分析フレームワークとして、以下ではLSAが有する大規
模なサンプルサイズを活かし、分析サンプルを年齢別・学歴別に分けた検証
を試みている。表7-3では、推計④が全サンプル、推計⑤が年代別サンプル、
推計⑥が学歴別サンプルでの結果を示している。

　表7-3の推計④を見てみると、雇用・正規雇用・非正規雇用のいずれにお
いても、モデルダミーと2007-09年ダミーおよび2010-12年ダミーの交差項

表 7-3　女性就業への効果（LSA・JHPS/KHPS）

変数		限界効果			サンプルサイズ
		雇用	正規雇用	非正規雇用	
推計④：LSA 全サンプル	モデルダミー（都道府県） ×2007-09 年ダミー	−0.0294 (0.0287)	−2.82e-08 (2.02e-08)	−0.00125 (0.0125)	
	モデルダミー（都道府県） ×2010-12 年ダミー	−0.00809 (0.0409)	−2.08e-08 (2.78e-08)	0.000691 (0.0179)	31905
推計⑤：LSA 年齢別 20 代	モデルダミー（都道府県） ×2007-09 年ダミー	−0.00411 (0.0693)	2.49e-06 (6.21e-06)	−0.0124 (0.0229)	
	モデルダミー（都道府県） ×2010-12 年ダミー	−0.0812 (0.119)	1.56e-06 (8.26e-06)	−0.0427* (0.0226)	4362
30 代	モデルダミー（都道府県） ×2007-09 年ダミー	−0.0199 (0.0328)	−6.73e-09 (2.27e-08)	0.00654 (0.0136)	
	モデルダミー（都道府県） ×2010-12 年ダミー	0.0149 (0.0482)	−5.09e-09 (1.76e-08)	0.0151 (0.0208)	27543
推計⑥：LSA 学歴別 大卒・大学院卒	モデルダミー（都道府県） ×2007-09 年ダミー	−0.00791 (0.0908)	1.30e-07 (6.27e-07)	−0.00962 (0.0127)	
	モデルダミー（都道府県） ×2010-12 年ダミー	−0.0366 (0.125)	−2.43e-08 (1.40e-07)	−0.00988 (0.0175)	5372
短大・高専卒	モデルダミー（都道府県） ×2007-09 年ダミー	−0.0284 (0.0453)	−6.79e-07 (6.34e-07)	0.00331 (0.0173)	
	モデルダミー（都道府県） ×2010-12 年ダミー	0.0100 (0.0620)	−4.92e-07 (7.36e-07)	0.0103 (0.0245)	13212
推計⑦：KHPS 全サンプル	モデルダミー（都道府県） ×2007-09 年ダミー	0.0458 (0.0828)	6.99e-07 (8.32e-06)	0.0165 (0.0464)	
	モデルダミー（都道府県） ×2010-12 年ダミー	0.0192 (0.103)	6.49e-06 (7.15e-05)	−0.0242 (0.0459)	4149

注 1：表内の数値は平均値、（　）内は標準偏差を示す。
　2：*、**、*** はそれぞれ、10、5、1％水準で有意であることを示す。
　3：各変数（年齢・学歴・配偶者年収・親同居の有無・子ども数）をコントロールした結果を掲載している。

には有意な結果が得られていないことがわかる。このような JHPS/KHPS
との結果の相違は年齢別・学歴別にサンプルを分けた場合にも確認されてい
る。それぞれの結果について細かく見ていくと、まず年齢別サンプルを用い
た推計⑤では、モデルダミーと年ダミーの交差項のいずれにおいても正に有
意な結果は見られず、20 代においては 2010-12 年における非正規雇用確率
が 4％ほど低下した可能性もうかがえる。学歴別サンプルを用いた推計⑥で
も同様に、モデルダミーと年ダミーとの交差項に有意な結果は得られていな
い。
　以上の推計④〜⑥の結果をまとめると、これらの雇用・正規雇用・非正規

雇用としての就業促進という側面からは、「子育て支援総合推進モデル市町村事業」に基づく地域主体の育児支援政策の効果は確認できていないことになる。

　ただし、これら一連の分析において顕在化した JHPS/KHPS の分析結果との相違は、分析に使用している地域情報データのちがいに起因するとも考えられる。具体的には、サンプルの居住地に関する情報について、JHPS/KHPS では市区町村単位で把握できる一方で、LSA では都道府県単位での情報に限られる。このため、政策の対象となるサンプルをピンポイントで捉えている JHPS/KHPS に対し、LSA を用いた分析では周辺地域をも含めた影響を捉えていることとなり、こうした地域情報のちがいが分析結果の差異として表れている可能性がある。

　そこで、以上の点を確認するため、表7-2 の分析で使用した JHPS/KHPS を用いて、LSA と同じく都道府県単位の地域情報をもとにした分析を行った。表7-3 の推計⑦にその分析結果を示している。

　推計⑦を見ると、LSA を用いた結果である推計④と同様に、モデル地域ダミーと年ダミーとの交差項に有意性がみられず、政策効果を支持する結果が得られていない。これは、JHPS/KHPS と LSA のそれぞれを用いた分析結果の差異が生じる一つの可能性として、分析に使用したサンプルの地域情報の精度のちがいが影響していることを裏づけていると考えられる。

　続いて、LSA を用いた女性の出産に関する分析を考察する。表7-4 には、出産ダミーを被説明変数として、推計⑧は全サンプル、推計⑨は年齢別、推計⑩は学歴別にサンプルを分けた分析結果をそれぞれ示している。

　まず、全サンプルを対象にした推計⑧の分析結果を見てみると、モデルダミーと 2007-09 年ダミーの交差項が正に有意となっていることがわかる。その限界効果から、モデル地域在住者の出産確率は、2007-09 年には約 1.7%上昇したことが読み取れる。2004 年に開始された「子育て支援総合推進モデル市町村事業」のモデル地域が、2005-09 年にかけての前期行動計画をもとにして指定されたことを踏まえると、前期行動計画の終盤にあたる 2007-09 年に出産確率の上昇というかたちで政策効果が表れてきた可能性が示唆される。

表7-4　出産行動への効果（LSA）

	変数	出産限界効果	サンプルサイズ
推計⑧ 全サンプル	モデルダミー（都道府県） ×2007-09年ダミー	0.0167** (0.00850)	
	モデルダミー（都道府県） ×2010-12年ダミー	0.00197 (0.00936)	31907
推計⑨ 年齢別　20代	モデルダミー（都道府県） ×2007-09年ダミー	0.0250 (0.0285)	
	モデルダミー（都道府県） ×2010-12年ダミー	0.0338 (0.0472)	4362
30代	モデルダミー（都道府県） ×2007-09年ダミー	0.0150* (0.00883)	
	モデルダミー（都道府県） ×2010-12年ダミー	−0.00244 (0.00912)	27545
推計⑩ 学歴別　大卒・大学院卒	モデルダミー（都道府県） ×2007-09年ダミー	−0.0184 (0.0241)	
	モデルダミー（都道府県） ×2010-12年ダミー	0.0181 (0.0302)	5372
短大・高専卒	モデルダミー（都道府県） ×2007-09年ダミー	0.0112 (0.0133)	
	モデルダミー（都道府県） ×2010-12年ダミー	−0.00347 (0.0145)	13212
中学・高校卒	モデルダミー（都道府県） ×2007-09年ダミー	0.0321** (0.0127)	
	モデルダミー（都道府県） ×2010-12年ダミー	−0.00223 (0.0126)	13323

注1：表内の数値は平均値、（ ）内は標準偏差を示す。
　2：*、**、***はそれぞれ、10、5、1％水準で有意であることを示す。
　3：各変数（年齢・学歴・配偶者年収・親同居の有無・子ども数）をコントロールした
　　　結果を掲載している。

　出産確率の上昇という効果は、年齢別や学歴別の分析結果からも確認でき
る。具体的には、年齢別の分析結果である推計⑨に着目すると、2007-09年
における30代女性の出産確率が高まったことが示されており、その限界効
果は約1.5％であったことが読み取れる。また、学歴別の結果である推計⑩
からは、同じく2007-09年において、中学・高校卒女性の出産確率が約3.2％
高まったことが読み取れる。

　これらの結果から、「子育て支援総合推進モデル市町村事業」に基づいて
モデル地域が積極的な育児支援政策を実施したことにより、女性の出産確率
が高まり、特に30代女性や中学・高校卒の女性に対して効果的な役割を果
たした可能性が高いといえよう。

5   地域の育児支援政策の効果と課題

　本章では、『慶應義塾家計パネル調査』および『21 世紀成年者 LSA』の二つの異なるマイクロパネルデータを用いて、地方自治体による育児支援策が女性の就業と出産に与える効果を検証した。具体的には、2004 年に実施された「子育て支援総合推進モデル市町村事業」に着目し、同事業を契機に行われた地域主体の育児支援政策について、女性就業と出産の両側面からその効果を検証した。

　本章での分析の結果、女性の就業に関しては、「子育て支援総合推進モデル市町村事業」の対象となった市区町村の居住者では、女性の非正規雇用、特にみずから望んで非正規雇用に就く「本意型非正規雇用」というかたちで労働市場への参加が進んだ可能性が示された。ただし、分析サンプルの居住地域情報を都道府県単位にした場合、このような政策効果が観察されない点については留意が必要である。

　他方、女性の出産においては、地域主体の育児支援政策が女性の出産行動を促進した可能性があることや、30 代女性や中学・高校卒女性に対しての効果がより顕著であったことなどが示された。具体的には、30 代女性では約 1.5%、中学・高校卒女性では約 3.2%、既婚・20〜30 代女性全体では 1.7% ほど出産確率が高まったという結果が得られている。

　これまでの結果を踏まえ、以下では、今後の育児支援政策を策定するうえで検討するべき点について、分析から得られる含意と本章の限界とあわせて述べていきたい。

　はじめに本章の分析結果より、「育児支援の具体的な取り組み内容は各地方自治体に判断させ、政府はそれを後押しする」といったスタイルの育児支援政策には一定の効果を見込める可能性があるという点が指摘できる。2 節で触れたとおり、本章で着目した「子育て支援総合推進モデル市町村事業」は、各市区町村に育児支援への取り組みを計画させ、政府は優れた計画内容の市区町村をサポートするという形式の政策である。育児支援政策といっても、各地域では育児に関して異なる問題・課題を抱えている場合には、それ

ぞれで必要となる取り組みも当然ながら異なるといえる。この点、「子育て支援総合推進モデル市町村事業」では、みずからの地域の現状を詳しく把握している地方自治体に取り組み内容を決める裁量が残されているという意味で、より効果的な育児支援を行える可能性が高いと考えられる。

　これと関連して、より効果的・効率的に育児支援を行うためには、具体的にどのような取り組みがどのような効果を持つのかを検証する必要があるといえる。少子高齢化や人口減少など、地方の財政状況を悪化させ得る状況に歯止めがかからない現状では、各地方自治体がみずからの地域に必要である育児支援を効率的に行う必要性が増している。

　本章の分析では、子育て短期預かり支援や居宅子育て支援などの「保育サービス」と保育所定員の「保育キャパシティ」も含めた、地域による包括的な育児支援政策の効果を検証しているが、個々の取り組みの効果については検証できていない。この点を検証するためにも、各地方自治体による個々の事業がどの程度行われたのかを把握できるデータを整備し、各取り組みの効果を検証できる環境を整えることも、今後の育児支援政策を策定するうえで重要な点であるといえよう。

　最後に、より精度が高い大規模マイクロパネルデータが今後の政策策定において重要な役割を担うと指摘できる。本章では JHPS/KHPS と LSA の二つの異なるパネルデータを用いたが、分析内容によってはそれぞれが十分に機能し得ない可能性がある。今回の例でいえば、JHPS/KHPS では出産経験サンプルが少ないために、本章では出産に関する JHPS/KHPS を用いた分析を行えていない。一方で、LSA は豊富なサンプルサイズを有しているものの、JHPS/KHPS と比べると地域情報が粗いといった欠点もある。今後の政策、とりわけ本章で取り上げた育児支援のような地域主体の政策を考えるうえでは、サンプルの正確な地域情報に基づく政策評価がより一層重要性を増しているといえる。今後は、より詳細な地域情報を含むマイクロパネルデータが整備され、より精緻な分析を進めることが期待される。

【参考文献】

Baker, Michael, Jonathan Gruber, and Kevin Milligan (2008) "Universal Child Care, Maternal Labor Supply, and Family Well-Being," *Journal of Political Economy* vol.116, issue 4, pp.709-745.

Lefebvre, Pierre and Philip Merrigan (2008) "Child-Care Policy and the Labor Supply of Mothers with Young Children: A Natural Experiment from Canada," *Journal of Labor Economics* vol.26, issue 3, pp.519-548.

————, ————, and Matthieu Verstraete (2009) "Dynamic labor supply effects of childcare subsidies: Evidence from a Canadian natural experiment on low-fee universal child care," *Labour Economics* vol.16, issue 5, pp.490-502.

Yukiko Asai (2015) "Parental Leave Reforms and the Employment of New Mothers: Quasi-experimental Evidence from Japan," *Labour Economics* vol.36, pp.72-83.

————, Ryo Kambayashi, and Shintaro Yamaguchi (2015) "Childcare Availability, Household Structure, and Maternal Employment," *Journal of the Japanese and International Economies* vol.38, pp.172-192.

宇南山卓 (2011)「結婚・出産と就業の両立可能性と保育所の整備」『日本経済研究』No.65。

加藤久和 (2000)「出生・結婚および労働市場の計量分析」『人口問題研究』No.56(1)、38-60 ページ。

坂爪聡子・川口章 (2007)「育児休業制度が出生率に与える影響」『人口学研究』No.40。

滋野由紀子・松浦克己 (2003)「出産・育児と就業の両立を目指して―結婚・就業選択と既婚・就業女性に対する育児休業制度の効果を中心に―」『季刊社会保障研究』No.39(1)、43-54 ページ。

清水谷諭・野口晴子 (2004)『介護・保育サービス市場の経済分析―ミクロデータによる実態解明と政策提言』東洋経済新報社。

駿河輝和・張建華 (2003)「育児休業制度が女性の出産と継続就業に与える影響について―パネルデータによる計量分析」『季刊家計経済研究』No.59、56-63 ページ。

————・———— (2002)「育児支援策が出生行動に与える影響」『季刊社会保障研究』No.37(4)、371-379 ページ。

永瀬伸子 (1997)「既婚女性の就業と保育政策」『労働市場研究会報告書』。

樋口美雄 (1994)「育児休業の実証分析」社会保障研究所編『現代家族と社会保障』東京大学出版会、181-204 ページ。

———— (2000)「女性労働と出生力」厚生科学研究政策科学推進事業平成 11 年度報告書『少子化に関する家族・労働政策の影響と少子化の見通しに関する研究』第 2 章。

─────・松浦寿幸・佐藤一磨（2007）「地域要因が出産と妻の就業継続に及ぼす影響について─家計経済研究所「消費生活に関するパネル調査」による分析─」*RIETI Discussion Paper Series*、07-J-012.

森田陽子・金子能宏（1998）「育児休業制度の普及と女性雇用の勤続年数」『日本労働研究雑誌』No.459、50-62 ページ。

第 Ⅲ 部

高齢者の労働力と定年・引退

第 8 章

中高年の就業意欲と
引退へのインセンティブ[*]

戸田淳仁

1　中高年の就業意欲に注目する意義

　人口減少が進む日本において労働力確保が重要な課題となっている。特に昨今では完全失業率が3％代までに下がり、完全失業者の多くがミスマッチによるものと推察され、こうしたミスマッチを解消するとともに、求職をしていないために完全失業者とみなされない非労働力人口に関しても、就業意欲を高め就業することが求められる。その際に注目されるのが女性の活用と高齢者の活用である。

　高齢者の活用については、高年齢者雇用安定法の改正により、定年の最低年齢を60歳としたまま希望者全員を65歳まで雇用確保し続けるなど、一企業において継続的に雇用し続ける動きがある一方、定年を迎え再雇用される際に、賃金低下など、働く人のモチベーションが下がるなどの結果がある。また、高齢者の就業意欲は国際的にみても高いとしても、希望する働き方ができず就業しない高齢者も一定程度みられる。

　高齢者の就業や引退プロセスの特徴を分析し、高齢者の労働需給の実態を

＊　本章は戸田（2016）の内容の一部を加筆・修正したものである。また、厚生労働省「中高年者縦断調査」の利用にあたっては、厚生労働科学研究費補助金（政策科学総合研究事業（政策科学推進研究事業））「就業状態の変化と積極的労働市場政策に関する研究」（H26―政策―一般 -003）に基づく目的外申請を行っている。なお、本稿に示される主張は著者の所属組織による主張ではないことを明記したい。

検証する研究はこれまでにも多くみられる（阿部 [1998]、山田 [2000]、三谷 [2001]、樋口・山本 [2002]、清家・山田 [2004]、樋口ほか [2006]、Oshio *et al.* [2011]、Shimizutani and Oshio [2013] など）。これらの先行研究は、高齢者の就業に対して、本人の職歴、学歴、年金などの非勤労所得、健康水準のほか、家族の状況（所得や健康状態）、地域の雇用環境、企業の人事制度、雇用情勢など、さまざまな要因が有意な影響をもたらすと指摘している。たとえば、清家・山田（2004）は、高齢者の就業にマイナスの影響を与える要因として、自身の健康悪化、高い非勤労所得、定年退職経験などを指摘している。また、樋口ほか（2006）は家庭内の要介護者の存在が、高齢者の就業・退職に一定の効果を与える点を指摘している。

　上記の分析は、主に高齢者の現実の就業形態に影響を与えている要因を分析しているわけだが、個人の就業希望にはあまり注目されていない。実際には個人の就業希望、特に何歳までどういう雇用形態で働きたいかという点については、こうした希望を持つことにより就業が促進される効果が期待されるわけだが、個人の希望が思いどおりにいくとはいえない。特に何歳まで働きたいかという希望は、日本で調査を行うと、多くの人が「可能な限り働きたい」と考えていることがわかる。こうした希望は実際就業や引退行動を考えるうえでどれだけ重要であろうか。また特に雇用形態の希望をかなえられない人は、どれくらいの程度で就業をあきらめてしまうだろうか。

　本章ではこのような問題意識に基づき、厚生労働省「中高年者縦断調査」の個票データを用いて就業意欲と実際の就業状況の関係について分析する。本章で用いる就業意欲は、現時点の就業意欲だけでなく、人生のうちで何歳まで働きたいかといった意欲を表すことにする。

　個人の意欲と実際の行動の関連に注目した分析はこれまでもいくつかみられる。たとえば浦川（2013）は、「定年到達者等の仕事と生活に関するアンケート調査」を用いた結果では、自営業やフルタイムでの就労を希望しているにもかかわらず実際には無業である高齢者が一定数存在し、それが高学歴者に多いことを示している。また、Yamada and Higo（2011）は、労働政策研究・研修機構の「60歳以降の継続雇用と就業選択に関する調査」の57～59歳男性のデータを用い、定年後の再雇用と希望する就業について検討しており、

再雇用後に最低限期待する賃金を予想賃金が下回ると、同一企業での再雇用を希望しなくなるが、再雇用を希望する場合でも、引退するのではなく職探しをすることなどが明らかになっている。

　しかし、これらの研究ではいずれもクロスセクションデータが用いられ、同一時点の就業希望と実際の就業形態の関係をみているだけであり、将来の就業希望が実際にかなえられているかという検証ではない。むしろ高木（2009）のように、定年直後の就業希望と実現のギャップは、定年時にあるのではなく、それまでの職業経験の中で徐々に形成されるとしているように、同時点の希望と現実の関係をみるのではなく、異時点間に注目することは意義があると考える。

　本章は、厚生労働省「中高年者縦断調査」の持つパネル構造を活かして、現役世代に期待していた就業希望がその後も実現できているか、また、そうした就業希望はそもそもどのように決定し、その後の就業継続にどのくらいのインパクトを持つのかを検討することを目的とする。こうした研究により、就業率を高めるためのインプリケーションが得られると考える。

　2 節以下の構成は以下のとおりである。2 節で使用するデータを解説し、基本統計量についていくつか紹介する。3 節では就業意欲の決定要因について考察する。4 節では就業意欲が就業継続に与える効果について分析結果を紹介する。5 節では分析結果をまとめ、高齢者の就業を高めるためのインプリケーションについて議論する。

2　使用するデータ

　以下では使用するデータについて説明し、就業意欲や実際の就業状況について基本統計量を紹介する。

（1）　厚生労働省「中高年者縦断調査」

　本章で使用するデータは厚生労働省「中高年者縦断調査」の第 1 回～第 8 回（2005 年～2012 年）の調査である。本調査は 2005 年 10 月末現在で 50 歳～59 歳の全国男女に対して毎年 11 月（年 1 回）に調査をしている。第 1 回

の有効回答者は3万3815名である。

　本章では、縦断調査の観測期間中に60歳を超え、労働市場から引退する年齢層に注目するため、第1回調査時点で対象を55歳～59歳（生まれ年では1946年～1950年と団塊の世代にほぼ対応する）に限定する。さらに、第1回調査時点にふだん収入を伴う仕事をしている者に限定した。この理由は、あとの図でも確認するように、中高齢者の就業率は年を追うごとに低下しており、定年があったとしてもまだ定年を迎えていない時期において就業していることに注目し、そのあとに労働市場から退出することに関心があるためである。

　もちろん第1回の調査時点で無業である者がその後就業意欲を持ち、就業することも政策的には重要な課題であるが、本章ではすでに働いている人に限定し、いかに長く就業意欲を持ち続けるかに焦点を当てる。

（2）　就業意欲・実際の就業についての基本統計

　「中高年者縦断調査」において、就業意欲は第1回調査において「あなたは60歳以降、いつまで収入を伴う仕事をしたいですか」という質問文で質問されている。選択肢は、①可能な限り仕事をしたい、②［　　］歳まで仕事をしたい（この選択肢では年齢を自分で記入する形式となっている）、③仕事はしたくない、である。また、これとあわせて、60～64歳時点と65～69歳時点において就きたい仕事の種類についても調査をしている。

　図8-1は就業意欲に関する分布である。男性では「可能な限り仕事をしたい」が51.2％、女性では「可能な限り仕事をしたい」が50.5％と、ほかに比べ高い水準である。次いで、「65歳まで働きたい」が男性20.4％、女性17.2％、「仕事をしたくない」は男性12.4％、女性19.4％となっている。

　図8-2は今回の分析サンプルをベースとした就業率（収入を伴う仕事をふだんしている人の割合）を表している。調査年別、年齢別でみても、男女ともに年を経るごとに就業率は低下していることがわかる。特に年齢別でみると、60歳を起点に就業率の落ち幅が大きくなっているため、定年制度が影響しているものと思われる。

　図8-3は、60～64歳時点で就きたい仕事の種類を表し、第1回調査の結

図 8-1　就業意欲に関する分布

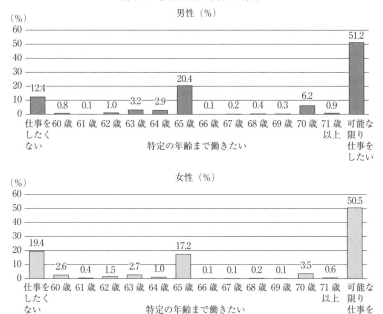

注：厚生労働省「中高年者縦断調査」の第 1 回調査において 55〜59 歳の就業者に限定。

図 8-2　就業率の推移

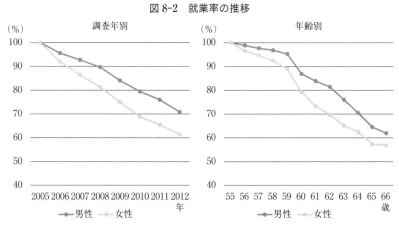

注：厚生労働省「中高年者縦断調査」の第 1 回調査において 55〜59 歳の就業者に限定。

図 8-3　60〜64 歳で就きたい仕事の内容

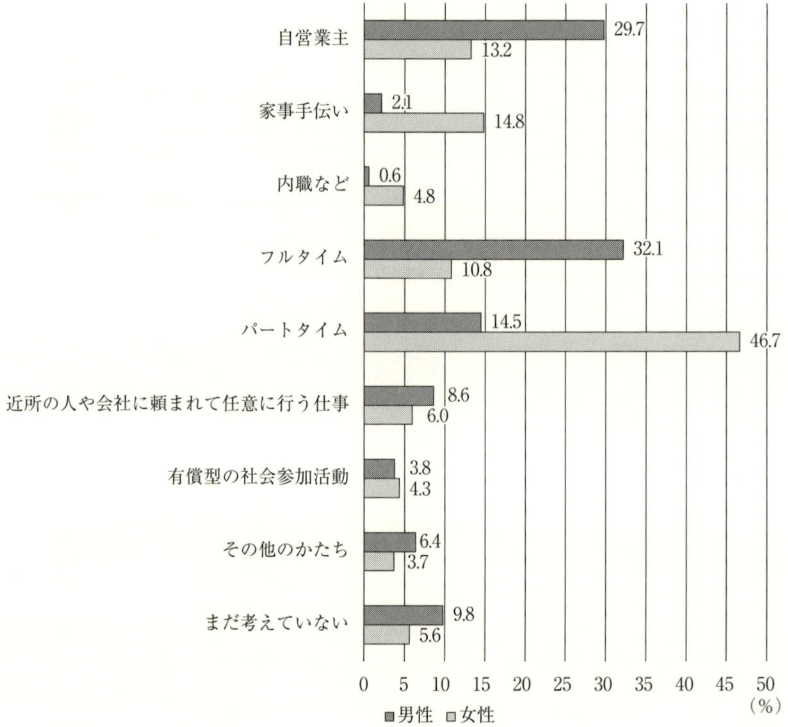

注：厚生労働省「中高年者縦断調査」の第 1 回調査において 55〜59 歳の就業者に限定。

果を示している。男性はフルタイムが 32.1％、自営業主が 29.7％となっているが、女性はパートタイムが 46.7％となっており（男性は 14.5％）、男女で傾向が異なっている。また、「まだ考えていない」は男性 9.8％、女性 5.6％にとどまる。

　図 8-4 は、65〜69 歳時点で就きたい仕事の種類を表している。こちらも同様で、第 1 回調査時点での結果である。男性については自営業が 60〜64 歳時点とほぼ同様の 23.8％となっているが、フルタイムは 11.8％と 60〜64 歳時点より大きく低下している。その一方でパートタイムは男性で 14.4％と数字のうえではフルタイムより大きくなっている。65 歳を超えた時点ではフルタイム以外の働き方が希望されていることがわかる。

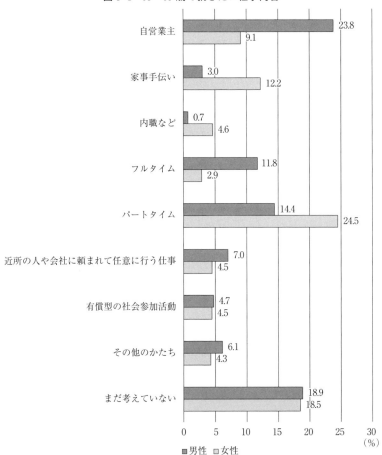

図8-4　65～69歳で就きたい仕事内容

注：厚生労働省「中高年者縦断調査」の第1回調査において55～59歳の就業者に限定。

　女性については、パートタイムが24.5％となっており、あとは家事手伝い（12.2％）、自営業主（9.1％）となっている。また、「まだ考えていない」は男性18.9％、女性18.5％と、60～64歳時点より割合が高くなっていることがわかる。

3　就業意欲に関する分析

　本節では、就業意欲がどのような要因で決まるのかについてみていきたい。繰り返しになるが、本章では就業意欲として、人生のうちに何歳まで働きたいかという指標に注目する。前節で質問した質問項目で、①可能な限り仕事をしたい、②65歳以上まで仕事をしたい、③60〜64歳まで仕事をしたい、④仕事をしたくない、の四つの選択肢に分け、それぞれの選択肢が選択される確率を、多項ロジットモデルを用いて推定する。

　就業希望については、上記の区分が恣意的という見方もあるかもしれないが、先ほど見た分布により65歳に一つの山があり、それ以上の特定の年齢を回答している人が多くないため、分布の形状より上記のように判断した。また、「可能な限り仕事をしたい」と回答しているが、実際は将来のことをそれほど考えていない可能性があるなど、この選択肢を回答した人を文字どおり捉えることが難しいかもしれない。こうした点を考慮し、この分析でよく使われる順序ロジットモデルではなく、多項ロジットモデルを用いることにした。

　表8-1に推定結果をまとめている。学歴については、男性については有意ではないが、女性については短大卒、大卒で長く働きたいといった効果に対してマイナスの影響がある。性別によって学歴にちがいがあるのが興味深い。おそらく団塊世代を迎えた女性で高学歴な人ほど、自身の持つ人的資本を十分に活用できず早期の引退を考えているか、預貯金以外ではかられる資産の十分な貯えがあるから仕事を辞めるのか、いくつか仮説が考えられるがこれは今後の検討課題であろう。ただし、女性高学歴の就業意欲を高めることは高齢者就業率向上の一つの論点であろう。

　就業状態（第1回調査時点）についてみてみると、男性、女性ともに自営業、役員、非正社員で働いている者は正社員に比べて長く働く意欲を持っている。自営業についてはもともと定年がなく、また自分の自営する事業に専門性を持って長く続けたいという願望を持っているのだろう。役員についても長く働く意欲を持っていることは興味深い。非正社員については男性と女

表 8-1　就業意欲に関する多項ロジットモデル推定結果

「仕事はしたくない」に対する係数	男性			女性		
	60～64歳まで仕事をしたい	65歳以上まで仕事をしたい	可能な限り仕事をしたい	60～64歳まで仕事をしたい	65歳以上まで仕事をしたい	可能な限り仕事をしたい
年齢（vs. 55歳）						
56歳	0.101 (0.180)	−0.075 (0.118)	−0.096 (0.114)	0.307* (0.176)	0.207 (0.127)	−0.003 (0.107)
57歳	0.581*** (0.171)	−0.245** (0.121)	−0.163 (0.115)	0.467*** (0.176)	0.289** (0.128)	0.062 (0.109)
58歳	0.693*** (0.173)	−0.091 (0.122)	−0.125 (0.117)	0.618*** (0.176)	0.367*** (0.130)	−0.025 (0.112)
59歳	1.145*** (0.189)	0.176 (0.143)	−0.003 (0.139)	0.748*** (0.204)	0.660*** (0.152)	0.176 (0.135)
学歴（vs. 中高卒）						
短大卒	0.295 (0.228)	0.130 (0.179)	0.240 (0.171)	−0.182 (0.147)	−0.254** (0.112)	−0.260*** (0.096)
大卒	0.140 (0.128)	0.015 (0.101)	0.133 (0.097)	−0.577** (0.277)	−0.370* (0.197)	−0.457*** (0.168)
その他	−0.349* (0.203)	−0.372*** (0.143)	−0.340** (0.135)	−0.196 (0.224)	−0.122 (0.163)	−0.491*** (0.149)
就業形態（vs. 正社員）						
自営・家族従業	−0.351 (0.244)	0.414*** (0.159)	1.025*** (0.151)	−0.341 (0.214)	0.665*** (0.148)	1.043*** (0.129)
役員	0.086 (0.198)	0.425*** (0.148)	0.352** (0.144)	0.482 (0.305)	0.572** (0.248)	0.638*** (0.223)
非正社員	0.485** (0.195)	0.277* (0.160)	0.547*** (0.151)	0.077 (0.140)	0.319*** (0.112)	0.359*** (0.098)
その他	−0.156 (0.512)	0.338 (0.342)	0.600* (0.322)	−0.754** (0.335)	−0.089 (0.222)	0.365** (0.182)
職業（vs. ブルーカラー）						
専門職・技術職	0.119 (0.143)	0.156 (0.109)	0.269*** (0.103)	0.043 (0.180)	0.119 (0.137)	0.153 (0.120)
管理職	−0.229 (0.144)	−0.240** (0.110)	−0.325*** (0.107)	−0.375 (0.359)	0.014 (0.260)	−0.365 (0.240)
事務職	−0.281 (0.179)	−0.579*** (0.147)	−0.646*** (0.141)	−0.485*** (0.152)	−0.540*** (0.115)	−0.524*** (0.097)
企業規模（vs. 100人以下）						
100-999人	0.115 (0.141)	−0.346*** (0.108)	−0.583*** (0.103)	0.172 (0.140)	0.089 (0.112)	−0.083 (0.101)
1000人以上	0.055 (0.152)	−0.525*** (0.118)	−0.804*** (0.114)	−0.364* (0.207)	−0.630*** (0.166)	−0.486*** (0.137)
官公庁	0.059 (0.200)	−0.573*** (0.161)	−1.015*** (0.159)	−0.377 (0.269)	−1.065*** (0.253)	−0.310* (0.173)

（表8-1つづき）

「仕事はしたくない」に対する係数	男性			女性		
	60〜64歳まで仕事をしたい	65歳以上まで仕事をしたい	可能な限り仕事をしたい	60〜64歳まで仕事をしたい	65歳以上まで仕事をしたい	可能な限り仕事をしたい
過去の職歴						
同じ企業で20年以上	− 0.040 (0.169)	− 0.505*** (0.123)	− 0.563*** (0.117)	− 0.047 (0.145)	− 0.221* (0.115)	− 0.332*** (0.100)
転職したが同じ仕事20年以上	0.098 (0.193)	0.000 (0.139)	− 0.063 (0.133)	0.185 (0.162)	0.018 (0.128)	− 0.006 (0.112)
持家ダミー	0.007 (0.181)	− 0.438*** (0.130)	− 0.615*** (0.123)	− 0.160 (0.207)	− 0.710*** (0.148)	− 0.923*** (0.133)
住宅ローンありダミー	0.211* (0.117)	0.617*** (0.089)	0.548*** (0.086)	0.064 (0.129)	0.275*** (0.097)	0.333*** (0.084)
預貯金（万円）	− 0.000 (0.000)	− 0.000* (0.000)	− 0.000*** (0.000)	− 0.000 (0.000)	− 0.000* (0.000)	− 0.000*** (0.000)
預貯金不明ダミー	− 0.341*** (0.122)	− 0.222** (0.090)	0.008 (0.087)	− 0.110 (0.125)	0.067 (0.095)	0.253*** (0.084)
配偶者ありダミー	0.259 (0.198)	0.204 (0.139)	0.124 (0.131)	− 0.090 (0.178)	− 0.534*** (0.136)	− 0.383*** (0.119)
配偶者就業ダミー	0.202* (0.109)	0.135 (0.084)	0.294*** (0.081)	− 0.011 (0.132)	0.184* (0.104)	0.008 (0.089)
対数尤度	− 8549.1			− 6681.4		
サンプルサイズ	7,919			5,832		

注：厚生労働省「中高年者縦断調査」の第1回調査の情報を用いる。表の値は係数。（ ）内は標準誤差。
　　*** p<0.01、** p<0.05、* p<0.1。

　性で背景が異なるかもしれないが、共通して言えることは、預貯金などをコントロールしても、なお生活のためには働き続ける必要があると考えていることがあるかもしれない。
　職種（第1回調査時点）については、ブルーカラーと比較した係数である。男性については、専門職・技術職の「可能な限り働きたい」の係数がプラスで有意、管理職については「65歳以上まで仕事をしたい」「可能な限り働きたい」の係数がマイナスで有意である。また、事務職については男女ともに長く働きたいという傾向は見られない。男性に関しては専門職・技術職であると、自分の専門性を活かして長く継続就業できると思って意欲が高い可能性がある一方、その他の職種では専門性があまりなく、就業しても十分な収

入が得られないといったことが背景にあるかもしれない。

　また、過去の職歴について見てみると、「同じ企業で 20 年以上」の係数は
男女ともにマイナスで有意の部分があり、長く働く意欲を持っていない傾向
がみられる。その他の条件をコントロールしているため、同じ企業で長く務
めている人ほど、定年（または再雇用後の雇用契約満了）を職業人生の一つ
の区切りとして、労働市場から引退しようと思っている可能性がある。また
企業規模（第 1 回調査時点）については、大企業になるほど長く働くといっ
た傾向が見られなくなっている。このことも踏まえると、同じ企業で長く働
いている人や企業規模の大きい企業で働いている人ほど企業年金が充実して
おり、こうしたことを期待して労働市場から引退したいと思う可能性があろう。

　そのほかのコントロール変数についても見ておくと、年齢については一部
で統計的に有意なちがいが見られる。また持家がある人ほど長く働く意欲を
持たない傾向が見られ、住宅ローンがある人ほど長く働く意欲が見られる。
預貯金については係数が負であり、預貯金が多い人ほど長く働く意欲が見ら
れない。

　配偶者の有無については女性において係数がマイナスであり、女性であれ
ば配偶者がいるほど長く働く傾向がなくなるが、男性についてはその影響は
見られない。配偶者が就業しているか否か（第 1 回調査時点）は、女性につ
いては一部を除き有意ではない一方、男性については係数がプラスであり、
配偶者が働いている男性ほど長く働こうとする。この背景はよくわからず今
後の検討課題であるが、一つの可能性としてその他の条件をコントロールし
ても男女ともに働いている夫婦の男性は今後も所得確保のために働きたいと
思っているかもしれない。

　以上まとめると、年金受給の期待に関連するであろう会社の規模や職歴、
職業の専門性、家庭環境などさまざまな要因が就業意欲に影響をしているこ
とがわかった。続いては、こうした就業意欲により実際の就業がどうなって
いるかについて把握したい。

4　実際の就業継続に関する分析

　本節では実際の就業継続に対して過去の就業意欲がどれだけ影響をしているかについて分析をする。就業継続については、継続して就業するか否かを生存時間分析のフレームワークで解釈をし直し、生存時間分析の一つである離散時間のハザードモデルを用いる。

　表 8-2 が分析した推定結果である。係数の見方として、係数がプラスであるほど就業継続が長くなる傾向を意味し、係数がマイナスであるほど就業継続が短くなる傾向を示す。なお、(3)列、(6)列は健康状態と就業意欲の交差項を入れたモデルであるが、その推定の意義、結果についてはこの節の最後に触れたい。

　就業意欲については男女ともに、長く就業を希望する人ほど実際にも継続就業していることがわかり、本章で想定どおりの結果となっている。係数もほかの結果と比べて大きいが、ここでは係数の大きさについては議論できないので、あとでシミュレーションの結果について議論することで影響の大きさについて検討する。

　また、この係数の大きさは諸々の係数でコントロールした場合とそうでない場合で大きさはそれほどちがいはないことも指摘しておきたい。本章のように就業期間を被説明変数とした場合、同じ時点の職業や企業規模、就業形態を説明変数に加えると被説明変数、説明変数に同じような変数が含まれてくるので説明していることにならない。そのため本章では、第 1 回調査(2005年) 時点の就業形態、職業、企業規模をコントロールする推定としない推定を行った。その結果、就業意欲の係数はほとんど変化していないことからも、就業意欲は重要な変数であることがわかる。

　この推定において、他にコントロールした変数の効果についても見ておこう。学歴については、男性は二つの推定式ともに学歴が高くなるほど就業継続をしているという結果になっているが、女性は 2005 年時点の就業関連の変数をコントロールしない推定式においてのみ学歴が高いほど就業継続をしているという結果になっている。

表 8-2　実際の就業継続に関するハザードモデル推定結果

	男性			女性		
	(1)	(2)	(3)	(4)	(5)	(6)
就業意欲（vs. 仕事はしたくない）						
60〜64 歳まで仕事をしたい	0.701***	0.761***	0.831***	0.675***	0.703***	0.703***
	(0.051)	(0.052)	(0.059)	(0.050)	(0.051)	(0.051)
65 歳以上まで仕事をしたい	1.173***	1.118***	1.189***	1.206***	1.159***	1.159***
	(0.041)	(0.041)	(0.047)	(0.040)	(0.041)	(0.041)
可能な限り仕事をしたい	1.274***	1.155***	1.270***	1.188***	1.111***	1.111***
	(0.037)	(0.038)	(0.044)	(0.033)	(0.034)	(0.034)
学歴（vs. 中高卒）						
短大卒	0.347***	0.240***	0.235***	0.096***	− 0.039	− 0.036
	(0.064)	(0.065)	(0.065)	(0.035)	(0.037)	(0.037)
大卒	0.210***	0.191***	0.193***	0.144**	− 0.034	− 0.027
	(0.036)	(0.037)	(0.037)	(0.062)	(0.067)	(0.067)
その他	0.081	0.039	0.048	0.178	0.082	0.092
	(0.099)	(0.101)	(0.101)	(0.110)	(0.112)	(0.112)
就業形態（vs. 正社員）						
自営・家族従業		1.003***	1.010***		0.928***	0.926***
		(0.057)	(0.057)		(0.051)	(0.051)
役員		0.441***	0.444***		0.866***	0.854***
		(0.057)	(0.058)		(0.097)	(0.097)
非正社員		− 0.218***	− 0.215***		− 0.113***	− 0.113***
		(0.049)	(0.049)		(0.036)	(0.036)
その他		− 0.434***	− 0.415***		− 0.574***	− 0.579***
		(0.099)	(0.099)		(0.063)	(0.064)
職業(vs. ブルーカラー)						
専門職・技術職		0.102***	0.101***		0.431***	0.430***
		(0.038)	(0.038)		(0.047)	(0.047)
管理職		0.048	0.054		0.180*	0.186*
		(0.043)	(0.043)		(0.098)	(0.098)
事務職		− 0.165***	− 0.159***		− 0.127***	− 0.126***
		(0.055)	(0.055)		(0.038)	(0.038)
企業規模（vs. 100 人以下）						
100-999 人		− 0.317***	− 0.317***		− 0.028	− 0.026
		(0.039)	(0.039)		(0.036)	(0.037)
1000 人以上		− 0.369***	− 0.365***		− 0.100*	− 0.106**
		(0.043)	(0.043)		(0.052)	(0.052)
官公庁		− 0.079	− 0.077		− 0.278***	− 0.282***
		(0.062)	(0.062)		(0.067)	(0.067)
過去の職歴						
同じ企業で 20 年以上	− 0.716***	− 0.218***		− 0.352***	− 0.177***	− 0.177***
	(0.036)	(0.043)		(0.033)	(0.037)	(0.037)
転職したが同じ仕事 20 年以上	− 0.432***	− 0.056		− 0.013	0.129***	0.129***
	(0.043)	(0.047)		(0.039)	(0.042)	(0.042)

（表8-2つづき）

	男性			女性		
	(1)	(2)	(3)	(4)	(5)	(6)
主観的健康状態（vs. 良い）						
どちらかといえば悪い	−0.463***	−0.485***	−0.287***	−0.319***	−0.329***	−0.198***
	(0.037)	(0.038)	(0.075)	(0.038)	(0.039)	(0.074)
悪い	−1.130***	−1.150***	−0.685***	−0.792***	−0.867***	−0.393***
	(0.063)	(0.065)	(0.132)	(0.073)	(0.074)	(0.141)
大変悪い	−1.781***	−1.862***	−1.233***	−1.257***	−1.338***	−0.277
	(0.110)	(0.112)	(0.237)	(0.156)	(0.160)	(0.320)
健康状態と就業意欲の交差項						
60～64歳×どちらかといえば悪い			−0.249*			−0.134
			(0.134)			(0.146)
65歳以上×どちらかといえば悪い			−0.299			−0.214
			(0.257)			(0.309)
可能な限り×どちらかといえば悪い			−0.392			−0.803
			(0.563)			(0.636)
60～64歳×悪い			−0.139			−0.070
			(0.107)			(0.119)
65歳以上×悪い			−0.618***			−0.783***
			(0.186)			(0.222)
可能な限り×悪い			−0.882***			−2.210***
			(0.337)			(0.474)
60～64歳×大変悪い			−0.347***			−0.239**
			(0.096)			(0.094)
65歳以上×大変悪い			−0.670***			−0.673***
			(0.162)			(0.176)
可能な限り×大変悪い			−0.823***			−1.126***
			(0.282)			(0.404)
持家ダミー	−0.201***	−0.285***	−0.286***	−0.198***	−0.270***	−0.274***
	(0.049)	(0.051)	(0.051)	(0.045)	(0.046)	(0.046)
住宅ローンありダミー	0.446***	0.420***	0.418***	0.343***	0.306***	0.304***
	(0.039)	(0.040)	(0.040)	(0.038)	(0.038)	(0.038)
預貯金（万円）	−0.000***	−0.000***	−0.000***	−0.000***	−0.000***	−0.000***
	(0.000)	(0.000)	(0.000)	(0.000)	(0.000)	(0.000)
預貯金不明ダミー		−0.063*	−0.062*		0.075**	0.074**
		(0.035)	(0.035)		(0.033)	(0.033)
配偶者ありダミー	0.313***	0.297***	0.296***	−0.288***	−0.268***	−0.262***
	(0.046)	(0.047)	(0.047)	(0.038)	(0.039)	(0.039)
配偶者就業ダミー	0.364***	0.332***	0.333***	0.356***	0.293***	0.291***
	(0.031)	(0.032)	(0.032)	(0.030)	(0.031)	(0.031)
対数尤度	−16658.6	−16252.6	−16033.5	−16252.6	−16827.3	−16456.7
サンプルサイズ	54,748	54,748	54,748	41,769	41,769	41,769

注：上記の就業形態、職業、企業規模は厚生労働省「中高年者縦断調査」の第1回調査の情報を用いている。表の値は係数。（ ）内は標準誤差。*** p<0.01、** p<0.05、* p<0.1。表以外に年齢と調査年次ダミーをコントロールしている。

　過去の職歴については男女ともに「同じ企業で 20 年以上」の係数が負で有意である。先ほどの解釈のように、同じ企業で長く務めている人ほど企業年金が充実していることなどから、早々と労働市場から引退する傾向がみられるのであろう。同様のことは企業規模についてもいえ、企業規模が大きくなるにつれ早々と労働市場から引退する傾向がみられる。また、職業については興味深い。ブルーカラーに比べて、男女とも専門職・技術職については係数がプラスで有意であり、就業継続する傾向がみられる一方、事務職については、男女ともに係数がマイナスで有意であり、前節と同様により専門性の高い職種に就いているほど実際に就業継続しており、専門性を持っているほど転職などをしやすく働き続けることもできるし労働所得も確保できることが期待される。

　また、先行研究と同様に健康状態が良い人ほど継続就業する効果がみられる。持家はマイナスで有意、住宅ローンはプラスで有意、預貯金はマイナスで有意であることから資産に余裕がある人ほど継続就業をしない傾向があり、先行研究と同様の結果が得られている。

　配偶者についての効果は男女で異なっており、配偶者がいる男性ほど就業継続する効果がみられるが、配偶者がいる女性ほど継続就業していない。また、配偶者が就業しているかの効果は男女同じであり、配偶者が就業している人ほど就業継続する傾向がみられ、この背景にはそのほかにコントロールしていない要因で生活費を確保するために共働きをする必要がある人ほど長く働く傾向がみられる。

　このようにみると資産状況や年金の受給、生活費の確保の容易さなど金銭的な面で就業継続に影響していることは、先行研究でも確認されたとおりであり、本章の分析でも確認されたが、それだけでなく、専門性のある職業に就いていることが就業意欲にプラスに働くだけでなく、実際の就業継続にもプラスに働いていることは強調しておきたい。

　さて、こうした就業意欲の効果がどれだけ大きいか推定結果（表 8-2 の男性(1)列、女性(4)列）をもとに、シミュレーションを行う。他の条件を一定（連続値、単一のダミー変数は平均値、複数のダミー変数についてはレファ

図 8-5 ハザードモデルの推定結果から見た就業意欲の効果

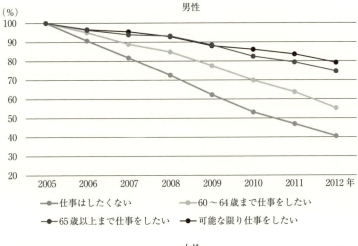

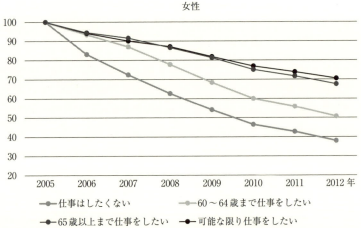

注：表8-2の(1)列、(4)列において、複数ダミーはレファレンス変数を基準としてシミュレーション
を実施。

レンスグループが採用される）としたときに、就業意欲が変わると実際の継
続就業率にどう影響するかを見てみよう。その結果が図8-5である。

図8-5を見ると、男女ともに「仕事をしたくない」と「可能な限り仕事を
したい」の差は経過時間とともに大きくなっていることがわかる。就業継続

している人の割合で見ると 2012 年では 2 倍くらいのちがいがある。その意味で就業意欲はある程度のインパクトがあるといえる。

　加えて、男女ともに「60〜64 歳まで働きたい」と「65 歳以上まで働きたい」の間には継続就業率に大きなちがいがあるが、「65 歳以上まで仕事をしたい」と「可能な限り仕事をしたい」の間には大きなちがいが見られない。今回の分析サンプルでは高年齢者雇用安定法が改正され、希望者に対して 65 歳まで雇用することが明示されたが、この改正にあてはまる年代であるため、就業意欲が 65 歳までか 65 歳以上かで大きなちがいが見えるのだろう。

　図 8-5 を見る限り、「65 歳以上まで働きたい」や「可能な限り仕事をしたい」と回答している人の中でも、非就業になる人が見受けられる。就業意欲が高かったにもかかわらず、その後に非就業となる要因を把握するために、健康状態との関連が強いと判断し、就業意欲と健康状態の交差項の影響を調べた。表 8-2 における (3) 列、(6) 列は、就業意欲と健康状態の交差項を入れた結果であり、その他の説明変数の効果は上述とほぼ同じであるため、交差項の結果のみ見てみたい。「65 歳以上まで働きたい」や「可能な限り仕事をしたい」と健康悪化の効果がマイナスであり、長く働きたい意欲があったとしても健康状態が悪化すると仕事を辞める傾向がみられる。本人の就業意欲があったとしても健康状態が悪化することにより辞めざるを得ない状況がこの推計結果からはうかがえる。

5　高齢者の就業率向上に向けての政策含意

　本章では、高齢者の就業率向上という観点から、何歳まで働きたいかといった就業意欲について注目し、就業意欲がその後の就業継続につながっているかを厚生労働省「中高年縦断調査」を用いて検証をした。その結果、以下の点がわかった。

1　就業意欲については、専門的な職業についている人ほど意欲が高まる（長く働こうとする）一方で、同じ企業で 20 年以上勤めている人や大企業で勤めている人ほど就業意欲は低くなることがわかった。持家、住宅ロー

　　ン、預貯金の効果もあわせて考えると、年金を含めた老後の生活費確保
　　の容易さが就業意欲に影響をしている
2　就業意欲は実際の就業継続にも影響を与え、その効果は「仕事をしたく
　　ない」と「可能な限り仕事をしたい」の間で就業継続率に2倍くらいの
　　大きい効果があるといえる。またこの効果は、過去の就業状況や持家、
　　住宅ローン、預貯金などをコントロールしてもいえる。
3　持家、住宅ローン、預貯金などは就業意欲に影響をしているが、配偶者
　　の就業も就業継続にプラスになっており、配偶者が就業している人ほど
　　本人もより長く働く傾向があり、生活費確保が困難な状況で共働きをせ
　　ざるを得ない状況に陥っているといえる。

　このように就業意欲や実際の就業継続には資産面だけでなく、本人の働き
方や職業の専門性にも影響しているといえる。
　社会保障財政が厳しくなる中で、同じ企業で働いたり、大企業で働くこと
による企業年金が一つの論点となり得るが、企業年金を下げるといった政策
は従業員のモチベーションを下げる負の側面もあり必ずしも良いとはいえな
い。ただ、公的年金については在職老齢年金のように労働供給のディスイン
センティブを与える制度の見直しだけでなく、絶対額を相対的に上げないよ
うなマクロ経済スライドのような政策は労働供給促進に影響を与えるかもし
れない。その他の悪影響も踏まえて慎重に議論しないといけないであろう。
　本章での分析から示唆されることは、就業率を上げるためには現役世代か
ら専門職とまではいわないまでも、より専門性を意識するようにしていくこ
とが一つのポイントであろう。専門職である人は就業意欲が高いだけでなく、
就業意欲をコントロールしてもなお専門職ということが継続就業にもプラス
の影響を与えているため、就業意欲を高め実際に就業継続するための一つの
ポイントとして仕事の専門性が重要だと強調してもおかしくはないであろう。
　これまでの日本の人事施策として、企業が配置転換や人材育成に対して責
任を負っていたため、従業員が専門性や今後のキャリアについてしっかりと
考えることはあまりできていないといわれている。長い人生を見据えて専門
性を意識・育成していく人事施策、国のサポートが就業率向上のためには求

められているといえる。また本人の就業意欲を実現させるためにも本人の健康状態が課題となることもわかった。そのため、高齢になっても健康を維持できるように、予防医療や健康経営など政策的対応を含めた工夫をすることも必要であろう。

　なお、本章において残された課題として、データの利用可能性の観点よりいわゆる団塊世代を中心とした特定のコーホートについて議論したものであり、他の世代に関しても同様のことがいえるかは、今後の検証が必要となる。また、「中高年者縦断調査」において本章で定義した就業意欲については、第1回調査だけでなく、第6回調査についても同様の質問文で調査されている。時間を通じて就業意欲がどのように変化し実際の就業に影響を与えているかについても興味深いが本章では取り扱えなかった。この点も今後の課題として挙げておきたい。

【参考文献】

Oshio, Takashi, Akiko Oishi, and Satoshi Shimizutani（2011）"Social Security Reforms and Labor Force Participation of the Elderly in Japan," *Japanese Economic Review* 62, pp.248-71.

Shimizutani, Satoshi and Takashi Oshio（2013）Revisiting the Labor Supply Effect of Social Security Earnings Test: New Evidence from its Elimination and Reinstatement in Japan," *RIETI Discussion Paper Series* 13-E-016.

Yamada, Atsuhiro and Masa Higo（2011）"Institutional Barriers to Work beyond Retirement in an Aging Japan: Evidence from a Recent Employee Survey," *Comtemporary Japan* 23, pp.157-86.

安部由起子（1998）「1980〜1990年代の男性高齢者の労働供給と在職老齢年金制度」『日本経済研究』No.36、50-82ページ。

岩本康志（2000）「在職老齢年金制度と高齢者の就業行動」『季刊社会保障研究』Vol.35、No.4、364-376ページ。

浦川邦夫（2013）「高齢者の就業意欲と実際の就業形態との格差」『経済学研究』Vol.80、No.2-3、53-68ページ。

清家篤・山田篤裕（2004）『高齢者就業の経済学』日本経済新聞社。

高木朋代（2009）「高年齢者の就業と引退―自己選別はなぜ始動されるのか」『日本労働研究雑誌』No.589、30-42ページ。

戸田淳仁（2016）「中高年の就業意欲と実際の就業状況の決定要因に関する分析」『経済分析』No.191、165-182 ページ。

樋口美雄・山本勲（2002）「わが国の男性高齢者の労働供給行動のメカニズム」『金融研究』2002 年 10 月号、31-76 ページ。

―――・黒澤昌子・酒井正・佐藤一磨・武石恵美子（2006）「介護が高齢者の就業・退職決定に及ぼす影響」*RIETI Discussion Paper Series* 06-J-033.

三谷直紀（2001）「高齢者雇用政策と労働需要」猪木武徳・大竹文雄編『雇用政策の経済分析』第 11 章、東京大学出版会、339-377 ページ。

第 9 章

中高年期の就業における家族要因

―配偶者の就業と家族介護が及ぼす影響―

酒井正・深堀遼太郎

1　進む高年齢者の就業

　少子高齢化に伴う労働力の減少を補うため、政府は高齢者（高年齢者）の就業を促進する政策を展開している。近年の二度にわたる高年齢者雇用安定法の改正はその代表である。実際に、60～64歳の就業率は、男女ともにこの10年で10%近く上昇している。この背景には、厚生年金の支給開始年齢が段階的に引き上げられていることもある。

　だが、このような政策主導による高齢者就業の拡大に、死角や懸念といったものがないわけではない。その一つが、家族に起因する問題である。高齢者（特に後期高齢者）の数が増えるに従い、要介護者の数も増え、その介護にあたらなければならない者も増えていくことが予想される。要介護者の介護にあたる者は典型的にはその家族（子供）であるが、親の介護という現実に直面するのは子供が50～60代の頃であることが多い。仕事と介護の両立は容易ではなく、今後、「介護離職」せざるを得ない者が急増する可能性がある。

　また、夫婦が家計を補い合っていることを前提とすると、現下の女性（妻）の就業の拡大傾向は、男性（夫）の引退を早める方向に働くことも考えられる。子どものいない世帯の増加も人々の引退時期に影響する可能性がある。これらの家族に関わる事柄はいずれも、中高年期の就業の拡大傾向にブレー

キをかける要因となり得る。

　これまで日本では、公的年金等の制度が高齢者の就業に与える影響については多くの研究が行われてきたが、家族要因が及ぼす影響に関する研究は緒に就いたばかりである。そこで本章では、中高年期の就業を規定する要因としての家族の問題について、実証分析の成果を整理することにする。

　家族要因が中高年期の就業に与える影響を分析することは、次のような点で政策を論ずる際に重要となる。まず、配偶者の就業と本人の就業との関係を把握することは、政策の「漏れ」あるいは「相乗効果（乗数効果）」を把握することにつながる。現在、政府は女性の就業を促進することにも力を注いでいるが、もし妻の就業と夫の就業が代替的な関係にあるならば、女性の就業を促進することは中高年期の男性の就業を抑制することにつながってしまう。反対に、余暇時間を夫婦で共有する等の目的から、妻の就業と夫の就業が補完的な関係にあるならば、女性の就業を促進することは同時に（中高年期の）男性の就業を促進することにもつながる。

　第二に、家族要因の影響の大きさを正確に把握することは、社会保険等の制度を設計・調整するのに資する。たとえば、家族の介護という事情が中高年者の就業を妨げているならば、今後、予想される要介護者数から離職者の数を求めることができる。それによって、介護保険制度や介護休暇制度の設計に示唆を得ることができるだろう。

　配偶者の就業が与える影響にしても、家族介護が与える影響にしても、実証分析の際に壁となるのは、それらが就業と同時決定されている可能性があるという事実である。たとえば、妻の就業状態と夫の就業状態の間に（正であれ負であれ）「相関関係」が観察されたとしても、どちらが原因となって生じたことなのかわからない。そのような場合、政策介入によって女性の就業を拡大したとしても、それが男性の就業に与える影響は正確に予測できないことになる。

　同様のことが、家族介護と就業との関係においてもいえる。最近の研究では、このような「同時決定バイアス」に対処した推定が行われるようになってきている。本章では、それら近年の研究成果を整理すると同時に、筆者らが行った実証研究についても紹介する。特に、介護と就業との関係をめぐっ

ては、必ずしも一貫した結論が出ていない労働時間への影響について、メタ
回帰分析を試みることにする。

　同一の検証課題について行われた分析が複数あるとき、それぞれの推定結
果が大きく異なっているためにどの結果を信頼したらよいのかわからないと
いうことがしばしば生じる。メタ回帰分析とは、それらの複数の推定結果を
統計的に統合する手法のことであり、研究間で結果にばらつきが生じる原因
を探ることができると同時に、真の効果の大きさを推定できる。筆者らが知
る限り、介護と就業との関係において、メタ回帰分析した事例はこれまで存
在しない。

　実際に中高年期の就業における家族要因についてみていく前に、本章にお
ける「引退」という言葉の使い方について触れておく。「引退」とは、文字
どおりには「役職や地位から退くこと」であるが、その仕事に復帰すること
はないという意味合いをしばしば含み、必然的に中高年期の現象とみなされ
ることが多い。しかし、「引退」を、統計上で正確に把握することは、上記
のような語義のために簡単ではない。長年勤めていた正規の職をある時点で
辞する場合などは「引退」としてイメージしやすいが、次第に労働時間を減
らしていく場合や、再就業の可能性を残している場合などの扱いは難しくな
る。ただし、中高年期にいったん辞めれば、復帰する可能性は（若い時より
も）少ないことも事実であろう。本章では、それぞれの文脈に即して「引退」
という言葉も用いるが、特に断らない限りは単に中高年期の「非就業」を指
すものとする。

2　高年齢者の就業に影響を与える要因：家族以外の要因

　人々の引退行動に関する経済学の分析をサーベイした Coile（2015）によ
れば、過去 20 年の間に、2000 以上の引退（retirement）に関する研究が学
術誌に掲載されたという。Coile（2015）は、引退行動を規定する要因を、
労働供給側に影響を与える要因と労働需要側に影響を与える要因とに分けた
うえで、具体的に、前者については年金給付、資産、健康、配偶者の就業と
いった要因を挙げ、後者については年齢差別禁止法や景気といった要因を挙

げている。それぞれの要因について、日本の文脈に即して考えていこう。

　まず、理論的には公的年金給付の存在は、それが拠出額（年金保険料）と実質的に等しい価値を有するならば、人々の引退行動に影響を与えることはない。しかし、実際には年金制度は世代内および世代間で所得移転を行っており、各個人の拠出額と給付額は均等ではないので所得効果（＝所得が増えた分、労働時間を減らす効果）が生じ得る。加えて、年金支給開始年齢を繰り下げれば給付額は増えるので、代替効果（＝時間あたり賃金の上昇によって労働時間を増やす効果）を通じて引退行動に影響を与えることになる。

　日本でも（予想）年金受給額が高いほど引退時期が早まることが、マイクロデータに基づいた分析によって確認されている（たとえば Oishi and Oshio [2004]、清家・山田 [2004]）。公的年金制度が引退行動へ及ぼす影響については、そのほかにも、在職老齢年金[1]の影響に関するものなどがある（たとえば大竹・山鹿 [2003]）。

　また、近年は支給開始年齢の引き上げがもたらした影響についても分析が行われている。老齢厚生年金の定額部分の支給開始年齢は、2001 年度より60 歳から順次引き上げられ、2013 年度以降は 65 歳となっている。この支給開始年齢の引き上げが、当該年齢階層の労働供給を増加させていたことが確かめられている（石井・黒澤 [2009]、山田 [2015]）。

　個人の健康水準の悪化も就業を妨げる要因となり得る。健康水準の悪化は、就労に伴う不効用を高めることで引退時期に影響を与える。あるいは、個人の予想死亡時期を変えたり、引退後の消費の価値を変えたりすることで引退時期に影響を与える。健康と就業との関係についても、両者の間に相関関係が観察されたとしても、就業状態が健康状態に影響しているといった逆の因果関係の可能性も考えられる。しかし、それら逆因果等の可能性を排除する手法を採用した分析でも、健康の悪化は中高年期の就業を抑制することが見出されている（大石 [2000]、濱秋・野口 [2010]）。

　一方、労働需要側の要因に目を転じれば、日本では、近年、改正された高年齢者雇用安定法の影響について検証した分析がみられる。高年齢者雇用安

---

1)　厚生年金の受給資格を有する者が就業する場合に年金給付が一部停止する仕組み。

定法は 2004 年と 2012 年に改正されたが（それぞれ、2006 年 4 月施行と 2013 年 4 月施行）、これは高年齢者の雇用確保を企業に対して義務づけるものであった。まず 2004 年改正では、事業主に対して、①定年年齢の 65 歳への引き上げ、②希望者全員を対象とした 65 歳までの継続雇用制度の導入、または③定年の廃止のいずれかの措置を講ずることが義務づけられた。

　また、2012 年改正では、継続雇用制度の対象となる高年齢者を事業主が労使協定によって限定することが禁止され、高年齢者の雇用確保義務が強化された。2004 年改正に関しては、60 代前半の就業率を高める効果があったことが確かめられている（山本［2008］、Kondo and Shigeoka［2017］）。

　次節では、中高年期の雇用に影響を与え得る労働供給側の一つの要因として、従来は必ずしも研究が多くなかった家族に関わる要因に光を当てる。なかでも配偶者の就業と家族介護の影響を取り上げる。これらの要因は中高年期の労働供給に固有の要因ではないが、以下で述べる理由から、中高年期に特に大きく影響してくる可能性がある。

3　高年齢者の就業に影響を与える家族に関わる要因

（1）　配偶者の就業は引退を早めるのか、遅らせるのか

　配偶者の就業はどの年齢層の労働供給においても重要な要因であるが、引退時期に近い中高年期においては労働供給の弾力性が大きく、特に大きな影響を持つ可能性がある。家計が単純に夫婦の間でプールされているならば、配偶者が就業していることは所得効果を通じて本人の就業を抑制することにつながる。他方で、夫婦が互いに余暇時間を共有したいと考えているならば、配偶者の引退は本人の引退を早めることになる。

　配偶者の就業が本人の就業に与える影響を測定するうえでの困難は、夫婦の就業が同時決定されている可能性があるということである。そのため、配偶者の就業の正確な影響を測定するためには、そのような就業決定の同時性を考慮したモデルによって行われる必要がある。

　操作変数法によってそのような同時性に対処した Schirle（2008）によれば、

アメリカにおける 90 年代以降の男性中高年者（55 - 64 歳）の就業率の上昇のうち 4 分の 1 は、配偶者（妻）の就業率の上昇によって説明できるとされる（カナダについては 2 分の 1 が、イギリスについては 3 分の 1 が妻の就業率の上昇によって説明できるという）[2]。これは、夫婦の余暇時間に補完関係があるとする仮説のほうを支持する結果である。ほかに、Blau（1998）や Gustman and Steinmeir（2000）といった研究も、夫と妻の就業が補完的な関係にあることを見出している[3]。

　また、Coile（2004）は、妻の引退を早めるような（年金等の）金銭的インセンティブが夫の就業を抑制することを見出している。しかし、夫の引退に影響を与える金銭的インセンティブは妻の就業には影響せず、夫婦間の就業の補完性は非対称的であるとしている。

　それでは、日本ではどうだろうか。日本でも共働き世帯の割合は上昇している。「就業構造基本調査」（総務省統計局）によれば、妻の年齢が 55〜59 歳の夫婦のうち共働きである世帯の割合は、2002 年の 45.9％から 2012 年の 54.6％へと 10％近く上昇しており、今や過半数は共働き世帯となっている。60〜64 歳でも、2002 年の 27.5％から 32.7％へと 10 年間で 5％近く上昇している。日本でも、中高年夫婦の就業に補完的な関係がみられるのだろうか。

　Sakai *et al.*（2017）は、「中高年者縦断調査」（厚生労働省）の個票を再集計することで、妻の就業状態が夫の引退決定に与える影響について検証した。その結果、妻の就業状態を外生的であるとみなした単純な固定効果モデルでは、諸要因をコントロールしたうえでも、妻が就業していると夫も就業している確率が有意に高くなることが確認された。しかし、「妻の健康状態」や「世帯における要介護者の有無」を操作変数として用いた固定効果操作変数法による推定では、就業形態や企業規模にかかわりなく自身の就業への配偶者の就業の影響はみられなくなった。日本では、中高年期の夫婦間の就業にはっきりとした関係はみられないようだ。

---

2)　Schirle（2008）では、妻の就業の操作変数として各コーホートの平均就業率を用いている。
3)　中高年者ではないが、労働時間規制や税制改革を操作変数として夫婦の就業決定を分析したものとして、Goux *et al.*（2014）や Gelber（2014）などがある。

（2）　家族の介護という事情は引退を早めるか

引退の決定と密接に関わる家族介護の問題

　昨今、「介護離職」という言葉がわが国のマスメディアを賑わせているように、家族の介護という事情も中高年期の就業を妨げ得る要因である。2012年の「就業構造基本調査」によれば、家族の介護に携わっている者は男性では 60〜64 歳で最も高く（8.4％）、女性では 55〜59 歳で最も高い（15.5％）。過去 1 年間に仕事を辞めて無職になった者のうち、「家族の看護・介護」を離職理由として挙げた者の割合も男女ともに 55〜59 歳で最も高く、家族の介護と仕事の両立という問題は中高年者にとっての問題にほかならないことがわかる。

　介護を必要とする家族（特に親）の存在によって人びとの就業が阻害され得ることは、高齢化が進みつつある先進各国に共通した懸念事項である。介護支援政策においては、財政上の理由からコストの高い施設サービスを絞り込み、在宅サービスに重点を置かざるを得ない一方で、家族の介護負担が重くなればその家族の就業が抑制されて労働力の減少を招く可能性もあり、日本をはじめとする多くの国がジレンマに直面している。そのため、家族介護と就業が実際にどの程度、トレードオフの関係にあるかを把握することが、今後の介護施策を考えるうえで喫緊の課題となっている。そのような背景の下、介護が就業や労働時間、賃金等に与える影響について研究が行われてきた。

　しかしながら、「家族の介護という事情によって就業が抑制される」ということは、実はそれほど自明なことではない。たしかに、同じ「就業構造基本調査」によって、「介護をしている者」と「介護をしていない者」の就業率を比較すれば、総じて「介護をしている者」の就業率のほうが低いことが確認できる（表9-1）。

　だが、これは「就業していないがゆえに介護を引き受けている」という事実の表れかもしれない。その場合、介護が就業しないことの言い訳になっており、因果関係は逆ということになる。先にも述べたように、このことが、介護の就業抑制効果を正確に計測することを難しくしている。実際に、上記

表 9-1   介護の有無と就業率（男女、年齢階級別）

(%)

	男性		女性	
	介護をしている	介護をしていない	介護をしている	介護をしていない
総数	65.3	69.2	44.9	48.7
50 歳未満	80.5	80.3	59.2	64.7
50〜59 歳	88.3	91.7	59.4	70.8
60〜64 歳	66.9	73.5	40.4	48.6
65〜69 歳	47.6	49.3	27.1	30.4

出所：総務省「平成 24 年 就業構造基本調査」

のような（逆因果などの）可能性を考慮したうえで推計を行った海外の分析では、介護の就業抑制効果はかなり小さいと結論づけられることが多いようだ。

　介護が就業等へ及ぼす影響に関する研究は、経済学をはじめとして、老年学から人口学、社会疫学と多岐の分野にまたがっているが、2007 年までのそれらの研究を包括的に整理した Lilly *et al.*（2007）によれば、先行研究からは総じて介護によって就業が抑制される傾向は見出されず、要介護者の要介護度が高い場合に限り、就業が抑制されるとされる[4]。

　一方で、わが国に関する分析としては、岩本（2001）、西本・七條（2004）、西本（2006）、酒井・佐藤（2007）、Shimizutani *et al.*（2008）、小原（2009）、大津・駒村（2012）、大津（2013）、Sugawara and Nakamura（2014）、Fukahori *et al.*（2014）といった研究があるが、それらにおいては、介護による就業抑制効果の存在がはっきりと見出される傾向が強い[5]。

　また、ヨーロッパの中でも、介護の就業抑制効果は、南ヨーロッパ諸国において比較的大きいことが指摘されている（Kotsadam [2011], Crespo and Mira [2014]）。女性のほうが、男性よりも家族介護によって就業が抑制される傾向が大きいことも確認されている（Ettner [1996], Van Houtven

---

4)　介護と就業との関係の先行研究について整理した最近のものとして、山田・酒井（2016）がある。

5)　また、日本の分析には、介護保険導入の効果の有無に関心があるものが多い（酒井・佐藤 [2007]、Shimizutani *et al.* [2008], Tamiya *et al.* [2011], Fukahori *et al.* [2014], Sugawara and Nakamura [2014], 黒田 [2014]）。

[2013]）。

　介護の就業への影響をめぐっては、就業するかしないかという二者択一の選択への影響に加えて、労働時間や賃金に対する影響も分析されてきた。だが、それらの結果は必ずしも一貫していない（Carmichael and Charles[1998]，Carmichael and Charles [2003]，Heitmueller and Inglis [2007]，Van Houtven [2013]）。日本においても、労働時間への影響については、家族介護が労働時間を抑制するという結論を導いているものと（山口 [2004]，Yamada and Shimizutani [2015]）、労働時間には影響していないとするもの（大津・駒村 [2012]，Fukahori *et al.* [2015]）とがあり、結論は定まっていない。

　そもそも、「介護」の定義も研究によって異なっている。一定期間に一定時間以上の介護を行った場合に 1 の値をとるダミー変数を介護変数とする場合が多いが（Wolf and Soldo [1994]，Heitmueller [2007]，Leigh [2010] など）、要介護状態の家族と同居しているかどうかを介護変数とする推計もある（Michaud *et al.* [2010]，Fukahori *et al.* [2014] など）。また、介護時間自体や介護給付を受け取っているかどうかを介護変数としている場合もある（Leigh [2010]）。

　多様な介護変数の定義に加え、介護と就業の同時性への対処法も、研究によってさまざまである。同時推定法や操作変数法の手法によって対処したり（Wolf and Soldo [1994]，Ettner [1995]，Ettner [1996]，Heitmueller [2010] など）、パネルデータに基づいた推定を行ったり（酒井・佐藤 [2007]，Leigh [2010]，Michaud *et al.* [2010]，Kotsadam [2011]，Kotsadam [2012]，大津・駒村 [2012]，Meng [2013]，Fukahori *et al.* [2014] など）、その両手法をあわせて用いているものもある（Ciani [2012] など）。それらの推計結果をみると、総じて、単純な最小二乗法（OLS）による推計の結果よりも、介護の就業抑制効果を小さく検出している印象を受ける。

　はたして本当に、同じアウトカムを扱っていても、介護が就業に及ぼす影響の大きさ（推計結果）が異なっているのは、地域や変数の定義、手法等が異なっているからなのだろうか。それらの差異を調整したとき、真の影響の大きさはどれくらいなのだろうか。

　政策を考えるうえでも、研究ごとの結果の差異が何によってもたらされており、政策を実行しようとする地域や状況において真の効果はどれくらいなのかを知ることは重要である。そのために必要となるのが、蓄積された実証研究を整理して評価するレビュー研究である。特に、異なる既存研究の結果を統合し、定量的に評価する系統的レビュー（systematic review）が必要となる。メタ回帰分析を行うことで、推計された効果のちがい（やバイアス）がどのような要因によってもたらされているかを、系統的に調べることができる。後にも述べるような事情から、今回のメタ回帰分析の対象とした既存研究は限定されるため、包括的な評価とはなり得ないが、一つの試みとして、得られた知見は今後のこの分野の研究の参考になるだろう。

介護と就業の関係についてのメタ回帰分析

　メタ分析とは、「同一のテーマについて行われた複数の研究結果を統計的な方法を用いて統合すること」（山田・井上［2012］）であり、系統的レビュー手法の一つである。端的に言えば、研究ごとに得られた「効果」の値自体を対象として統計的な分析を行う手法である。従来より広く行われてきた医学領域に加え、近年では心理学、教育学といった分野でも既存の研究群を定量的に評価する手法として用いられるようになってきている。

　経済学でメタ分析というほとんどの場合、各研究から得られた係数値を被説明変数として、研究の手法や研究が行われた地域といった研究の諸属性を説明変数とした重回帰分析を行うメタ回帰分析（meta regression analysis; MRA）のことを指すが、これによって既存研究の結果に差異をもたらす要因を探ることができる。近年、経済学のさまざまなテーマについてこのメタ回帰分析が行われるようになっている（Stanley and Doucouliagos［2012］）[6]。

　ここで、そのような異なる研究から得られた推計値を平均し得たとしても、

---

6)　Roberts and Stanley（2005）や Stanley and Doucouliagos（2012）では、最低賃金の雇用への影響や移民の賃金への影響、労働組合の生産性への影響、水の需要の価格弾力性、value of statistical life（VSL）といったさまざまなトピックについてメタ回帰分析した事例が紹介されている。メタ回帰分析には、既存研究群の結果に差異をもたらす系統的な要因を統計的に明らかにし、真の係数値を割り出すことができるという利点があるが、メタ分析の対象となり得る既存研究群はかなりの程度、同一の形式で推計されていることが条件となる。

そもそも特定の推計結果しか公表されなければ、真の効果の大きさを得ることはできないのではないかという疑問が湧くだろう。たとえば、仮説を支持する結果でない限り公表されにくいということがあるならば、それらを平均したとしても偏った結果にすぎないのではないだろうか。

　特定の方向に有意に観察される係数のほうが刊行されやすいという事実（もしくは信念）によって、公表されている推計結果が真の値よりも過大（もしくは過小）になっていることを「出版バイアス」という。本章の関心に則して言えば、「介護が就業を抑制しているのではないか」という問題意識の下、研究が行われている以上、「介護は就業を抑制していない」という結果が出た場合、研究者たちは出版を控える可能性がある（逆に、「実際には介護は就業を抑制していない」ということを証明しようという動機から研究が行われた場合、「介護が就業を抑制している」という結果が出たら公表を控えるかもしれない）。メタ回帰分析を行うことで、推計結果のばらつきがどのような要因によってもたらされているのかを把握することができるのと同時に、以下で述べるように、上のような出版バイアスにも対処することができる[7]。

　本章では、家族を介護する必要がある場合に就業が抑制されるかどうかを分析した既存研究をメタ回帰分析するが、労働時間（intensive margin）への影響を扱った研究のみを分析の対象とする[8]。家族介護が就業に及ぼす影響を分析した既存研究の多くが、働くか働かないかという離散的選択を扱う中で、あえて労働時間への影響のみに着目するのは、1）介護と就業の両立を可能にする施策を考えるうえでは、比較的、非正規化が進んだ中高年期以降に介護によってどの程度の労働時間の調整が行われているかという点が重要であり、2）それにもかかわらず、労働時間に対する介護の影響については統一的な結果が出ていないということに加え、3）連続変数を被説明変数

---

7)　上記のような出版バイアスのほかに、効果の方向にかかわらず統計的に有意である結果のみが刊行されやすい場合に生じる出版バイアスの可能性も考えられる。だが、後にみるように、本章の扱うトピックでは効果の方向が明らかに非対称なため、そのような出版バイアスについては扱わない。

8)　家族介護の労働時間への影響をみていても、就業していない者も含んだサンプルに基づいてTobit推定を行っている分析（たとえば、Shimizutani *et al.* [2008] や大津・駒村 [2012]）の結果は、今回のメタ回帰分析の対象としていない。

とする推計結果と離散変数を被説明変数とする推計結果を単純に比較することはできないという理由による[9]。

一方で、intensive margin のみに着目して議論することは、家族介護という事情があるにもかかわらず就業し続けている者のみを対象としているということなので、介護が就業に及ぼす影響という観点からはセレクション・バイアスが大きい可能性がある。

本章では、具体的に以下の式を推計することを考える[10]。

$$b_i = \beta_0 + \sum \beta_k Z_{ki} + \beta_l Se_i + \sum \delta_j Se_i K_{ji} + \varepsilon_i \tag{1}$$

ここで、b_i は i 番目の推計において報告されている係数値を表す[11]。β_0 は真の効果の大きさ（エフェクト・サイズ）を表す。Z_{ki} は、推計結果に差異をもたらすような推計ごとの類型を表す説明変数であり、データの種類や推計手法、データの対象国といった情報が含まれる。たとえば、特定の国では、系統的に効果が小さくみられるようなことがあれば、その独立変数の係数（β_k）が有意な値を示すことになる。

また、Se_i は i 番目の推計の係数値の標準誤差を表す。もし出版バイアスが存在し、特定の方向の係数のみが報告される傾向にあるならば係数値は標準誤差に比例することが予想される。

なぜ各研究の係数値の標準誤差を説明変数に入れることで出版バイアスが検出できるかを直感的にみたものが図 9-1 である。縦軸に各係数値の標準誤差の逆数（もしくはサンプルサイズ）、横軸に係数値の大きさをプロットしたものを funnel（漏斗）plot というが、図 9-1 はその funnel plot を概念的に示している。出版バイアスが存在しなければ、既存研究の係数値は真の効

---

9) 離散選択モデルの結果のみを独立にメタ分析することは可能であるが、離散選択モデルを扱った論文では、しばしばメタ回帰分析に必要な情報が表示されていないという問題がある。また、離散的選択を扱った分析群について、推計結果が有意であるかどうかのメタ・プロビット分析を行うこともあるが、この場合、背後に真のエフェクト・サイズを想定するものではない（Stanley and Doucouliagos [2012]）。

10) 本節の推計に関する説明は、主に Roberts and Stanley（2005）や Stanley *et al.*（2008）、Stanley and Doucouliagos（2012）等を参考にしている。

11) 係数値の採用方法については、各研究について最も代表的な推計値のみをサンプルに加える方法や一つの研究における複数の推計値を平均してサンプルに加える方法も考えられるが、いずれの方法も同一分析内の推計ごとの差を情報量として反映させることができない。

図 9-1　funnel（漏斗）plot の概念図

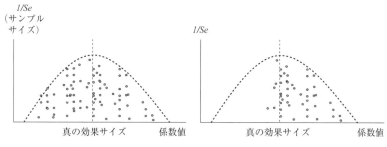

（a）本来、係数値は真の値を中心に
　　　左右対称に分布。

（b）特定の方向の結果のみが報告される傾向に
　　　あると、係数値は左右非対称に分布。

果サイズを中心に左右対称に分布する。その際、推計に用いるサンプルサイズが大きいほど、係数の標準誤差は小さくなり、真の効果サイズに近い値が多く得られるため、分布はお椀を伏せたような形になる（図9-1(a)）。しかし、特定の領域の値を取る係数値だけが報告される出版バイアスが存在すれば、係数値の分布は真の効果サイズの右もしくは左のどちらかのみに分布する傾向を持つだろう（図9-1(b)）。すなわち、この場合、既存研究の係数値と各係数値の標準誤差は正（あるいは負）の相関を持つことになる。

　(1)式では、各研究において標準誤差が係数値へ影響する程度が研究の属性等（K_{ji}）によって異なり得ることも想定している。したがって、$\beta_1 + \sum \delta_j$ が統計的に有意に 0 と異なれば、出版バイアスが疑われることになる（Funnel-asymmetry testing; FAT）。そのうえで、$\beta_0 + \sum \beta_k$ が 0 かどうかを検定し、真の効果の存在の有無を確かめる（Precision-effect testing; PET）。

　ただ、各推計のサンプルサイズは異なり、分散不均一が懸念されるため、一般的には（1）式を変換した以下の式が推計される（WLS-MRA）。

$$t_i = \frac{b_i}{Se_i} = \beta_1 + \sum \delta_j K_{ji} + \frac{\beta_0}{Se_i} + \sum \beta_k \frac{Z_{ki}}{Se_i} + u_i \tag{2}$$

　本章でも、基本的に(2)式を推計するが、観察し得ない論文ごとの固有の効果を考慮して、変量効果モデル、固定効果モデルによる推計も行う。

　今回のメタ回帰分析に用いた論文は表 9-2 に示されるとおりである。統合が可能な推計に絞った結果、13 本の論文についての 100 個の推計結果がサ

表9-2　本章のメタ回帰分析に用いた論文

論文	データ名称	対象国	データの種別	データの調査年	主要な推計手法	介護の定義
Wolf and Soldo (1994)	National Survey of Families and Households (NSFH)	米国	クロスセクション	1987, 1988	同時推定	介護しているかどうか
Ettner (1995)	Survey of Income and Program Participation (SIPP)	米国	パネル	1986-1988	IV	同居要介護者（親）の有無
Ettner (1996)	The 1987 National Survey of Families and Households (NSFH)	米国	クロスセクション	1987	2SLS	介護しているかどうか
Carmichael and Charles (1998)	General Household Survey (GLS)	英国	クロスセクション	1985	OLS (Heckman モデルの2段階目)	介護しているかどうか
Spiess and Schneider (2003)	European Community Household Panel (ECHP)	欧州12カ国	パネル	1994, 1996	OLS	介護を始めたかどうか
Bolin et al. (2008)	Survey of Health, Ageing and Retirement in Europe (SHARE)	欧州10カ国	クロスセクション	2004	2SLS	介護時間
Leigh (2010)	Household, Income and Labour Dynamics in Australia survey (HILDA)	豪州	パネル	2001-2007	パネル推定	介護しているかどうか、介護手当を受給しているかどうか
Kotsadam (2011)	European Community Household Panel (ECHP)	欧州14カ国	パネル	1994-2001	パネル推定	介護しているかどうか
Kotsadam (2012)	Life cOurse, Generation, and Gender (LOGG)	ノルウェー	クロスセクション	2008	OLS	介護しているかどうか
Meng (2013)	Socio-Economic Panel(SOEP)	ドイツ	パネル	2001-2007	パネル推定 (GMM)	介護時間
Van Houtven et al. (2013)	Health and Retirement Study (HRS)	米国	パネル	1992-2008 (隔年)	パネル推定．IV	介護しているかどうか
Sugawara and Nakamura (2014)	国民生活基礎調査 (厚生労働省)	日本	クロスセクション	2004, 2010	switching regression	同居要介護高齢者の有無
Fukahori et al. (2014)	暮らしと生活設計に関する調査 (ニッセイ基礎研究所)	日本	パネル	1997-2005 (隔年)	パネル推定．IV* (*：Discussion Paper版でのみ)	同居要介護高齢者の有無

ンプルとして得られた。すべての論文が国際学術誌に掲載されたものである。

　被説明変数は、家族介護の週労働時間に対するエフェクト・サイズ（週労働時間を家族介護の変数に線形回帰した際の偏回帰係数）とする。週労働時間ではなく月労働時間で推定しているものについては、基本的に係数値と標準誤差に30分の7を掛けた。

　エフェクト・サイズに影響を与え得る独立変数としては、分析の対象国（米国／欧州／［日本を含む］その他の国）、データの種類（クロスセクション・データ／パネルデータ）、データの調査実施年代（1980年代以前／90年代以降）、対象者の性別（男性／女性／男女計）、推計手法（OLS／操作変数法(IV)／パネル推定／その他の推定手法）、被説明変数の類型（非対数値／対数値）、介護変数の定義（家族の介護をしている／要介護者と同居している／介護時間）[12]、その他の説明変数の数（定数項を含む）を採用する。

　また、出版バイアスを調整するため、係数の標準誤差の逆数のほかに、標準誤差に影響を与える要因（推計結果の選択に影響を与える要因）として推計手法の類型を採用した。変数の基本統計量は表9-3に示されるとおりである[13]。

介護と就業の関係についてのメタ回帰分析：推計結果

　まず、出版バイアスの可能性を簡単に確認するため、funnel plot を描いた結果が図9-2である。視覚的に比較可能な係数値のみに絞るため、被説明変数が対数値である場合や（週労働時間ではなく）月労働時間である場合、また、説明変数が介護時間である場合は、（このプロットに関しては）サンプルから除いてある[14]。

　公表された推計値が恣意的に選ばれていなければ、真のエフェクト・サイ

---

12)　一つの推計に、異なる定義による介護変数を入れている場合も拾っている。その場合、同じ介護変数の定義であっても解釈は分析間で異なることに注意が必要である。介護をしているかどうかという変数と、要介護者と同居しているという変数が同時に独立変数として入っている場合、後者の変数の係数は、介護はしていないが要介護者と同居していることによる就業への影響と解釈されることになる。

13)　要望に応じて、推計に利用したデータセットを提供する。

14)　したがって、図9-2にプロットされるサンプルは、表9-3の基本統計量とは異なっていることに注意されたい。

図 9-2　介護が労働時間に及ぼす影響に関する funnel plot

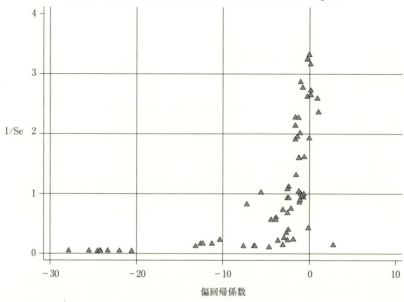

注：被説明変数が対数である場合や月あたり労働時間である場合、また説明変数が「介護時間」である場合はサン
　　プルから除いている。

ズを中心として左右対称に散らばっているはずだが、図 9-2 を一見して、標
準誤差が小さくなれば（＝推定の精度が高ければ）係数値はゼロの近傍に散
らばるが、標準誤差が大きい（＝推定の精度が低い）と係数値はマイナスの
方向に偏ることが見て取れる。したがって、出版バイアスの存在が疑われる。
　エフェクト・サイズを多変量解析した結果を見てみよう。(2)式を推計し
た結果は、表 9-4 に示される。まず、表 9-4 の(i)列からは、操作変数法や
その他のモデルを用いた推計では標準誤差が大きいほど介護の労働時間抑制
効果が大きくなり、出版バイアスがあることがわかる。一方、エフェクト・
サイズを表す標準誤差の逆数の係数（β_0）はプラスに有意な値を示している。
介護の労働時間抑制効果は、米国よりも、欧州や日本を含むその他の諸国に
おいて大きい。
　また、推計に用いられたサンプルが女性に限定されている場合のほうが、
介護の労働時間抑制効果は大きい。OLS 以外のモデルが採用された場合や

表 9-3　基本統計量

		観測値数	平均	標準偏差	最小値	最大値
β		100	−2.8971	9.3660	−27.8500	52.2686
標準誤差		100	5.1436	9.1318	0.0030	41.5543
t 値		100	−1.5238	1.6995	−7.2500	2.3972
対象国	欧州	100	0.3000	0.4606	0	1
	その他の国（日本含む）	100	0.3100	0.4648	0	1
データ種別	パネルデータ	100	0.5400	0.5009	0	1
データ調査年代	1980 年代	100	0.3000	0.4606	0	1
性別	男性	100	0.3000	0.4606	0	1
	女性	100	0.5500	0.5000	0	1
推計モデル	IV 推定	100	0.2400	0.4292	0	1
	パネル推定	100	0.3900	0.4902	0	1
	その他の手法	100	0.0800	0.2727	0	1
被説明変数類型	対数	100	0.2000	0.4020	0	1
介護変数定義	要介護者と同居	100	0.3000	0.4606	0	1
	介護時間	100	0.1200	0.3266	0	1
その他の説明変数の数		100	16.2000	7.5291	6	31

　その他の説明変数の数が多いほど、介護の労働時間抑制効果は小さく検出されている。なお、論文固有の効果を考慮した変量効果モデルの推計において、Breusch-Pagan LM 検定は個別効果が 0 とする帰無仮説を棄却せず、結果として、(i)列の推計結果と等しくなった。

　表の(ii)列に、論文固有の効果を考慮した固定効果推計の結果が示されている。F 検定の結果、個別効果が 0 とする帰無仮説は棄却され、また、ハウスマン検定の結果も固定効果モデルを採択している。(ii)列でも、β_1 はマイナスに有意な値をとり、再び出版バイアスが確認される。また、データがパネルデータであったり、調査年代が 1980 年代以前であったりすると、介護の労働時間抑制効果は大きく推定される傾向がある。推定手法がパネル推定やその他の推定方法であった場合、介護の労働時間抑制効果は（OLS で推定された場合よりも）小さく推定される。一方で、地域によるちがいは、固定効果モデルでは見られなくなっている。また、性別によるちがいも見られない。

表 9-4　介護が労働時間に与える影響に関するメタ回帰分析の結果

被説明変数：t 値			WLS/RE	FE	補足的推計	
			(i)	(ii)	(iii)	(iv)
(推計結果の差をもたらす要因)						
標準誤差の逆数（β_0）			0.3672*	0.2190	0.4292***	− 0.7737
			(0.1973)	(0.4424)	(0.1326)	(0.5420)
Z 変数	対象国 （ベース：米国）	欧州	− 0.6327***	− 0.2863	− 0.7344***	− 0.8239
			(0.2246)	(0.5202)	(0.0982)	(1.1021)
		その他の国 （日本含む）	− 1.1465***	− 0.1552	− 1.3512***	− 0.2902
			(0.3700)	(0.7578)	(0.3262)	(1.0620)
	データ種別 （ベース：クロスセクションその他）	パネルデータ	− 1.9291***	− 1.3529*	− 0.9945	− 3.1273**
			(0.4863)	(0.7306)	(0.9424)	(1.3713)
	データ調査年代 （ベース：90 年代以降）	80 年代以前	− 0.5949	− 2.3768**	− 0.9330**	− 1.2839**
			(0.4717)	(1.0905)	(0.3550)	(0.5199)
	性別 （ベース：男女計）	男性	− 0.0438	0.0229	− 0.0584*	− 0.5328*
			(0.0306)	(0.0396)	(0.0303)	(0.2474)
		女性	− 0.0605*	0.0195	− 0.0665**	− 0.6515**
			(0.0322)	(0.0425)	(0.0292)	(0.2914)
	推計モデル （ベース：OLS）	IV 推定	0.2858**	0.4145		− 3.5967**
			(0.1268)	(0.3538)		(1.1249)
		パネル推定	2.4329***	1.2789*	1.5933*	2.6541***
			(0.4272)	(0.7215)	(0.7804)	(0.5898)
		その他の手法	2.6364***	1.3148*	1.2136	1.5145*
			(0.4531)	(0.7543)	(0.8705)	(0.7042)
	被説明変数類型 （ベース：週労働時間）	対数	0.8794**	− 0.0467	1.0530**	0.0813
			(0.3399)	(0.5198)	(0.4498)	(0.4815)
	介護変数定義 （ベース：介護している）	要介護者と同居	0.2946	1.5214	0.5993	− 0.4459
			(0.5233)	(1.0009)	(0.5496)	(1.6832)
		介護時間	0.5509**	− 0.0436	0.6673**	
			(0.2243)	(0.3407)	(0.2935)	
	その他の説明変数の数		− 0.0566**	0.0073	− 0.0684**	0.1379
			(0.0225)	(0.0343)	(0.0293)	(0.1233)
(出版バイアスの有無)						
定数項（β_1）			− 0.0208	− 1.4788**	− 0.2625	− 0.4656
			(0.3942)	(0.6710)	(0.4373)	(0.6294)
K 変数	推計モデル （ベース：OLS）	IV 推定	− 1.0889**	− 0.3468		− 0.5083
			(0.4376)	(0.7055)		(0.6380)
		パネル推定	− 0.2612	0.9389	0.0548	0.5183
			(0.4786)	(0.7107)	(0.3754)	(0.5741)
		その他の手法	− 3.9825***	0.6597	− 0.8150	− 1.2521
			(0.9731)	(1.9488)	(1.5106)	(1.4918)
観測値数			100	100	74	88
研究数			13	13	11	13

注：*** <0.01、** <0.05、* <0.1。下段括弧内は標準誤差。

　上記の結果の頑健性を確かめるため、簡単な補足的な推計も行った。操作変数による推定においては、その推定の性質上、標準誤差が大きく出る傾向にある。したがって、操作変数法と他の推定法の結果とを同じように比較することは必ずしも適切ではないかもしれない。

　そこで、操作変数による推計結果をサンプルから除いてメタ回帰分析をした結果が表9-4の(iii)列である（(iii)列と(iv)列では論文ごとに誤差項をクラスタリング[15]した結果を表示）。出版バイアスは見られなくなる一方で、パネル推定の場合には引き続き介護の労働時間抑制効果が（通常の最小二乗法による推計よりも）小さく推定される傾向にある。また、米国以外の国で介護の労働時間抑制効果が大きく推定される傾向にある。

　次に、前出の結果では、介護変数が「介護時間」で定義されていた場合には介護の労働時間抑制効果が小さく出る傾向にあった。介護時間数による介護の定義は、他の介護変数とは質的に異なり、結果の解釈も難しい。そこで、介護時間数を用いた推計結果をサンプルから除いた推計も行った（表9-4(iv)列）。ここでも出版バイアスは見られなくなる一方で、パネル推定等の場合には介護の労働時間抑制効果が小さく推定される傾向にあることが見出された。

　以上の結果は、（労働時間への影響を見た）極めて限定された数の論文に基づいたものにすぎない。各種の推計の属性はダミー変数によって処理しているが、このダミー変数を作成する際には恣意的にならざるを得ない側面もある。たとえば、対象国やデータの年代、推計手法といった事項の分類も、本来であればもっと細かく分ける必要があるかもしれない。また、介護変数の定義にしても、介護時間が一定以上の場合に「介護をしている」と扱う研究が多いが、その「一定以上の介護時間」は研究によってもまちまちであり、それらについても本来であれば丁寧にコーディングする必要がある。しかし、サンプルサイズが小さいために、細かな分類が行いにくかったという事情がある。同様の理由で、掲載されているジャーナルのランクや雇用形態等もコントロールできていない。

---

15)　クラスタリングとは、推定された係数値の標準誤差を適切に導くために、グループごとの同質性を仮定する手法のことである。

4 家族に関わる要因へどう対応するか

本章では、中高年期の就業を決定する要因として、家族に関わる要因に焦点を当て、実証研究の成果を整理した。具体的には、配偶者の就業と家族介護の就業への影響をみた。配偶者（妻）の就業が、本人（夫）の就業と補完的な関係にあるのか、それとも代替的な関係にあるのか検証した海外の研究では、夫婦間の就業に補完性が認められる傾向がある。最近の男性中高年者の就業率の上昇のうちの大きな部分が、妻の就業率の上昇によって説明できるとする研究もある。すなわち、海外では、引退時期の決定において、夫婦の余暇時間の共有という要素が重要となっている。

しかし、日本の中高年者について行った研究では、夫婦の就業には補完的な関係も代替的な関係もはっきりとはみられなかった。このことから、日本では、少なくとも中高年女性の就業拡大は中高年男性の就業のブレーキになることはないことが示唆される。

政策的な観点から言えば、「女性就業の拡大」と「高齢者就業の拡大」という二兎を追うことが可能となる。また、今後、配偶者が就業していた場合に本人の就業にインセンティブを与えるなど、夫婦間の就業の補完性を高められるような仕組みを制度的に用意できるならば、女性の就業を拡大することが、さらに中高年期の男性の就業を拡大することにもつながることになるだろう。

次に、家族介護が就業を抑制するかどうか検証した研究を整理すると、海外の既存研究の多くは、介護と就業が同時決定である可能性を考慮すれば、介護が就業を抑制する効果は小さいとする。一方で、日本での研究は、介護が大きく就業を抑制することを見出す傾向が強い。研究ごとに結果が大きく異なる労働時間への影響をメタ回帰分析してみると、既存研究群には、出版バイアスが認められることがわかった。また、OLS以外の推定手法を用いた場合、介護の労働時間抑制効果は小さく推定される傾向にあることも統計的に確かめられた。このように出版バイアスを調整したうえで、介護に内在する内生性を考慮した場合、介護が労働時間を抑制する効果は実際には小さ

いことがうかがえる。

　また、米国における研究よりも、ヨーロッパや（日本を含む）その他の国において、介護の労働時間抑制効果は大きく推定される傾向にある。しかし、この地域差は論文固有の個別効果を考慮した固定効果モデルを採用すれば見出されなくなる。したがって、介護が労働時間を抑制する効果は総じて小さいと判断できるだろう。

　日本の最近の研究でも、介護は就業するかしないかという決定においては大きな抑制要因として働くが、労働時間に対しては影響しないという結果が導き出されている（山田・酒井［2016］）。このことからは、柔軟に労働時間を調整できないために、介護という事情が発生した際に辞めざるを得ない事情がうかがわれる。家族を介護する事情が発生した際に、容易に時短勤務を行えるような環境づくりが必要となろう。

　兄弟数が減り、また生涯独身の者も増え、家族機能は今後、低下してゆくことが予想される。それに従い、家族の介護に伴う負担は一層大きくなっていく可能性がある。だが、介護保険財政が逼迫している状況においては、施設サービスの拡大を望むこともできない。介護と仕事の両立には、コスト・パフォーマンスの高い取り組みが求められるようになっていくことだろう。

　本章で行ったような既存の研究を統計手法によってレビューする手法は、政策上の議論を深めてゆくために、今後も必要となる場面が出てくるだろう。

【参考文献】

Blau, D. (1998) "Labor Force Dynamics of Older Married Couples," *Journal of Labor Economics* 16(3): pp.595-629.

Carmichael, F. and S. Charles (1998) "The Labour Market Costs of Community Care," *Journal of Health Economics* 17(6), pp.747-765.

―――, ――― (2003) "The Opportunity Costs for Informal Care: Does Gender Matter?" *Journal of Health Economics* 22(5), pp.781-803.

―――, G. Connell, C. Hulme, and S. Sheppard (2008) "Work Life Imbalance; Informal Care and Paid Employment," *Feminist Economics* 14(2), pp.3-35.

Casado-Marin, D., P. Garcia-Gomez, and A. Lopez-Nicolas (2011) "Informal Care and Labour Force Participation among Middle Aged Women in Spain," *SERIEs*

2, pp.1-29.

Ciani, E. (2012) "Informal Adult Care and Caregivers' Employment in Europe," *Labour Economics* 19(2), pp.155-164.

Coile, C. (2004) "Retirement incentives and couples' retirement decisions," *B. E. Journal of Economic Analysis & Policy* 4(1): pp.1-30.

———— (2015) "Economic Determinants of Workers' Retirement Decisions," *Journal of Economic Surveys* 29(4): pp.830-853.

Crespo, L. and P. Mira (2014) "Caregiving to Elderly Parents and Employment Status of European Mature Women," *Review of Economics and Statistics* 96(4), pp.693-709.

Ettner, S. L. (1995) "The Impact of "Parent Care" on Female Labor Supply Decisions," *Demography* 32(1), pp.63-80.

———— (1996) "The Opportunity Costs of Elder Care," *Journal of Human Resources* 31(1), pp.189-205.

Fukahori, R., T. Sakai, and K. Sato (2015) "The Effects of Incidence of Care Needs in Households on Employment, Subjective Health, and Life Satisfaction among Middle-aged Family Members," *Scottish Journal of Political Economy* 62(5), pp.518-545.

Gelber, A. (2014) "Taxation and the Earnings of Husbands and Wives: Evidence from Sweden," *Review of Economics and Statistics* 96(2): 287-305.

Goux, D., E. Maurin, and B. Petrongolo (2014) "Worktime Regulations and Spousal Labor Supply," *American Economic Review* 104(1), pp.252-276.

Gustman, A. and T. Steinmeier (2000) "Retirement in Dual-Career Families: A Structural Model," *Journal of Labor Economics* 18(3), pp.503-545.

Heitmueller, A. (2007) "The Chicken or The Egg? Endogeneity in Labor Market Participation of Informal Carers in England," *Journal of Health Economics* 26(3), pp.536-559.

———— and P. Michaud (2006) "Informal Care and Employment in England: Evidence from the British Household Panel Survey," *IZA Discussion Paper* No.2010.

———— and K. Inglis (2007) "The Earnings of Informal Carers: Wage Differentials and Opportunity Costs," *Journal of Health Economics* 26(3), pp.821-841.

Kondo, A. and H. Shigeoka (2017) "The Effectiveness of Demand-Side Government Intervention to Promote Elderly Employment: Evidence from Japan," *Industrial and Labor Review* 70(4), pp.1008-1026.

Kotsadam, A. (2011) "Does Informal Eldercare Impede Women's Employment? The Case of European Welfare States," *Feminist Economics* 17(2), pp.121-144.

———— (2012) "The Employment Costs of Caregiving in Norway," *International Journal of Health Care Finance and Economics* 12(4), pp.269-283.

Leigh, A. (2010) "Informal Care and Labor Market Participation," *Labour Economics* 17(1), pp.140-149.

Lilly, M., A. Laporte, and P. Coyte (2007) "Labor Market Work and Home Care's Unpaid Caregivers: A Systematic Review of Labor Force Participation Rates, Predictors of Labor Market Withdrawal, and Hours of Work," *The Milbank Quarterly* 85(4), pp.641-690.

Meng, A. (2013) "Informal Home Care and Labor-Force Participation of Household Members," *Empirical Economics* 44(2), pp.959-979

Michaud, P., A. Heitmueller, and Z. Nazarov (2010) "A Dynamic Analysis of Informal Care and Employment in England," *Labour Economics* 17(3), pp.455-465.

Moscarola, F. C. (2010) "Informal Caregiving and Women's Work Choices: Lessons from the Netherland," *Labour* 24(1), pp.93-105.

Oishi, A. and T. Oshio (2004) "Social Security and Retirement in Japan: An Evaluation Using Micro-data," in *Social Security and Programs and Retirement around the World*, ed. by J. Gruber and D. Wise, The University of Chicago Press, pp.399-460.

Roberts, C. J. and T. D. Stanley (2005) *Meta-Regression Analysis: Issues of Publication Bias in Economics*, Wiley-Blackwell Publishing.

Sakai, T., A. Toda, and A. Yamada (2017) "The Impact of a Wife's Employment on her Husband's Retirement Decision: Evidence from Japanese Longitudinal Data," *mimeo*.

Schirle, T. (2008) "Why Have the Labor Force Participation Rates of Older Men Increased since the Mid-1990s?" *Journal of Labor Economics* Vol.26, No.4, pp.549-594.

Shimizutani, S., W. Suzuki, and H. Noguchi (2008) "The Socialization of At-Home Elderly Care and Female Labor Market Participation: Micro-Level Evidence from Japan," *Japan and the World Economy* 20(1), pp.82-96.

Spiess, C. and A. Schneider (2003) "Interactions between Caregiving and Paid Work Hours among European Midlife Women, 1994 to 1996," *Ageing and Society* 23(1), pp.41-68.

Stanley, T., C. Doucouliagos, and S. Jarrel (2008) "Meta-Regression Analysis as the Socio-Economics of Economics Research," *Journal of Socio-Economics* 37(1), pp.276-292.

——— and H. Doucouliagos (2012) *Meta-Regression Analysis in Economics and Business*, Routledge.

Sugawara, S. and J. Nakamura (2014) "Can Formal Elderly Care Stimulate Female Labor Supply? The Japanese Experience," *Journal of The Japanese and International Economies* 34, pp.98-115.

Tamiya, N., H. Noguchi, A. Nishi, M. R. Reich, N. Ikegami, H. Hashimoto, K. Shibuya, I. Kawachi, and J. C. Campbell (2011) "Population Ageing and Well-being: Lessons from Japan's Long-term Care Insurance Policy," *Lancet* 378(9797), pp.1183-1192.

Usui, E., S. Shimizutani, and T. Oshio (2016) "Are Japanese Men of Pensionable Age Underemployed or Overemployed?" *Japanese Economic Review* 67(2): 150-168.

Van Houtven, C. H., N. B. Coe, and M. M. Skira (2013) "The Effect of Informal Care on Work and Wages," *Journal of Health Economics* 32(1), pp.240-252.

Wolf, D. A. and B. J. Soldo (1994) "Married Women's Allocation of Time to Employment and Care of Elderly Parents," *Journal of Human Resources* 29(4), pp.1259-1276.

Yamada, H. and S. Shimizutani (2015) "Labor Market Outcomes of Informal Care Provision in Japan," *Journal of the Economics of Ageing* 6, pp.79-88.

石井加代子・黒澤昌子 (2009)「年金制度改正が男性高齢者の労働供給行動に与える影響の分析」『日本労働研究雑誌』No.589、43-64 ページ。

岩本康志 (2001)「要介護者の発生にともなう家族の就業形態の変化」岩本康志編著『社会福祉と家族の経済学』東洋経済新報社、115-138 ページ。

大石亜希子 (2000)「高齢者の就業決定における健康要因の影響」『日本労働研究雑誌』No.481、51-62 ページ。

大竹文雄・山鹿久木 (2003)「在職老齢年金制度と男性高齢者の労働供給」国立社会保障・人口問題研究所編『選択の時代の社会保障』東京大学出版会、33-50 ページ。

大津唯 (2013)「在宅介護が離職に与える影響」樋口美雄・赤林英夫・大野由香子編『働き方と幸福感のダイナミズム』慶應義塾大学出版会、139-153 ページ。

――――・駒村康平 (2012)「介護の負担と就業行動」樋口美雄・宮内環・C. R. McKenzie 編『親子関係と家計行動のダイナミズム 財政危機下の教育・健康・就業』慶應義塾大学出版会、143-159 ページ。

岸田研作 (2014)「介護が就業、収入、余暇時間に与える影響―介護の内生性および種類を考慮した分析―」『医療経済研究』Vol.26、No.1、43-57 ページ。

小原美紀 (2009)「親の介護と子の市場労働」『日本経済研究』No.60、36-59 ページ。

酒井正・佐藤一磨 (2007)「介護が高齢者の就業・退職決定に及ぼす影響」『日本経済研究』No.56、1-25 ページ。

清家篤・山田篤裕 (2004)『高齢者就業の経済学』日本経済新聞社。

西本真弓 (2006)「介護が就業形態の選択に与える影響」『季刊家計経済研究』No.70、53-61 ページ。

――――・七條達弘 (2004)「親との同居と介護が既婚女性の就業に及ぼす影響」『季刊家計経済研究』No.61、62-72 ページ。

濱秋純哉・野口晴子 (2010)「高齢者の健康状態と労働参加」『日本労働研究雑誌』

No.601、5-24 ページ。

山口麻衣（2004）「高齢者ケアが就業継続に与える影響—第1回全国家族調査（NFR98）2次分析—」『老年社会科学』26(1)、58-67 ページ。

山田篤裕（2015）「特別支給の老齢厚生年金定額部分の支給開始年齢引上げ（2010 年）と改正高年齢者雇用安定法による雇用と年金の接続の変化」『三田学会雑誌』107(4)、107-128 ページ。

―――・酒井正（2016）「要介護の親と中高齢者の労働供給制約・収入減少」『経済分析』191 号、183-212 ページ。

山田剛史・井上俊哉編（2012）『メタ分析入門　心理・教育研究の系統的レビューのために』東京大学出版会。

山本勲（2008）「高年齢者雇用安定法改正の効果分析」樋口美雄・瀬古美喜・慶應義塾大学経商連携 21 世紀 COE 編『日本の家計行動ダイナミズム IV』慶應義塾大学出版会、第7章。

第 10 章

定年退職は健康に
どのような影響を及ぼすのか*

佐藤一磨

1 定年退職と健康の関連を分析する重要性

　退職は、健康にどのような影響を及ぼすのだろうか。欧米ではこの疑問に答えようと、さまざまな分析が行われてきた（Thompson and Streib［1958］, Carp［1967］, Atchley［1976］, Kasl［1980］, Rowland［1977］, Haynes *et al.*［1978］, Niemi［1980］, Adams and Lefebvre［1981］など）。欧米では近年特に研究が進められてきているが、その背景には高齢化に対処するために、年金支給開始年齢の引き上げが行われるようになってきたことが大きな影響を及ぼしている。

　年金支給開始年齢の引き上げに伴い、退職年齢も上昇し、これが高齢者の健康にどのような影響を及ぼすのかといった点が政策的に注目されてきている。もし退職年齢の引き上げが高齢者の健康を改善させた場合、社会保障費の抑制につながり、メリットが大きい。しかし、逆に高齢者の健康を悪化させた場合、社会保障費の増加につながるおそれがある。

　この点に関する欧米の研究成果をみると、正と負の両方の影響があること

＊　本章は、厚生労働科学研究費補助金（政策科学総合研究事業［政策科学推進研究事業］）「就業状態の変化と積極的労働市場政策に関する研究」（H26- 政策 - 一般 -003、研究代表：慶應義塾大学・山本勲）の助成を受けている。また、本章で使用した「中高年者縦断調査」の調査票情報は、統計法第 33 条の規定にもとづき、厚生労働省より提供を受けた。

が明らかになっており、まだ結論は明示されていない。ところが、わが国の先行研究では研究例は少なく、この点についてほとんど明らかになっていないのが現状といえる。

　欧米では定年退職制度がない場合が多いため、退職時期が個人の選択によって決まる可能性が高い。よって、仮に退職と健康状態の負の関係が検出されたとしても、退職が健康状態を悪化させるのか、あるいは、健康が悪化したから退職を選択するかといった因果関係のいずれが正しいのかは自明ではない。こうした因果関係の特定化に関する問題に対しては、年金制度や退職制度の制度変更を利用した操作変数法といった手法を用いた分析（Charles [2004], Neuman [2008], Coe and Lindeboom [2008], Coe and Zamarro [2011] など）が多いが、その手法の適切性の点で課題が残る。

　これに対してわが国の場合、欧米諸国とはちがって定年退職制度を導入している企業がほとんどであり、60歳前後で一斉に退職するという特徴がある。この場合、退職時期が個人の選択に依存しないため、わが国のデータを用いて分析することの大きな利点となる。

　このほか、定年退職が健康にどのような影響を及ぼすのかといった点は、海外の研究例との比較という点だけでなく、今後の社会保障に関する政策を立案するうえでも興味深いといえる。そこで、本章では定年退職が健康に及ぼす影響を検証する。

　先行研究と比較した際の本稿の特徴は次の三点である。第一に、中高年を対象としたわが国で最大規模のパネルデータである『中高年縦断調査』（厚生労働省）を使用している点である。このデータは、50歳以上の労働者を対象とし、調査初年度に3万3815人を調査しており、多くのサンプルを確保できる。第二に、分析期間中に変動しない個人の固定的な要因を考慮できる推計手法を用いたうえで、定年退職が健康に及ぼす影響を検証している点である。第三に、定年退職後の数年間にわたって健康に及ぼす影響を検証し、その持続性の有無を検証している点である。

　本章の構成は次のとおりである。次節では先行研究を概観し、本章の位置づけを確認する。3節では使用データについて説明し、4節では推計手法について述べる。5節では推計結果について述べ、最後の6節では本稿の結論

と今後の研究課題を説明する。

2　欧米における高齢者の退職と健康の関係

　退職が健康に及ぼす影響については、二つの相反する効果があると考えられる。一つは、退職が健康を悪化させると考えるものである。退職するとさまざまなネットワークや友人、社会的地位を失うため、ストレスとなり、健康を悪化させるおそれがある (Bradford [1979]、MacBride [1976])。これに対して、二つめは、退職が健康を改善させると考えるものである。仕事内容の精神的、肉体的ストレスが多い場合、退職によって仕事から解放されると健康が改善する可能性がある (Ekerdt *et al.* [1983])。

　このように、退職は健康に正の効果と負の効果の両方をもたらす可能性があるため、その実態は分析しなければ明らかにならない。そこで、欧米を中心にこれまで数多くの実証研究が行われてきた。研究の流れを整理すると、当初は退職と健康の相関関係が検証されていたが、その後、退職と健康の因果関係をどのように検証するのかといった点に研究の焦点が移ったといえる。

　この背景には欧米では多くの国で定年退職制度がなく、退職時期は個人の意思によって決定されることが大きな影響を及ぼしている。この場合、健康状態が悪い人ほど早期に退職する可能性や健康状態が良い人ほど退職時期が遅れる可能性があり、退職時期が健康状態から影響を受けてしまう。このような逆の因果関係に対処し、退職が健康に及ぼす影響を検証するためにさまざまな操作変数を用いた分析が行われてきた。

　操作変数を用いた実証分析例についてみると、Charles (2004)、Neuman (2008)、Coe and Lindeboom (2008)、Coe *et al.* (2012) などがある。これらの研究では主にアメリカのデータを用い、年齢によって受給できる社会保障給付額のちがいや企業における早期退職による退職給付の増加等を操作変数として使用している。

　これらの分析の結果、退職は主観的な健康指標を改善するものの、認知能力等の客観的な指標には影響を及ぼさないことが明らかになっている。なお、同じくアメリカのデータを用いた研究に Bonsang *et al.* (2012) もあるが、

退職が認知能力に負の影響を及ぼすことを明らかにしており、高齢者の労働参加が社会保障制度の維持に正の効果をもたらすと指摘している。

　イギリスの English Longitudinal Study of Ageing（ELSA）を用いた研究に、Bound and Waidmann（2007）や Behncke（2012）がある。前者の分析では退職が健康を改善させることを明らかにし、特に男性での効果が顕著であることを示した。また、後者の分析では退職が健康を悪化させることを明らかにしており、特に心疾患やガンの罹患リスクを増加させることを指摘している。

　ドイツでは German Socio-Economic Panel Study（SOEP）を用いた研究Eibich（2015）があり、この分析の結果、退職は主観的健康度やメンタルヘルスを改善させることを明らかにしている。また、この研究では退職による健康増進の背景には仕事のストレスからの解放、睡眠時間や運動の増加が大きな影響を及ぼすことも示している。

　以上の分析結果からわかるように、退職が健康に及ぼす影響は正か負か定まっていない。また、ほとんどが欧米のデータであり、アジア地域のデータを用いた分析は少ない。しかし、アジア地域は急速に高齢化が進んでおり、社会保障制度の持続性が懸念されるため、退職が健康に及ぼす影響を検証することの意義は大きい。特に日本の場合、定年退職制度が存在するため、退職を外生変数として扱える利点もある。そこで、本章では日本の高齢者パネルデータを用い、退職と健康の関係を分析する。

3　利　用　デ　ー　タ

（1）「中高年者縦断調査」について

　使用データは厚生労働省が 2005 年から 2012 年まで実施した「中高年者縦断調査」である。この調査は、2005 年に 50-59 歳であった日本全国の男女 3 万 3815 人を継続調査している。質問項目は、家族の状況、健康の状況、就業の状況、住居・家計の状況等となっている。分析では 2005 年から 2013 年までのすべてのデータを使用している。

表 10-1　勤務先企業における定年退職制度の有無

	雇用就業サンプル		正規雇用サンプル		非正規雇用サンプル	
	サンプルサイズ	%	サンプルサイズ	%	サンプルサイズ	%
定年がある	65,681	70	47,374	82	18,307	50
定年はない	16,335	17	7,247	13	9,088	25
わからない	12,484	13	3,202	6	9,282	25
合計	94,500	100	57,823	100	36,677	100

出所：「中高年者縦断調査」から筆者作成。

分析対象は 50 歳以上の男女であり、自営業以外のかたちで就業しているサンプルである。なお、分析に使用する変数に欠損値がある場合、分析対象から除外している。

（2）　日本の定年退職制度の現状について

本項では日本の定年退職制度の現状を「中高年者縦断調査」を用いて確認する。「中高年者縦断調査」では勤務先企業における定年退職制度の有無や定年退職年齢を質問している。まず、表 10-1 の定年退職制度の有無について見ると、雇用就業者のうちの 70％において定年退職制度が存在していた。正規雇用就業者ではその値が 82％にまで上昇しており、ほとんどの正規雇用就業者が定年を経験すると考えられる。これに対して非正規雇用の場合、50％において定年退職制度が存在していた。また、定年年齢の分布を確認した結果、いずれの雇用形態でも 60 歳の割合が最も高くなっていた。多くの企業において 60 歳での定年が一般的といえる。

次に、多くの企業で定年退職年齢と規定されている 60 歳前後において就業率がどのように変化するのかを確認する。図 10-1 の年齢階級別の正規雇用就業者割合の推移を見ると、59 歳から 60 歳にかけて大きく低下する傾向を示していた。この背景には定年による退職が大きな影響を及ぼしていると考えられる。また、図 10-2 の年齢階級別の非正規雇用就業者割合の推移を見ると、59 歳から 60 歳にかけて男性の値が大きく上昇していた。これは、正規雇用を定年退職した男性がその後に非正規雇用で再就職しているためだと考えられる。これに対して女性の場合、非正規雇用就業率はやや上昇する

図 10-1　年齢階級別の正規雇用就業者割合の推移

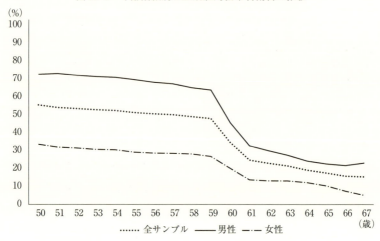

出所：「中高年者縦断調査」から筆者作成。

図 10-2　年齢階級別の非正規雇用就業者割合の推移

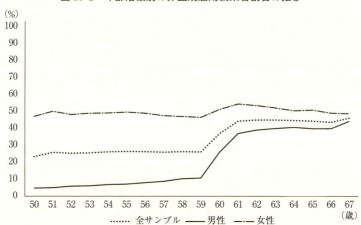

出所：「中高年者縦断調査」から筆者作成。

ものの、大きな変化は見られなかった。

4　定年退職が健康に与える影響を把握する方法

　定年退職が健康に及ぼす影響を検証するために、以下の誘導型モデルを Fixed Effect OLS、または Random Effect OLS で推計する。

$$Y_{it} = \delta R_{it} + X'_{it}\alpha + \mu_i + \varepsilon_{it} \tag{1}$$

　Y_{it} は健康に関する指標を示しており、今回の分析ではメンタルヘルスの代表的な指標である K6 を使用する。この K6 は「神経過敏に感じましたか」「絶望的だと感じましたか」「そわそわ、落ち着かなく感じましたか」「気分が沈み込んで、何が起こっても気が晴れないように感じましたか」「何をするのも骨折りだと感じましたか」「自分は価値ない人間だと感じましたか」といった質問に対して「いつも」「たいてい」「ときどき」「少しだけ」「まったくない」のいずれかの回答を選択する形式になっている。

　分析では野口（2011）と同様に、「いつも」の場合を 0 点、「たいてい」の場合を 1 点、「ときどき」の場合を 2 点、「少しだけ」の場合を 3 点、「まったくない」の場合を 4 点として点数化し、その合計値を変数として使用する。この変数は値が大きいほどメンタルヘルスが良好であることを意味する。

　R_{it} は定年退職ダミーであり、定年退職を経験した場合に 1、それ以外で 0 となる。今回の分析では定年退職経験の及ぼす影響の持続性を検証するために、定年退職年ダミー、定年退職 1 年後ダミーから定年退職 6 年後ダミーを使用する。この定年退職ダミーを使用する場合、レファレンスグループは定年退職を経験する 1 年以上前の時点か、もしくは定年退職を経験しない場合となる。

　X_{it} は人口経済に関する個人属性の変数であり、男性ダミー、学歴ダミー、年齢、有配偶ダミー、家族の人数、持ち家ダミー、年次ダミーを使用する。これらの変数はコントロール要因として使用している。μ_i は時間によって変化しない固定効果であり、ε_{it} は誤差項である。

　(1)式の推計によって定年退職経験が健康指標に及ぼす影響を検証するこ

とができるが、(1)式では定年退職後も就業している場合の労働条件の変化を考慮することができていない。定年後に同一企業で再雇用や別な企業に再就職する場合、雇用形態、年収、労働時間等が変化する場合が考えられ、その影響が(1)式では定年退職ダミーに吸収されていると考えられる。この点を考慮した場合、定年退職が健康に及ぼす影響が変化すると予想される。この点を確認するためにも、以下の誘導型モデルも推計する。

$$Y_{it} = \delta R_{it} + X'_{it}\alpha + W'_{it}\beta + \mu_i + \varepsilon_{it} \tag{2}$$

(2)式では(1)式に労働条件に関する変数であるW_{it}を追加している。W_{it}では所得、勤続年数、週労働時間が60時間以上ダミー、雇用形態ダミー、職種ダミー、企業規模ダミーを使用している。これらの変数を使用することで労働条件についても考慮していく。

以上、(1)式と(2)式を推計するが、分析では男女にサンプルを分割した場合でも分析を行っていく。これはBehncke (2012) と同様に男女によって退職が及ぼす影響に差が存在するのかを確認するためである。

なお、分析では定年退職経験による三つのサブグループを作成し、定年退職の及ぼす影響にちがいが見られるのかも検証する。一つめのグループは定年退職経験に制約なしのサンプルであり、定年退職を経験したサンプルとそれ以外のすべてのサンプルを含むものである。このグループの場合、定年退職以外のかたちで離職を経験した場合も分析対象に含まれることとなる。

二つめのグループは定年退職経験サンプルであり、分析期間中に定年退職を経験したサンプルのみで構成される。このグループの場合、定年退職をいずれかの時点で経験するサンプルのみとなるため、一つめのグループよりもさまざまな個人属性が近くなると考えられる。

三つめのグループは定年退職時に正規雇用サンプルであり、定年退職を経験する直前の雇用形態が正規雇用のサンプルのみで構成される。このグループの場合、定年退職経験サンプルよりも限定的であり、さらに個人属性が近くなると考えられる。

以上のサンプルを用い、推計を行っていく。なお、分析に使用する変数の基本統計量は表10-2に掲載してある。

表 10-2　基本統計量

変数		全サンプル		男性のみ		女性のみ	
		平均値	標準偏差	平均値	標準偏差	平均値	標準偏差
K6		20.942	3.837	21.158	3.704	20.670	3.983
定年退職年ダミー		0.013	0.112	0.018	0.134	0.006	0.075
定年退職 1 年後ダミー		0.012	0.110	0.017	0.130	0.006	0.077
定年退職 2 年後ダミー		0.009	0.096	0.013	0.114	0.004	0.066
定年退職 3 年後ダミー		0.007	0.081	0.009	0.095	0.003	0.059
定年退職 4 年後ダミー		0.004	0.062	0.005	0.072	0.002	0.046
定年退職 5 年後ダミー		0.002	0.045	0.003	0.051	0.001	0.036
定年退職 6 年後ダミー		0.001	0.031	0.001	0.034	0.001	0.026
男性ダミー		0.558	0.497	1.000	0.000	0.000	0.000
学歴ダミー	中高卒	0.655	0.475	0.620	0.485	0.699	0.458
	専門・短大卒	0.147	0.355	0.077	0.266	0.237	0.425
	大卒以上	0.198	0.398	0.304	0.460	0.064	0.244
年齢		57.437	3.426	57.545	3.441	57.302	3.402
有配偶ダミー		0.858	0.350	0.899	0.302	0.805	0.396
家族の人数		2.124	1.396	2.202	1.383	2.025	1.406
持ち家ダミー		0.860	0.347	0.870	0.336	0.848	0.359
所得		27.903	25.416	36.485	26.204	17.069	19.603
勤続年数		16.322	13.821	19.962	14.931	11.727	10.626
週労働時間が60時間以上ダミー		0.062	0.241	0.096	0.295	0.019	0.135
雇用形態ダミー	正規雇用	0.582	0.493	0.781	0.414	0.331	0.471
	非正規雇用	0.418	0.493	0.219	0.414	0.669	0.471
職種ダミー	専門・技術的な仕事	0.201	0.401	0.232	0.422	0.162	0.369
	管理的な仕事	0.121	0.326	0.197	0.398	0.025	0.156
	事務の仕事	0.135	0.342	0.100	0.300	0.180	0.384
	販売の仕事	0.085	0.279	0.067	0.249	0.108	0.310
	サービス・保安の仕事	0.163	0.369	0.108	0.311	0.231	0.422
	農林漁業の仕事	0.008	0.087	0.007	0.086	0.008	0.088
	運輸・通信の仕事	0.050	0.217	0.084	0.278	0.006	0.079
	生産工程・労務作業の仕事	0.161	0.368	0.159	0.366	0.165	0.371
	その他の仕事	0.076	0.265	0.045	0.208	0.115	0.319
企業規模ダミー	99 人以下	0.489	0.500	0.433	0.495	0.560	0.496
	100〜999 人以下	0.289	0.453	0.294	0.456	0.281	0.450
	1000 人以上	0.168	0.373	0.208	0.406	0.116	0.321
	官公庁	0.055	0.228	0.065	0.246	0.042	0.202
サンプルサイズ		97,625		54,475		43,150	

出所：「中高年者縦断調査」から筆者作成。

5　定年退職と健康の関係

（1）　記述統計からみた定年退職と健康の関係

　本節では推計に移る前に記述統計から定年退職と健康の関係を確認する。図 10-3 は全サンプルの定年退職前後におけるメンタルヘルスの変化を示している。図中では定年退職経験者のメンタルヘルスの推移と同時点における

図 10-3　定年退職前後におけるメンタルヘルスの推移（全サンプル）

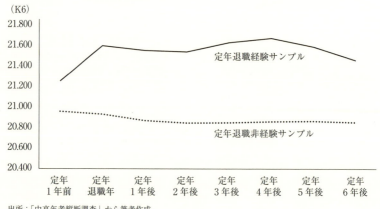

出所：「中高年者縦断調査」から筆者作成。

定年退職非経験者のメンタルヘルスの推移を示している。これを見ると、定年退職者のメンタルヘルスが定年退職年に大きく改善する傾向にあった。定年退職後以降でもメンタルヘルスの水準は高い値で維持されているため、定年退職を経験することでメンタルヘルスが向上するといえる。

　これに対して、定年退職非経験者のメンタルヘルスに大きな変化は見られなかった。このため、定年退職経験者と非経験者を比較すると、定年退職経験者のメンタルヘルスの値が高い水準にあるといえる[1]。

　次に各時点における定年退職経験者と非経験者のメンタルヘルスの平均値の差を検証した。検証結果の表 10-3 を見ると、少なくとも定年退職後 5 年後まで定年退職経験者のメンタルヘルスが統計的に有意に高い傾向にあった。なお、この傾向は男性にサンプルを限定した場合でも同様に観察された。これに対して、女性にサンプルを限定した場合、定年退職経験者のメンタルヘルスが有意に高くなる傾向はあるものの、定年退職 1 年後、3 年後、4 年後時点に限定されていた。

　以上の結果を整理すると、定年退職を経験することでメンタルヘルスは改善し、その効果は定年退職後の数年間にわたって持続することがわかった。

---

1)　男女別にも傾向を見たが、全サンプルとちがいは見られなかった。

表10-3　定年退職経験者と非経験者のメンタルヘルスの平均値の差の検定（全サンプル）

	定年退職 経験サンプル	定年退職 非経験サンプル	平均値の 有意差
定年 1 年前	21.255	20.961	0.295***
定年退職年	21.601	20.933	0.668***
定年 1 年後	21.556	20.872	0.684***
定年 2 年後	21.542	20.848	0.694***
定年 3 年後	21.632	20.852	0.781***
定年 4 年後	21.675	20.862	0.814***
定年 5 年後	21.592	20.867	0.725***
定年 6 年後	21.461	20.855	0.606

出所：「中高年者縦断調査」から筆者作成。

ただし、これらの結果はさまざまな個人属性や観察できない固定効果を考慮した分析結果ではないため、その解釈には注意が必要となる。そこで、次項ではOLSを用い、さまざまな要因を考慮したうえで退職と健康の関係を検証する。

（2）　定年退職がメンタルヘルスに及ぼす影響

　表10-4のパネルAは(1)式を用いた場合の推計結果を示し、パネルBは(2)式を用いた場合の推計結果を示している。なお、表中ではハウスマン検定によって採択された結果のみを示している。

　まず、表10-4の退職経験の制約なしのサンプル（パネルAの(A1)〜(A3)、パネルBの(B1)〜(B3)）を見ると、定年退職年以降において退職ダミーが正に有意な値をとる場合が多かった。これは定年退職以降に持続的にメンタルヘルスが向上することを意味する。有意水準および係数の大きさを比較すると、いずれの場合においてもパネルAのほうが大きかった。この傾向は特に女性で顕著であり、パネルAの(A3)では定年退職年、1年後、3年後から定年退職5年後まで正に有意な係数を示していたが、パネルBの(B3)では定年退職4年後のみで正に有意な係数となっていた。

　これらの背景には、パネルBでは現時点におけるさまざまな労働条件をコントロールしていることが影響を及ぼしていると考えられる。労働条件をコントロールすることによって各定年ダミーの有意水準や係数の大きさが小

表10-4　定年退職経験がメンタルヘルスに及ぼす影響

（パネル A）（個人属性あり＋就業に関する変数なし）

被説明変数	K6								
	退職経験の制約なしのサンプル			定年退職経験サンプル			定年退職時に正規雇用サンプル		
	全サンプル (A1)	男性のみ (A2)	女性のみ (A3)	全サンプル (A4)	男性のみ (A5)	女性のみ (A6)	全サンプル (A7)	男性のみ (A8)	女性のみ (A9)
定年退職年ダミー	0.424*** (0.073)	0.430*** (0.084)	0.312** (0.152)	0.374*** (0.083)	0.374*** (0.096)	0.335** (0.162)	0.386*** (0.093)	0.386*** (0.105)	0.436** (0.196)
定年退職1年後ダミー	0.453*** (0.074)	0.452*** (0.083)	0.352** (0.167)	0.388*** (0.093)	0.384*** (0.107)	0.346* (0.196)	0.451*** (0.104)	0.457*** (0.116)	0.454* (0.244)
定年退職2年後ダミー	0.405*** (0.088)	0.452*** (0.100)	0.096 (0.192)	0.346*** (0.114)	0.394*** (0.131)	0.108 (0.235)	0.363*** (0.128)	0.424*** (0.143)	0.109 (0.298)
定年退職3年後ダミー	0.447*** (0.097)	0.355*** (0.114)	0.611*** (0.185)	0.391*** (0.140)	0.294* (0.165)	0.674*** (0.257)	0.380** (0.156)	0.368** (0.177)	0.541* (0.319)
定年退職4年後ダミー	0.516*** (0.136)	0.368** (0.160)	0.837*** (0.257)	0.460** (0.190)	0.304 (0.224)	0.906*** (0.347)	0.412* (0.215)	0.314 (0.247)	0.865** (0.390)
定年退職5年後ダミー	0.288 (0.189)	0.042 (0.211)	0.800** (0.401)	0.240 (0.237)	−0.028 (0.271)	0.946** (0.469)	0.071 (0.255)	−0.001 (0.294)	0.412 (0.480)
定年退職6年後ダミー	0.337 (0.313)	0.154 (0.335)	0.664 (0.679)	0.307 (0.368)	0.081 (0.406)	0.909 (0.766)	0.164 (0.400)	0.137 (0.440)	0.416 (0.959)
推計手法	固定効果	固定効果	固定効果	固定効果	固定効果	固定効果	固定効果	固定効果	変量効果
決定係数	0.004	0.003	0.005	0.004	0.005	0.008	0.006	0.006	0.013
サンプルサイズ	97,625	54,475	43,150	15,849	11,483	4,366	12,643	9,837	2,806

（パネル B）個人属性あり＋就業に関する変数あり

被説明変数	K6								
	退職経験の制約なしのサンプル			定年退職経験サンプル			定年退職時に正規雇用サンプル		
	全サンプル (B1)	男性のみ (B2)	女性のみ (B3)	全サンプル (B4)	男性のみ (B5)	女性のみ (B6)	全サンプル (B7)	男性のみ (B8)	女性のみ (B9)
定年退職年ダミー	0.207** (0.091)	0.300*** (0.107)	−0.004 (0.177)	0.259* (0.135)	0.360** (0.161)	0.029 (0.258)	0.267 (0.167)	0.365** (0.185)	−0.164 (0.400)
定年退職1年後ダミー	0.240*** (0.092)	0.322*** (0.106)	0.043 (0.188)	0.275* (0.143)	0.362** (0.166)	0.055 (0.285)	0.331* (0.171)	0.419** (0.189)	−0.136 (0.413)
定年退職2年後ダミー	0.194* (0.102)	0.329*** (0.118)	−0.225 (0.210)	0.236 (0.156)	0.377*** (0.181)	−0.205 (0.311)	0.249 (0.186)	0.396* (0.206)	−0.569 (0.460)
定年退職3年後ダミー	0.246** (0.109)	0.236* (0.130)	0.322 (0.201)	0.285 (0.175)	0.273 (0.210)	0.391 (0.317)	0.269 (0.206)	0.337 (0.235)	−0.136 (0.443)
定年退職4年後ダミー	0.314** (0.145)	0.250 (0.172)	0.539** (0.268)	0.360* (0.218)	0.285 (0.263)	0.627 (0.391)	0.308 (0.254)	0.279 (0.295)	0.264 (0.498)
定年退職5年後ダミー	0.101 (0.194)	−0.068 (0.219)	0.522 (0.403)	0.150 (0.257)	−0.038 (0.304)	0.684 (0.490)	−0.020 (0.289)	−0.029 (0.337)	−0.155 (0.545)
定年退職6年後ダミー	0.156 (0.316)	0.069 (0.340)	0.371 (0.677)	0.224 (0.381)	0.084 (0.430)	0.661 (0.775)	0.091 (0.424)	0.130 (0.471)	−0.247 (0.993)
推計手法	固定効果	固定効果	固定効果	固定効果	固定効果	固定効果	固定効果	固定効果	固定効果
決定係数	0.005	0.005	0.006	0.007	0.009	0.016	0.008	0.010	0.020
サンプルサイズ	97,625	54,475	43,150	15,849	11,483	4,366	12,643	9,837	2,806

注1：（　）内の値は不均一分散に対して頑健な標準誤差を示す。
注2：*** は1％水準、** は5％水準、* は10％水準で有意であることを示す。
出所：「中高年者縦断調査」から筆者算出。

さくなることを考慮すると、定年前後における労働条件の変化がメンタルヘルスの改善に寄与していると予想される。

　次に表 10-4 の定年退職経験サンプル（パネル A の（A4）～（A6）、パネル B の（B4）～（B6））を見ると、パネル A では定年退職ダミーが正に有意となる場合が多かったが、パネル B では有意となる場合が減少していた。また、パネル B では係数の大きさも減少していた。ただし、パネル B でも全サンプルおよび男性では定年退職ダミーの係数が複数時点において正に有意であったため、メンタルヘルスが改善する傾向にあるといえる。

　さらに、表 10-4 の定年退職時に正規雇用サンプル（パネル A の（A7）～（A9）、パネル B の（B7）～（B9））を見ると、パネル A では定年退職ダミーが依然として正に有意となる場合が多かった。これに対してパネル B の結果を見ると、定年退職ダミーが正に有意となる時点が減少していた。これらの結果から、定年退職時に正規雇用で働く場合、労働条件の考慮の有無がメンタルヘルスの改善に大きな影響を及ぼすと考えられる。

　以上の分析結果を整理すると、さまざまな要因を考慮しても定年退職経験はメンタルヘルスを改善させるといえる。労働条件の考慮の有無によってメンタルヘルスの改善度合いがちがう点を考慮すると、定年前後における労働条件の変化がメンタルヘルスに大きな影響を及ぼすと考えられる。

　また、男女別の結果に注目すると、男性においてメンタルヘルスの改善傾向が大きかった。おそらく、この背景には仕事に多くの時間を費やす男性ほど、定年によって仕事上のストレスなどから解放される度合いが大きいことが影響を及ぼしていると考えられる。

（3）　定年退職が日常生活での支障の有無に及ぼす影響

　前項の分析の結果、定年によってメンタルヘルスが改善することが明らかになったが、本項ではその他の健康指標でも同様の傾向がみられるかどうかを検証する。使用する健康指標は日常生活での支障の有無である。前者については「歩く」「ベッドや床から起き上がる」「いすに座ったり立ち上がったりする」「衣服を着たり脱いだりする」「手や顔を洗う」「食事をする」「排泄」「入浴する」「階段の昇り降り」「買い物をしたものの持ち運び」といった各

活動について困難を感じる場合に 1、それ以外で 0 となるダミー変数を作成し、分析に使用する。なお、推計では結果の解釈が容易な線形確率モデル（Fixed Effect OLS および Random Effect OLS）を使用する。また、(2)式と同じ説明変数を使用した。

　表 10-5 は全サンプルの定年退職経験が日常生活の支障の有無に及ぼす影響を示している。表 10-5 の全サンプルの結果を見ると、全体的に有意となる変数は少ないものの、「歩く」と「買い物をしたものの持ち運び」以外で定年退職ダミーが負に有意となる場合があった。この結果は、「歩く」と「買い物をしたものの持ち運び」以外の活動で日常生活での支障を感じる確率が低下することを意味する[2]。

　以上の分析結果を整理すると、全体的に有意となる変数は少ないものの、定年経験後に日常生活の支障を経験する確率が低下する場合があるといえる。なお、定年退職経験が深刻な病気の有無に及ぼす影響についても分析したが、いずれの場合でもほとんどの定年退職ダミーが有意となっていなかった[3]。この結果は、定年退職経験が深刻な病気の発生にはあまり影響を及ぼさないことを示すと考えられる。

6　定年退職による健康改善から得られる　　インプリケーション

　本章の目的は、定年退職経験が健康にどのような影響を及ぼすのかを「中高年者縦断調査」を用い、分析することである。分析の結果、次の二点が明らかになった。一つめは、さまざまな要因を考慮しても、定年退職経験はメンタルヘルスを改善させることがわかった[4]。また、男女別の結果を見ると、男性においてメンタルヘルスの改善が大きかった。この背景には仕事に多く

---

2) 　男女別にも同様の分析を行った結果、男性では「ベッドや床から起き上がる」「いすに座ったり立ち上がったりする」「衣服を着たり脱いだりする」「手や顔を洗う」「階段の昇り降り」「買い物をしたものの持ち運び」において支障を感じる確率が低いことがわかった。また、女性では「ベッドや床から起き上がる」と「買い物をしたものの持ち運び」以外の活動で日常生活での支障を感じる確率が低いことがわかった。
3) 　詳細な分析結果は佐藤ほか（2017）を参照されたい。

表 10-5　定年退職経験が日常生活の支障の有無に及ぼす影響（全サンプル）

被説明変数	歩く	ベッドや床から起き上がる	いすに座ったり立ち上がったりする	衣服を着たり脱いだりする	手や顔を洗う
	(C1)	(C2)	(C3)	(C4)	(C5)
定年退職年ダミー	− 0.001	− 0.004	− 0.001	0.001	0.000
	(0.005)	(0.004)	(0.004)	(0.004)	(0.003)
定年退職 1 年後ダミー	− 0.001	− 0.003	− 0.005	− 0.000	− 0.001
	(0.005)	(0.004)	(0.004)	(0.004)	(0.003)
定年退職 2 年後ダミー	− 0.003	− 0.003	− 0.003	0.000	0.001
	(0.005)	(0.004)	(0.005)	(0.004)	(0.004)
定年退職 3 年後ダミー	− 0.006	− 0.006	− 0.005	− 0.004	− 0.005*
	(0.006)	(0.005)	(0.005)	(0.004)	(0.003)
定年退職 4 年後ダミー	0.005	0.003	− 0.004	0.003	− 0.002
	(0.008)	(0.008)	(0.008)	(0.007)	(0.006)
定年退職 5 年後ダミー	− 0.008	− 0.008	− 0.010	− 0.009**	− 0.008**
	(0.010)	(0.008)	(0.007)	(0.004)	(0.004)
定年退職 6 年後ダミー	− 0.014	− 0.024***	− 0.023***	− 0.017**	− 0.014**
	(0.011)	(0.009)	(0.007)	(0.007)	(0.006)
推計手法	固定効果	固定効果	固定効果	固定効果	固定効果
決定係数	0.001	0.001	0.001	0.001	0.001
サンプルサイズ	93,605	93,605	93,605	93,605	93,605

被説明変数	食事をする	排泄	入浴する	階段の昇り降り	買い物をしたものの持ち運び
	(C6)	(C7)	(C8)	(C9)	(C10)
定年退職年ダミー	0.001	0.002	0.000	− 0.004	− 0.001
	(0.003)	(0.003)	(0.003)	(0.005)	(0.004)
定年退職 1 年後ダミー	− 0.001	− 0.001	− 0.001	− 0.007	− 0.001
	(0.003)	(0.003)	(0.003)	(0.006)	(0.004)
定年退職 2 年後ダミー	0.001	0.003	0.003	− 0.003	0.000
	(0.004)	(0.004)	(0.004)	(0.007)	(0.005)
定年退職 3 年後ダミー	− 0.003	− 0.000	− 0.003	− 0.015***	− 0.005
	(0.003)	(0.003)	(0.003)	(0.006)	(0.004)
定年退職 4 年後ダミー	0.002	0.002	0.002	− 0.004	− 0.002
	(0.006)	(0.006)	(0.006)	(0.010)	(0.007)
定年退職 5 年後ダミー	− 0.005	− 0.004	− 0.005	− 0.010	0.004
	(0.003)	(0.003)	(0.003)	(0.014)	(0.009)
定年退職 6 年後ダミー	− 0.008*	− 0.008*	− 0.008*	− 0.016	0.014
	(0.004)	(0.005)	(0.005)	(0.017)	(0.016)
推計手法	固定効果	固定効果	固定効果	固定効果	固定効果
決定係数	0.001	0.001	0.001	0.002	0.001
サンプルサイズ	93,605	93,605	93,605	93,605	93,605

注 1：（　）内の値は不均一分散に対して頑健な標準誤差を示す。
注 2：*** は 1％水準、** は 5％水準、* は 10％水準で有意であることを示す。
出所：「中高年者縦断調査」から筆者算出。

　の時間を費やす男性ほど、定年によって仕事上のストレス等から解放される度合いが大きいことが影響を及ぼしていると考えられる。二つめは、定年退職経験は日常生活の活動において支障を被る確率を低下させるが、その影響

の持続性はなく、限定的であることがわかった。

　以上の分析結果から、定年退職経験は健康指標の中でもメンタルヘルスの持続的な改善に寄与しているといえる。このため、今後社会保障制度維持のために、定年退職年齢を延ばすといった制度変更があった場合、必ずしも労働者のメンタルヘルスに望ましい影響をもたらさないと考えられる。

　定年退職年齢の延長は、むしろメンタルヘルスの悪化を通じて医療費を増加させるおそれもあるため、その実施には慎重な検討が必要となるだろう。この点には注意が必要であると同時に、定年退職経験がどのようなメカニズムを通じてメンタルヘルスを改善させるのかを明らかにし、対応策をとれるようにしておくことが重要だといえる。

　最後に本章の分析で、残された課題について述べておきたい。本章ではメンタルヘルスや日常生活における支障の有無を健康指標として用いてきたが、これら以外の指標に定年退職経験が及ぼす影響も検証する必要がある。代表的な指標としては寿命や認知能力があり、これらの指標を用いることで分析結果の国際比較が可能となる。この課題に対処するためにも、寿命や認知能力といった指標が利用できるデータを探す必要がある。

【参考文献】

Adams, O. and L. Lefebvre (1981) "Retirement and mortality," *Aging and Work* 4(2), pp.115-120.

---

4)　定年によってメンタルヘルスが改善することが明らかになったが、定年後の就業状態と健康の関係について明示的に考慮していなかった。しかし、日本では定年後も再就職し、働く場合も少なくないため、その就業状態が健康に影響を及ぼしている可能性もある。そこで、各時点の定年退職ダミーを就業している場合と非就業の場合に分けた場合の分析も行った。分析結果を見ると、定年退職年に就業している場合も非就業の場合もメンタルヘルスは改善しているが、その後は就業している場合ほどメンタルヘルスが改善する傾向にあった。この結果は二つの解釈があり得る。一つめは、定年後に再就職した場合、さまざまな労働条件が緩和され、より仕事のストレスが減少するだけでなく、所得も確保できるため、メンタルヘルスが改善するというものである。二つめは、定年前からメンタルヘルスが良好な労働者ほど就業し続けるというセルフセレクションの可能性である。ただし、今回の分析では Fixed Effect OLS を使用し、個人間の変動を分析しているため、セルフセレクションによる影響が小さいと考えられる。

Atchley, R. C.（1976）*The Sociology of Retirement*, Halsted Press, New York.

Behncke, S.（2012）"Does retirement trigger ill health?" *Health Economics* 21, pp.282-300.

Bonsang, E., S. Adam, and S. Perelman（2012）"Does retirement affect cognitive functioning?" *Journal of Health Economics* 31, pp.490- 501.

Bound, J and T. Waidmann（2007）"Estimating the Health Effects of Retirement," *University of Michigan Retirement Research Center working paper* 2007-168.

Bradford, L. P.（1979）"Can you survive your retirement?" *Harvard Business Review* 57(4), pp.103-109.

Carp, F. M（1967）"Retirement crisis." *Science* 157, pp.102-103.

Charles, K. K.（2004）"Is retirement depressing? Labor force inactivity and psychological well-being in later life," *Research in Labor Economics* 23, pp.269-299.

Coe, N. and M. Lindeboom（2008）"Does Retirement Kill You? Evidence from Early Retirement Windows," *CentER Discussion paper* 2008-93.

——— and G. Zamarro（2011）"Retirement effects on health in Europe," *Journal of Health Economics* 30, pp.77-86.

———, H. M. Von Gaudecker, M. Lindeboom, and J. Maurer（2012）"The effect of retirement on cognitive functioning," *Health Economics* 21, pp.913-927.

Eibich, P.（2015）"Understanding the effect of retirement on health: Mechanisms and heterogeneity," *Journal of Health Economics* 43, pp.1-12.

Ekerdt, D., J. Raymond Bosse, and J. S. LoCastro（1983）"Claims that retirement improves health," *Journal of Gerontology* 38, pp.231-236.

Haynes, S. G., A. J. McMichael, and H. A. Tyroler（1978）"Survival after early and normal retirement," *Journal of Gerontology* 33, pp.269-278.

Kasl, S. V.（1980）"The impact of retirement," in Cooper, C. L. and R. Payne（Eds.）, *Current Concerns in Occupational Stress*, John Wiley, New York.

MacBride, A.（1976）"Retirement as a life crisis: myth or reality?" *Canadian Psychiatric Association Journal* 72, pp.547-556.

Neuman, K.（2008）"Quit your job and live longer? The effect of retirement on health," *Journal of Labor Research* 29(2), pp.177-201.

Niemi, T.（1980）"Retirement and mortality," *Scandinavian Journal of Social Medicine* 8, pp.39-41.

Rowland, K. F.（1977）"Environmental events predicting death for the elderly," *Psychological Bulletin* 84, pp.349-372.

Thompson, W. E. and G. F. Streib（1958）"Situational determinants: health and economic deprivation in retirement," *Journal of Social Issues* 14(2), pp.18-24.

第 11 章

高齢者の失業が健康に及ぼす影響[*]

山本勲・佐藤一磨・小林徹

1 高齢化に伴う就業と健康の関連性の上昇

OECD 諸国の中でもわが国の高齢化の進展速度は速く、2060 年には人口の 39.9％が 65 歳以上の高齢者で占められると予想されている（平成 26 年度版『高齢社会白書』）。また、わが国では少子化も進行しているため、労働力人口の不足が社会的な課題となっている。この課題に対処し、持続的な経済成長を達成していくためにも、高齢者が労働市場でさらに活躍できる環境を整備する必要がある。これを後押しするために、高齢者雇用安定法の法改正が 2006 年 4 月に施行され、高齢者の就業が促進されてきた（山本 [2008]、近藤 [2014]）。

このように高齢者が労働市場で活躍できる環境が整備されつつあるものの、高齢者は親や配偶者の介護といった問題に直面し、労働供給が抑制されるおそれがある（Fukahori *et al.* [2015]）。また、これに加え、高齢者の就業期間の延長によって、より多くの高齢者が予期せぬ失業に直面する確率も上昇するおそれもある。実際、総務省『労働力調査』を見ると、2005 年か

＊　本章は、厚生労働科学研究費補助金（政策科学総合研究事業［政策科学推進研究事業］）「就業状態の変化と積極的労働市場政策に関する研究」（H26- 政策 - 一般 -003、研究代表：慶應義塾大学・山本勲）の助成を受けている。また、本章で使用した「中高年者縦断調査」の調査票情報は、統計法第 33 条の規定にもとづき、厚生労働省より提供を受けた。

ら 2011 年にかけて 55 歳以上の高齢者の失職経験者数（定年退職以外の非自
発的な理由による失業者数）が各年齢層の中でも最も多くなっている。

　このような高齢者の失業経験はさまざまな影響を及ぼすと考えられるが、
中でも健康に及ぼす影響が注目される。欧米の先行研究を見ると、失業によ
る所得低下やストレスの増加によって、健康が悪化する場合があると指摘さ
れている（Gallo *et al.* [2004], Gallo *et al.* [2006], Eliason and Storrie [2009a,
b], Browning and Heinesen [2012]）。これに対して、高齢者就業率が先進
国の中でも特に高いわが国において、この点を検証した研究は少なく、実態
は明らかになっていない。

　もし、高齢者の失業が健康状態を悪化させ、それが労働市場からの退出を
促していた場合、高齢者の労働供給拡大が抑制されるおそれがある。もちろ
ん、失業を経験する高齢者数は相対的に少ないと考えられるものの、今後の
高齢化のさらなる進展を考慮すると、この点を検討する必要性は高い。また、
この点を検証することは、わが国の今後の雇用政策の立案だけでなく、高齢
化が急速に進むアジア諸国にとっても有益な情報になると考えられるため、
研究意義は大きい。

　そこで、本章では高齢者の失業が健康に及ぼす影響を検証する。先行研究
と比較した際の本論文の特徴は、次の三点である。一点目は、中高年を対象
としたわが国で最大規模のパネルデータである「中高年者縦断調査」（厚生
労働省）を使用している点である。このデータは、50 歳以上の労働者を対
象とし、調査初年度に 3 万 3815 人を調査している。このデータを使用する
ことで、より信頼できる推計結果を得ることができると考えられる。

　二点目は、失業の中でも会社倒産による非自発的な失職のみを分析対象と
している点である。失業と健康の関係については、健康状態が悪いほど失業
しやすく（Arrow [1996]）、逆の因果関係が存在することが指摘されている。
このため、単純な回帰分析では適切に失業と健康の関係を検証することが難
しい。この問題点を解決するためにも、本章では先行研究と同じく、失業の
中でも個人の健康とは関係のない会社倒産による失職のみを分析する。

　三点目は、失職経験者と継続就業者の間のもともとの個人属性のちがいを
コントロールするために、マッチング法を使用している点である。本章では

近年開発された Entropy Balancing（Hainmueller［2011, 2012］, Hainmueller and Xu［2013］）を主に使用する。

　本章の構成は次のとおりである。2 節では先行研究を概観し、本章の位置づけを確認する。3 節では使用データについて説明し、4 節では推計手法について述べる。5 節では推計結果について述べ、最後の 6 節では本章の結論と今後の研究課題を説明する。

2　欧米における失業と健康の関係

　失業が労働者の健康状態を悪化させる理論的背景については、Browning and Heinesen（2012）が次の二つの理由を指摘している。一つめの理由は、失業による持続的な所得低下が健康への消費を抑制するためである。労働者は、失業によって持続的な所得低下を経験するため（Jacobson *et al.*［1993］, Couch and Placzek［2010］）、健康を維持するための消費が抑制され、健康状態が悪化する。二つめの理由は、失業によるストレスの発生である。失業は、仕事上でのさまざまな人間関係や社会的地位の喪失をもたらし、ストレスを発生させるため、健康状態を大きく悪化させる（Pearlin *et al.*［1981］, Jahoda［1982］, Warr［1987］）。このストレスは、失業期間が長期化するほどより影響が大きくなると考えられる。

　以上の理由から、失業は健康を悪化させると考えられる。この点については欧米を中心に数多くの実証分析が蓄積されている。これらの研究成果をまとめると、失業と健康の逆の因果関係を考慮するために、事業所閉鎖による失職を失業変数として使用する研究が増加しており、この事業所閉鎖による失職は、健康を悪化させる場合と影響を及ぼさない場合があることが明らかになっている。たとえば Sullivan and von Wachter（2009）は、失職によって長期的に死亡率が上昇することを明らかにしている。Eliason and Storrie（2009a,b）は失職経験者ほど入院リスクが上昇するだけでなく、その後の死亡率が上昇することを明らかにした。

　これに対して、Browning *et al.*（2006）は失職経験とその後のストレスを原因とした入院率の関係を分析したが、失職は入院率に影響を及ぼしていな

いことを明らかにしている。Schmitz（2011）は失職経験が健康満足度、メンタルヘルス、入院の有無について及ぼす影響を分析したが、いずれの場合も失職は影響を及ぼしていなかった。佐藤（2016）は、失職経験が主観的健康度、主観的身体指標、主観的精神指標に影響を及ぼさないことを明らかにしている。

　これら以外で高齢者に分析対象を限定した研究をみると、失職が健康に影響を及ぼさないといった場合が多い。たとえばSalm（2009）は、失職経験が主観的健康、日常生活の制限の有無、主観的余命、うつ病の有無、メンタルヘルス等の主観的、客観的な健康指標に対して及ぼす影響を分析したが、いずれの場合も失職による悪化の傾向を確認できなかった。

　また、Browning *et al.*（2006）は40歳以上に分析対象サンプルを限定した分析も行ったが、失職が入院率に影響を及ぼしていなかった。Browning and Heinesen（2012）は失職が死亡率に及ぼす影響を検証する際、50-60歳に対象サンプルを限定した分析を行ったが、失職の効果が40-49歳と比較して小さいことを明らかにしている。

　以上の研究結果から明らかなとおり、高齢者の失職は必ずしも健康を悪化させるわけではない。しかし、わが国の場合、終身雇用制度の影響が依然として強いため（Shimizutani and Yokoyama 2009）、失職の高齢者の健康に及ぼす負のショックが他国よりも大きい可能性がある。実際、佐藤（2015）は、中高齢者ほど失職による所得低下の規模が大きいことを指摘しており、失職による健康への負の影響が所得低下を通じて影響を及ぼす可能性があると考えられる。本稿ではこの点を検証するためにも、高齢者の失職が健康に及ぼす影響をわが国のデータを用いて検証する。

3　利用データ

　本章で用いたデータは、前述の厚生労働省が2005年から2012年まで実施した「中高年者縦断調査」である。この調査は、2005年に50-59歳であった日本全国の男女3万3815人を継続調査している。質問項目は家族の状況、健康の状況、就業の状況、住居・家計の状況などとなっている。分析では

2005 年から 2013 年までのすべてのデータを使用している。

　分析対象は 50 歳以上の男女であり、失職を経験したサンプル（トリートメント・グループ）と継続就業しているサンプル（コントロール・グループ）に分けられる。前者の失職経験サンプルは、失職 1 年前に雇用就業についており、失職後にそのまま失業の状態にあるか、雇用就業に再就職したサンプルである。ここでの失職とは、会社倒産によって離職、転職を経験した場合を指す。なお、先行研究と同様に、分析ではパネル期間中の初回の失職のみを分析対象とし、2 回目以降の失職は除外している。

　後者の継続就業サンプルは、パネル期間中に同一企業において継続雇用就業したサンプルである[1]。分析では継続就業サンプルの健康指標と比較して、失職経験サンプルの健康指標がどのように変化するのかを検証する。なお、自営業や家族従業者は雇用就業者と失職経験の内容が異なると考えられるため、分析対象から除外した。また、官公庁に勤務している労働者もわが国ではほとんどの場合、失職を経験しないため、分析対象から除外した。

4　失業が健康に与える影響を把握する方法

（1）　推 計 モ デ ル

　失業が健康に及ぼす影響を検証する場合、失業と健康の逆の因果関係だけでなく、失職経験者と継続就業者のもともとの個人属性のちがいも考慮する必要がある（Browning *et al.* [2006]）。失職経験者と継続就業者では勤続年数、企業規模等のさまざまな個人属性でちがいがみられることが指摘されており（Jacobson *et al.* [1993]）、それらの個人属性が健康状態と相関を持ち、推計結果にバイアスをもたらすおそれがある。

　この課題に対して、先行研究では Propensity Score Matching 法や Propensity Score Weighting 法を使用することで対処してきた（Browning *et al.* [2006], Eliason and Storrie [2009a, b], Browning and Heinesen

---

1)　今回の分析ではコントロール・グループに自発的離職者を含めていない。これは、失職者が継続就業した場合をコントロール・グループとして分析に使用したいためである。

［2012］）。本章ではこの課題に対して、Marcus（2013）および Freier *et al.*（2015）を参考にしながら、Entropy Balancing によるマッチング法と Differences-in-Differences（DID）を組み合わせた推計手法を使用する[2]。Entropy Balancing の詳細については、Hainmueller and Xu（2013）を参照されたい。以下で分析に使用する各変数について説明する。

　被説明変数には代表的なメンタルヘルスの指標である K6 を使用する。K6 では「神経過敏に感じましたか」「絶望的だと感じましたか」「そわそわ、落ち着かなく感じましたか」「気分が落ち込んで、何が起こっても気が晴れないように感じましたか」「何をするのも骨折りだと感じましたか」「自分は価値のない人間だと感じましたか」といった質問に対して、「1　いつも」から「5　まったくない」までの5つの選択肢から回答する。分析では「いつも」の場合を0、そして「まったくない」の場合を4に変換し、各選択肢の合計値を変数として使用する。このため、使用する K6 の合計値は、0から24までの範囲となり、値が大きいほどメンタルヘルスが良好であることを示す。なお、今回の Entropy Balancing では、失職前年の時点の値を基準として、失職年、失職1年後、失職2年後、失職3年後、失職4年後の K6 の差分を被説明変数に使用する。

　使用する説明変数のうちで最も注目すべきものは、失職ダミーであり、雇用就業から倒産による失職を経験した場合に1、継続雇用就業の場合に0となる変数である。また、その他の説明変数として(A)個人属性、(B)健康指標、(C)健康習慣といった3種類の変数を使用する。なお、いずれも1期前の変数を使用する。(A)個人属性には性別ダミー、学歴ダミー、年齢、有配偶ダミー、同居家族人数、週3回以上飲酒ダミー、喫煙ダミー、月収（万円）、勤続年数、週労働時間60時間以上ダミー、雇用形態ダミー、職種ダミー、企業規模ダミーを使用する。(B)健康指標には主観的健康度、深刻な病気の有無ダミー、活動困難の有無ダミーを使用し、(C)健康習慣には健康維持活

---

2)　Marcus（2013）は German Socio-Economic Panel を用い、夫婦の一方の失職が配偶者のメンタルヘルスに及ぼす影響を分析している。Freier *et al.*（2015）はドイツの University Graduates Panel を用い、法学部における優秀な成績がその後の賃金に及ぼす影響を検証している。両方の分析において、Entropy Balancing によるマッチング法と Difference in Differences（DID）を組み合わせた推計手法を使用している。

動ダミーを使用する。

　今回の分析では、サンプルを 59 歳以下と 60 歳以上に分けた推計も行う。59 歳前後でサンプルを分割するのは、定年退職の影響を考慮するためである。わが国の場合、60 歳前後で定年退職を経験する場合が多く、今回使用するデータでも雇用就業サンプルの 76％が 60 歳に定年退職を経験する。この定年退職の経験前後では失業が健康に及ぼす影響が大きく異なると考えられる。定年前に失業を経験した場合、所得が大幅に低下するだけでなく、退職金にも影響を及ぼすと考えられるため、負のショックは大きく、健康を大きく悪化させる可能性が高い。これに対して、定年後の場合、雇用形態が非正規雇用等に転換し、所得水準も低下していることが多いため、失業による負のショックは相対的に小さく、健康にも大きな影響を及ぼさないと予想される。

（2）　マッチング前後の基本統計量について

　今回の分析では Entropy Balancing を用い、失職経験サンプルと継続就業サンプルの個人属性の差をコントロールする。

　このコントロールの結果を確認するために、各変数のマッチング前後の基本統計量を表 11-1 に掲載した。マッチング前の変数を見ると、失職経験サンプルほど女性割合、中高卒割合、年齢、非正規雇用割合、サービス・保安職割合、生産工程・労務作業割合、企業規模が 99 人以下の割合、そして、衣服の着脱が困難である割合が高くなっていた。また、失職経験サンプルほど大卒・大学院卒割合、住宅所有割合、週 3 回以上飲酒割合、月収、勤続年数、正規雇用割合、専門的・技術的な職の割合、管理的な職種の割合、運輸・通信職割合、企業規模が 100-999 人割合および 1000 人以上割合、主観的健康度、高脂血症の割合、年に 1 回以上人間ドックを受診する割合が低くなっていた。

　これらの結果から、失職経験サンプルほど学歴が低く、不安定な雇用形態で働き、企業規模も小さい場合が多いといえる。また、健康習慣では人間ドックの受診割合が低く、健康を維持するための習慣は低い傾向があった。これに対して、マッチング後の基本統計量を見ると、すべての変数において平均

表 11-1　マッチング前後の基本統計量

		マッチング前			マッチング後		
変数		失職経験 サンプル 平均値	非失職経験 サンプル 平均値	平均値 の差	失職経験 サンプル 平均値	非失職経験 サンプル 平均値	平均値 の差
(A)　個人属性							
性別ダミー	男性	0.40	0.56	−0.16***	0.4	0.4	0.00
	女性	0.60	0.44	0.16***	0.6	0.6	0.00
学歴ダミー	中・高卒	0.73	0.65	0.08***	0.73	0.73	0.00
	専門・短大卒	0.12	0.15	−0.03	0.12	0.12	0.00
	大卒・大学院卒	0.15	0.20	−0.05**	0.15	0.15	0.00
年齢		57.42	57.00	0.42**	57.42	57.42	0.00
有配偶ダミー		0.88	0.87	0.01	0.88	0.88	0.00
同居家族人数		2.16	2.16	0.00	2.16	2.16	0.00
住宅所有ダミー		0.80	0.87	−0.07***	0.8	0.8	0.00
週3回以上飲酒ダミー		0.37	0.43	−0.06**	0.37	0.37	0.00
喫煙ダミー		0.27	0.27	0.00	0.27	0.27	0.00
月収（万円）		18.74	28.49	−9.75***	18.74	18.74	0.00
勤続年数		12.65	16.53	−3.88***	12.65	12.65	0.00
週労働時間60時間以上ダミー		0.04	0.06	−0.02	0.04	0.04	0.00
雇用形態ダミー	正規雇用	0.49	0.61	−0.12***	0.49	0.49	0.00
	非正規雇用	0.51	0.39	0.12***	0.51	0.51	0.00
職種ダミー	専門的・技術的な仕事	0.16	0.21	−0.05*	0.16	0.16	0.00
	管理的な仕事	0.04	0.13	−0.09***	0.04	0.04	0.00
	事務の仕事	0.16	0.13	0.03	0.16	0.15	0.01
	販売の仕事	0.10	0.09	0.01	0.1	0.1	0.00
	サービス・保安の仕事	0.21	0.16	0.05**	0.21	0.21	0.00
	運輸・通信の仕事	0.02	0.05	−0.03*	0.02	0.02	0.00
	生産工程・労務作業の仕事	0.22	0.16	0.06**	0.22	0.22	0.00
	その他	0.08	0.07	0.01	0.08	0.08	0.00
企業規模ダミー	99人以下	0.82	0.50	0.32***	0.82	0.82	0.00
	100−999人	0.15	0.31	−0.16***	0.15	0.15	0.00
	1000人以上	0.03	0.19	−0.16***	0.03	0.03	0.00
(B)　健康指標							
主観的健康度		4.19	4.31	−0.12**	4.19	4.19	0.00
深刻な病気の有無ダミー	糖尿病	0.11	0.09	0.02	0.11	0.11	0.00
	心臓病	0.03	0.03	0.00	0.03	0.03	0.00
	脳卒中	0.01	0.01	0.00	0.01	0.01	0.00
	高血圧	0.29	0.25	0.04	0.29	0.29	0.00
	高脂血症	0.11	0.15	−0.04	0.11	0.11	0.00
	悪性新生物	0.01	0.02	−0.01	0.01	0.01	0.00
活動困難の有無ダミー	歩く	0.02	0.02	0.00	0.02	0.02	0.00
	起き上がる	0.02	0.01	0.01	0.02	0.02	0.00
	座ったり立ち上がる	0.01	0.01	0.00	0.01	0.01	0.00
	衣服の着脱	0.02	0.01	0.01*	0.02	0.02	0.00
	手や顔を洗う	0.01	0.01	0.00	0.01	0.01	0.00
	食事をする	0.01	0.01	0.00	0.01	0.01	0.00
	排せつ	0.01	0.01	0.00	0.01	0.01	0.00
	入浴をする	0.01	0.01	0.00	0.01	0.01	0.00
	階段の昇り降り	0.03	0.02	0.01	0.03	0.03	0.00
	ものの持ち運び	0.03	0.01	0.02	0.03	0.03	0.00
(C)　健康習慣							
健康維持活動ダミー	お酒を飲みすぎない	0.24	0.28	−0.04	0.24	0.24	0.00
	たばこを吸いすぎない	0.16	0.15	0.01	0.16	0.16	0.00
	適度な運動をする	0.43	0.45	−0.02	0.43	0.43	0.00
	年に1回以上人間ドックを受診	0.14	0.23	−0.09***	0.14	0.14	0.00
	食事量に注意する	0.53	0.53	0.00	0.53	0.53	0.00
	栄養バランスを考え食事をとる	0.42	0.43	−0.01	0.42	0.42	0.00
	ビタミン剤等を摂取	0.26	0.23	0.03	0.26	0.26	0.00
	適正体重を維持	0.44	0.47	−0.03	0.44	0.44	0.00
	食後に歯磨きをする	0.40	0.40	0.00	0.4	0.4	0.00
	適度な休養をとる	0.47	0.45	0.02	0.47	0.47	0.00
	ストレスをためない	0.51	0.52	−0.01	0.51	0.51	0.00
サンプルサイズ		245	58,467		245	58,467	

注：*** は1%水準、** は5%水準、* は10%水準で有意であることを示す。

出所：「中高年者縦断調査」から筆者推計。

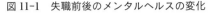

図 11-1　失職前後のメンタルヘルスの変化

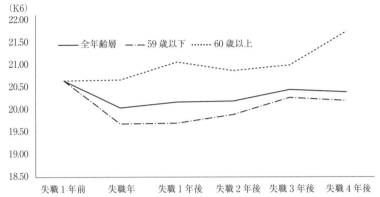

出所：「中高年者縦断調査」から筆者推計。

値の差が 0.00 となっていた[3]。これらの結果から、Entropy Balancing によって失職経験サンプルと継続就業サンプルの個人属性の差が適切にコントロールされたといえる。

5　高齢者の失業と健康の関係

（1）　失業とメンタルヘルスの相関関係

本節では推計に移る前に失業がメンタルヘルスに及ぼす影響を記述統計から検証する。図 11-1 は全年齢階層、59 歳以下、60 歳以上のそれぞれのサンプルの失職前後におけるメンタルヘルスの変化を示している。なお、図では値が大きいほどメンタルヘルスが良好であることを意味する。この図から年齢階層によって失職の及ぼす影響にちがいがあることがわかる。

全年齢階層と 59 歳以下の場合、失職した年にメンタルヘルスが悪化し、その後緩やかに回復する傾向にあった。このメンタルヘルスの悪化は、特に定年前の 59 歳以下で大きく、失業から 4 年後でもメンタルヘルスは失職前

---

3)　失職経験サンプルと継続就業サンプルのマッチング後の分散については、ほぼすべての変数で同じ値となっていた。

図 11-2　失職前後の就業率の変化

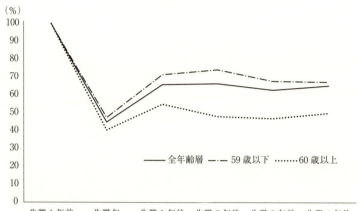

出所：「中高年者縦断調査」から筆者推計。

の水準まで回復していなかった。おそらく、この背景には失職による大幅な所得低下や退職金の喪失、また、これらに起因して発生したストレスが大きな影響を及ぼしていると考えられる。

　これに対して 60 歳以上の場合、失職によってメンタルヘルスが悪化する傾向はなく、むしろその後改善する傾向が見られた。この変化は 59 歳以下と比較しても対照的だといえる。おそらく、この背景には 60 歳以上の場合、すでに定年退職を経験した後であるため、失職による所得低下の影響が小さいといった点や失職後の余暇時間の増加がメンタルヘルスの改善に寄与している可能性がある。

　この点に関連して、図 11-2 で失職前後の就業率の変化を見ると、59 歳以下では失職後に就業率が改善する傾向にあるが、60 歳以上では失職後に就業率は回復せず、横ばいで推移する傾向があった。この結果から、60 歳以上で失職を経験すると、その後再就職せず、労働市場から退出すると考えられる。これらの引退した労働者の場合、余暇時間が増加するため、ストレスが軽減され、メンタルヘルスが改善する可能性がある。

　以上の結果から明らかなとおり、失職がメンタルヘルスに及ぼす影響は、年齢層によって異なっている可能性がある。この点については次節でさまざ

表 11-2　失職（t）がメンタルヘルスに及ぼす影響

推計手法：エントロピー・バランシング

被説明変数： K6の差分	全年齢層			59歳以下			60歳以上		
	平均処 置効果	トリートメン トグループ	コントロール グループ	平均処 置効果	トリートメン トグループ	コントロール グループ	平均処 置効果	トリートメン トグループ	コントロール グループ
失職年（t）	−0.55*** (0.21)	227	55352	−0.82*** (0.27)	145	37,110	−0.06 (0.25)	82	18,242
失職1年後	−0.46** (0.22)	201	47171	−0.87*** (0.26)	131	33,619	0.37 (0.26)	70	13,552
失職2年後	−0.47** (0.24)	172	39161	−0.56** (0.28)	119	29,606	−0.05 (0.26)	53	9,555
失職3年後	−0.29 (0.28)	136	31169	−0.21 (0.31)	103	24,954	−0.20 (0.36)	33	6,215
失職4年後	−0.49 (0.31)	90	23083	−0.59* (0.35)	79	19,542	0.34 (0.49)	11	3,541

注1：（ ）内の値は不均一分散に対して頑健な標準誤差を示す。
注2：*** は1％水準、** は5％水準、* は10％水準で有意であることを示す。
注3：N（Treated）はトリートメントに属する観測値の数を、N（Control）は実際にトリートメントの比較対象として推定に用いられたコントロールに属する観測値の数を示す。
注4：表中のt年、t+1年、t+2年、t+3年、t+4年の値は、失職前年をt-1年、失職経験時をt年とした場合の各時点を示している。
注5：分析に使用しているK6の差分は、各時点のK6から失職前年のK6を引くことで算出している。
注6：「中高年者縦断調査」から筆者推計。

まな個人属性をコントロールしたうえで検証を行っていく。

（2）　マッチング法を用いた因果関係の特定

　表11-2は全年齢階層、59歳以下、60歳以上の失職経験がメンタルヘルスに及ぼす影響に関する Entropy Balancing での推計結果を示している[4]。

　分析結果のうち、表11-2の全年齢階層の結果を見ると、いずれの個人属性のコントロールの場合でも、失職年、失職1年後、失職2年後の係数がすべての推計で有意に負の値を示していた。この結果は、失職年から失職2年後まで持続的にメンタルヘルスが悪化することを意味する。失職によって大幅な所得低下を経験するだけでなく、それに付随して発生するストレスがメンタルヘルスを悪化させると考えられる。

4)　Propensity Score Matching 法や Propensity Score Weighting 法でも同様の分析を行ったが、Entropy Balancing とほぼ同じ推計結果であった。

　次に 59 歳以下の推計結果を見ると、いずれの場合も失職年、失職 1 年後、失職 2 年後が有意に負の値を示していた。この結果は、失職年から失職 2 年後まで持続的にメンタルヘルスが悪化することを意味する。

　係数の大きさに注目すると、全年齢層の値よりも大きかった。これは 59 歳以下での失職のほうがよりメンタルヘルスを低下させることを意味する。この背景には定年前の失職が所得のみならず、退職金等にも負の影響を及ぼすため、メンタルヘルスの悪化につながりやすいといった背景があると考えられる。

　最後に 60 歳以上の推計結果を見ると、いずれの係数も有意な値をとっていなかった。この結果は、60 歳以上の場合、失職経験がメンタルヘルスに影響を及ぼさないことを意味する。おそらく、この背景には定年経験後の失職だと所得への負の影響が小さいだけでなく、図 11-2 で示されているように失職後に労働市場から引退し、仕事によるストレスが低下するといった点が影響を及ぼしていると考えられる。

　以上の分析結果から、失職経験は高齢者のメンタルヘルスを悪化させるといえる。この影響は特に定年前の 59 歳以下で顕著であった。このようなメンタルヘルスの悪化の背景には、失職によるストレスの増加だけでなく、大幅な所得低下も影響を及ぼしていると考えられる。

　このような所得低下に対して、雇用保険の失業給付は所得を補填し、求職活動を行う経済的なサポートとなる。もし所得低下による影響が大きい場合、雇用保険を受給している高齢者ほどメンタルヘルスの悪化が抑制される可能性がある。この場合、雇用保険は失職によるメンタルヘルスの悪化に対して有効な対策となり得る。

　この影響の有無を検証するために、失職時に雇用保険を受給した場合と受給しなかった場合において、メンタルヘルスにちがいが存在するのかを分析した。分析結果は表 11-3 に掲載してある。

　表 11-3 では失職年のメンタルヘルスと失職 1 年前と失職年のメンタルヘルスの変化が雇用保険の受給によってちがいがあるかどうかを検証している。まず、失職年のメンタルヘルスを見ると、いずれの年齢層でもメンタルヘルスの平均値に有意な差は見られなかった。また、失職 1 年前と失職年の

表 11-3　失職年の雇用保険の受給の有無とメンタルヘルスの関係

	失職年に雇用保険を受給	失職年に雇用保険を未受給	平均値の差
（失職年のメンタルヘルス）			
全年齢層	20.28	19.82	0.45
59 歳以下	20.35	19.19	1.16
60 歳以上	20.07	20.78	− 0.71
（失職 1 年前と失職年のメンタルヘルスの変化）			
全年齢層	− 0.91	− 0.30	− 0.61
59 歳以下	− 1.10	− 0.61	− 0.49
60 歳以上	− 0.36	0.19	− 0.54

出所：「中高年者縦断調査」から筆者推計。

メンタルヘルスの変化も同じく、有意な差は見られなかった。これらの結果は、雇用保険の受給の有無がメンタルヘルスに影響を及ぼしていないことを意味する。この結果から、失職後にメンタルヘルスが悪化する背景には、所得低下による影響よりもほかのストレス等の要因が主な原因であると考えられる。

6　失業による健康悪化に対する対策と課題

　OECD 諸国の中でもわが国の高齢化の進展速度は速く、少子化も同時に進行している。これら人口動態の変化は、年金等の社会保障制度の持続性を脅かすだけでなく、労働力不足も引き起こす。これらの課題に対処するためにも、高齢者の就労をさらに促進することが重要となる。

　しかし、高齢者の増加は同時に予期せぬ倒産等による失業に直面する労働者の増加につながるおそれがある。もし失業に直面した高齢者の所得だけでなく、メンタルヘルスに代表される健康が悪化した場合、高齢者の就業促進を阻むこととなる。今後、さらに高齢者が増加すると予想される現状を考慮すると、この影響の有無を検証する意義は大きいといえる。そこで、本章では高齢者の失業経験がメンタルヘルスに及ぼす影響を分析した。分析では失業による内生性に対処するために倒産による失職を変数として活用し、マッ

チング法で推計を行った。

　分析の結果、以下の二点が明らかになった。一点目は、失職を経験した高齢労働者ほどメンタルヘルスが悪化することがわかった。この影響は特に定年前の 59 歳以下の高齢者で顕著であり、60 歳以上だと失職してもメンタルヘルスは悪化していなかった。

　二点目は、失職時の雇用保険の受給の有無とメンタルヘルスの関係を分析した結果、雇用保険を受給してもメンタルヘルスは改善しないことがわかった。この結果から、失職後にメンタルヘルスが悪化する背景には、所得低下による影響よりもほかのストレス等の要因が主な原因であると考えられる。

　以上の分析結果から明らかなとおり、高齢者の失職によるメンタルヘルスの悪化に対して雇用保険等の金銭的なサポートは有効ではない。このため、金銭面以外でのサポートを充実させることが重要だろう。ただし、金銭面以外のどの点をサポートするべきかといった点は明確ではないため、この点を今後さらに分析する必要がある。

　本章の分析によって得られた結果は、Sullivan and von Wachter（2009）や Eliason and Storrie（2009a, b）と同じく失職が健康を悪化させるという結果であった。これに対して同じ国内のデータを用いた佐藤（2016）とは異なった結果となった。このように分析結果が異なる背景には、①佐藤（2016）では失業サンプルが少ないだけでなく、K6 によるメンタルヘルスの指標を使用していない、②佐藤（2016）では高齢者だけでなく、全年齢層を分析対象としている、といった二つの相違があると考えられる。

　最後に本章に残された課題について述べておきたい。本章では日本のパネルデータを用いて高齢者の失職と健康の関係を分析したが、この点は今後急速に高齢化が進むアジア諸国でも課題になる可能性がある。このため、日本以外のアジア諸国のデータを用いて分析することも重要だと考えられる。また、今回の分析では健康の指標としてメンタルヘルスを活用したが、高齢者という分析対象を考慮すると、その寿命に及ぼす影響も検討する意義が大きいといえる。これらの二点が今後の研究課題である。

【参考文献】

Arrow, J. (1996) "Estimating the influence of health as a risk factor on unemployment: a survival analysis of employment durations for workers surveyed in the German Socio-Economic Panel (1984-1990)," *Social Science & Medicine* 42(12), pp.1651-1659.

Browning, M., D. A. Moller, and E. Heinesen (2006) "Job displacement and stress-related health outcomes," *Health Economics* 15(10), pp.1061-1075.

————and E. Heinesen (2012) "Effect of job loss due to plant closure on mortality and hospitalization," *Journal of Health Economics* 31, pp.599-616.

Couch, K. A. and D. W. Placzek (2010) "Earnings Losses of Displaced Workers Revisited," *American Economic Review* 100(1), pp.572-589.

Eliason, M. and D. Storrie (2009a) "Job loss is bad for your health – Swedish evidence on cause-specific hospitalization following involuntary job loss," *Social Science & Medicine* 68, pp.1396-1406.

————, ———— (2009b) "Does job loss shorten life?" *Journal of Human Resources* 4, pp.277-302.

Freier, R., M. Schumann, and T. Siedler (2015) "The earnings returns to graduating with honors —Evidence from law graduates," *Labour Economics* 34, pp.39-50.

Fukahori, R., T. Sakai, and K. Sato (2015) "The Effects of Incidence of Care Needs in Households on Employment, Subjective Health, and Life Satisfaction among Middle-aged Family Members," *Scottish Journal of Political Economy* 62(5), pp.518-545.

Gallo, W. T., E. H. Bradley, T. A. Falba, J. A. Dubin, L. D. Cramer, S. T. Bogardus, Jr., and S. V. Kasl (2004) "Involuntary job loss as a risk factor for subsequent myocardial infarction and stroke: findings from the health and retirement survey," *American Journal of Industrial Medicine* 45(5), pp.408-416.

————, H. M. Teng, T. A. Falba, S. V. Kasl, H. M. Krumholz, and E. H. Bradley, (2006) "The impact of late career job loss on myocardial infarction and stroke: a 10 year follow up using the health and retirement survey," *Occupational and Environmental Medicine* 63(10), pp.683-687.

Hainmueller, J. (2011) "Ebalance: a Stata package for entropy balancing." *MIT Political Science Department Research Paper*, 24.

———— (2012) "Entropy balancing for causal effects: a multivariate reweighting method to produce balanced samples in observational studies," *Political Analysis* 20, pp.25-46.

———— and Y. Xu (2013) "Ebalance: A Stata Package for Entropy Balancing," *Journal of Statistical Software* 54(7), pp.1-18.

Heckman, J. J., H. Ichimura, J. Smith, and P. Todd (1998) "Characterizing Selection Bias Using Experimental Data," *Econometrica* 66(5), pp.1017-1098.

Hirano, K. and G. W. Imbens (2001) "Estimation of Causal Effects using Propensity Score Weighting: An Application to Data on Right Heart Catheterization," *Health Services and Outcomes Research Methodology* 2(3-4), pp.259-278.

Jacobson, L., R. LaLonde, and D. Sullivan (1993) "Earnings Losses of Displaced Workers," *American Economic Review* 83(4), pp.685-709.

Jahoda, M. (1982) *Employment and Unemployment - a Social Psychological Analysis.* Cambridge: Cambridge University Press.

Marcus, J. (2013) "The Effect of Unemployment on the Mental Health of Spouses -Evidence from Plant Closures in Germany," *Journal of Health Economics* 32, pp.546-558.

Pearlin, L. I., M. A. Lieberman, E. A. Menaghan, and J. T. Mullen (1981) "The stress process," *Journal of Health and Social Behavior* 22, pp.337-356.

Salm, M. (2009) "Does job loss cause ill health?" *Health Economics* 18(9), pp.1075-1089.

Schmitz, H. (2011) "Why are the unemployed in worse health? The causal effect of unemployment on health," *Labour Economics* 18, pp.71-78.

Shimizutani, S. and Y. Izumi (2009) "Japan's Long-Term Employment Practice Survived? Developments Since the 1990s," *Industrial and Labor Relations Review* 62(3), pp.313-326.

Sullivan, D. and T. von Wachter (2009) "Job displacement and mortality: an analysis using administrative data," *Quarterly Journal of Economics* 124(3), pp.1265-1306.

Warr, P. (1987) *Work, Unemployment and Mental Health,* Oxford: Clarendon Press.

近藤絢子 (2014)「雇用確保措置の義務化によって高齢者の雇用は増えたのか―高年齢者雇用安定法改正の政策評価」『日本労働研究雑誌』No.642、13-22ページ。

佐藤一磨 (2016)「失業経験が健康に及ぼす影響」『経済分析』第192号、1-25ページ。

山本勲 (2008)「高年齢者雇用安定法改正の効果分析―60歳代前半の雇用動向」樋口美雄・瀬古美喜・慶応義塾大学経商連携21世紀COE編『日本の家計のダイナミズムⅣ』第7章、慶応義塾大学出版会、161-174ページ。

執筆者略歴 （執筆章順）

小林　徹（こばやし　とおる）　　［1章、11章］
高崎経済大学経済学部講師
1978 年生まれ。慶應義塾大学大学院商学研究科博士課程修了。博士（商学）。
労働政策研究・研修機構研究員等を経て現職。
主な業績
　「新規学卒者の就職先特徴の変化と早期離職の職場要因」『日本労働研究雑誌』
　No.668、2016 年 2・3 月号。

佐藤一磨（さとう　かずま）　　［1章、10章、11章］
拓殖大学政経学部准教授
1982 年生まれ、慶應義塾大学大学院商学研究科博士課程単位取得退学。博士（商学）。
プライスウォータハウス株式会社勤務、明海大学講師を経て現職。
主な業績
　「危険回避的な人ほど早く結婚するのか、それとも遅く結婚するのか」内閣府経済
　社会総合研究所『経済分析』第 190 号、27-44 ページ、2016 年。

戸田淳仁（とだ　あきひと）　　［2章、8章］
リクルートワークス研究所主任研究員
1979 年生まれ。2008 年、慶應義塾大学大学院経済学研究科博士課程単位取得退学。
同年、リクルート入社、2015 年より現職。
主な業績
　「『複業』の実態と企業が認めるようになった背景」『日本労働研究雑誌』No.676:46-
　58 ページ、2016 年（共著）。

石井加代子（いしい　かよこ）　　［3章］
慶應義塾大学経済学部特任講師
1978 年生まれ。慶應義塾大学大学院商学研究科博士課程単位取得退学。
医療経済研究機構を経て現職。
主な業績
　「介護労働者の賃金決定要因と離職意向―他産業・他職種からみた介護労働者の特
　徴―」『季刊社会保障研究』2009 年（共著）。

浦川邦夫（うらかわ　くにお）　　[3章]
九州大学大学院経済学研究院准教授
1977 年生まれ。京都大学大学院経済学研究科博士課程修了。博士（経済学）。
主な業績
　『日本の貧困研究』東京大学出版会、2006 年（共著）。

樋口美雄（ひぐち　よしお）　　[4章]
慶應義塾大学商学部教授
1952 年生まれ。80 年、慶應義塾大学大学院商学研究科博士課程修了。博士（商学）。
1991 年より現職。
同大学商学部長・大学院商学研究科委員長、内閣府・統計委員会委員長等を歴任。
2016 年紫綬褒章を受章。
主な業績
　『日本経済と就業行動』東洋経済新報社、1991 年
　『雇用と失業の経済学』日本経済新聞社、2001 年
　『人事経済学』生産性出版、2001 年

坂本和靖（さかもと　かずやす）　　[4章]
群馬大学社会情報学部准教授
1974 年生まれ。一橋大学大学院博士課程修了。博士（経済学）。
公益財団法人家計経済研究所、慶應義塾大学勤務等を経て現職。
主な業績
　"The Impact of Afterschool Childcare on the 'First-drage Wall'," *Empirical Economic Letters* 16(3), pp. 209-220, 2017 年（共著）。

萩原里紗（はぎわら　りさ）　　[4章]
明海大学経済学部講師
1985 年生まれ。慶應義塾大学大学院商学研究科後期博士課程単位取得退学。博士（商学）。日本学術振興会特別研究員（DC1）、慶應義塾大学商学部助教等を経て現職。
主な業績
　『大学への教育投資と世代間所得移転―奨学金は救世主か』勁草書房、2017 年（共著）。

深堀遼太郎（ふかほり　りょうたろう）［5章、9章］
金沢学院大学経営情報学部講師
1987年生まれ。慶應義塾大学大学院商学研究科後期博士課程単位取得退学。修士（商学）。日本学術振興会特別研究員（DC1）等を経て現職。
主な業績
　"The Effects of Incidence of Care Needs in Households on Employment, Subjective Health, and Life Satisfaction among Middle-aged Family Members," *Scottish Journal of Political Economy* 62（5）, pp.518-545, 2015年（共著）。

伊藤大貴（いとう　ひろたか）　　［7章］
慶應義塾大学大学院商学研究科博士課程2年、ペンシルベニア州立大学博士課程1年。
1991年生まれ。慶應義塾大学大学院商学研究科修士課程修了。修士（商学）。
主な業績
　「地域の育児支援策と女性就業：『子育て支援総合推進モデル市町村事業』の政策評価分析」『三田商学研究』57（4）、1-24ページ、2014年（共著）。

酒井　正（さかい　ただし）　　［9章］
法政大学経済学部教授
1976年生まれ。慶應義塾大学大学院商学研究科博士課程修了。博士（商学）。
国立社会保障・人口問題研究所を経て現職。
主な業績
　"Education and Marriage Decisions of Japanese Women and the Role of the Equal Employment Opportunity Act," forthcoming in *Journal of Human Capital*（共著）。

編 者 略 歴

阿部正浩（あべ　まさひろ）　　［序章］
中央大学経済学部教授
1966 年生まれ。90 年、慶應義塾大学商学部卒業。 95 年、慶應義塾大学大学院商学研
究科博士課程単位取得退学。博士（商学）。
電力中央研究所研究員、一橋大学助教授、獨協大学教授等を経て現職。
主な業績
　　『日本経済の環境変化と労働市場』東洋経済新報社、2005 年
　　『労働市場設計の経済分析』東洋経済新報社、2005 年（共編著）
　　『職業の経済学』中央経済社、2017 年（共編著）

山本　勲（やまもと　いさむ）　　［1章、6章、7章、11章］
慶應義塾大学商学部教授
1970 年生まれ。93 年、慶應義塾大学商学部卒業。2003 年、ブラウン大学大学院博士
課程修了。博士（経済学）。
日本銀行調査統計局、同金融研究所勤務等を経て現職。
主な業績
　　『デフレ下の賃金変動』東京大学出版会、2006 年（共著）
　　『労働時間の経済分析』日本経済新聞出版社、2014 年（共著）
　　『実証分析のための計量経済学』中央経済社、2015 年

多様化する日本人の働き方
——非正規・女性・高齢者の活躍の場を探る

2018 年 1 月 25 日　初版第 1 刷発行

編　者————阿部正浩・山本勲
発行者————古屋正博
発行所————慶應義塾大学出版会株式会社
　　　　　　　〒108-8346　東京都港区三田 2-19-30
　　　　　　　TEL　〔編集部〕03-3451-0931
　　　　　　　　　　〔営業部〕03-3451-3584〈ご注文〉
　　　　　　　　　　〔　〃　〕03-3451-6926
　　　　　　　FAX　〔営業部〕03-3451-3122
　　　　　　　振替　00190-8-155497
　　　　　　　http://www.keio-up.co.jp/
装　丁————渡辺弘之
印刷・製本——藤原印刷株式会社
カバー印刷——株式会社太平印刷社

慶應義塾大学出版会

経済学の進路—地球時代の経済分析
嘉治佐保子・柳川範之・白井義昌・津曲正俊編著 　　　　　◎3,800円

労働経済学の新展開
清家篤・駒村康平・山田篤裕編著 　　　　　◎5,500円

日本経済の課題と針路
—経済政策の理論・実証分析
吉野直行・亀田啓悟・中東雅樹・中田真佐男編著 　　　　　◎4,400円

正規の世界・非正規の世界
—現代日本労働経済学の基本問題
神林龍著 　　　　　◎4,800円

人手不足なのに
なぜ賃金が上がらないのか
玄田有史編 　　　　　◎2,000円

失業なき雇用流動化
—成長への新たな労働市場改革
山田久著 　　　　　◎2,500円

表示価格は刊行時の本体価格(税別)です。